ÉTICA A NICÔMACO

COLEÇÃO A OBRA-PRIMA DE CADA AUTOR

ÉTICA A NICÔMACO

ARISTÓTELES

Tradução e notas:
Luciano Ferreira de Souza

MARTIN CLARET

Título original: Ηθικὰ Νικομάχεια (350 a. C.)

DIREÇÃO Martin Claret
PRODUÇÃO EDITORIAL Carolina Marani Lima
Mayara Zucheli
DIREÇÃO DE ARTE E CAPA José Duarte T. de Castro
DIAGRAMAÇÃO Giovana Gatti Leonardo
ILUSTAÇÃO DE CAPA Roberto Caucino / Shutterstock
REVISÃO Lilian Sais / Rinaldo Milesi
IMPRESSÃO E ACABAMENTO Paulus Gráfica

Este livro segue o novo Acordo Ortográfico da Língua Portuguesa.

Dados Internacionais de Catalogação na Publicação (CIP)
(Câmara Brasileira do Livro, SP, Brasil)

Aristóteles
Ética a Nicômaco / Aristóteles; tradução e notas: Luciano Ferreira de Souza. — São Paulo: Martin Claret, 2015.
— (Coleção a obra-prima de cada autor; 53)

Título original: Hoika Nikoauxeia.
ISBN 978-85-440-0101-1

1. Aristóteles – Ética 2. Ética I. Título II. Série.

15-06856 CDD-185

Índices para catálogo sistemático:

1. Ética: Filosofia aristotélica 185

EDITORA MARTIN CLARET LTDA.
Rua Alegrete, 62 – Bairro Sumaré – CEP: 01254-010 – São Paulo, SP
Tel.: (11) 3672-8144 – Fax: (11) 3673-7146
www.martinclaret.com.br
Impresso em 2015

SUMÁRIO

PREFÁCIO

A MEDIDA E A DESMEDIDA NAS AÇÕES HUMANAS NA *ÉTICA A NICÔMACO*

ROSELY DE FÁTIMA SILVA*

A permanência de uma obra no imaginário, no ideário e na *práxis* de uma sociedade demonstra a sua importância. As obras de Aristóteles possuem, a seu modo, essa permanência: seja através de tudo a que nos contrapomos em suas posições, seja através do que ainda percebemos de suas influências. Dentre elas, a *Ética a Nicômaco* encontra-se, mesmo que não percebamos, em nossas noções modernas de justiça e responsabilidade. Até a nossa noção de felicidade pode ser considerada como influenciada pelo pensamento ético aristotélico.

Para Aristóteles, conforme lemos já no início da obra, a busca da realização moral do homem individual está inserida na realização política da *polis*, pois, mesmo que

> *o bem seja idêntico tanto para um indivíduo quanto para a cidade, revela-se melhor e mais perfeito compreender e preservar o da cidade.*[1]

---

* Mestre e bacharel em Filosofia pela Faculdade de Filosofia, Letras e Ciências Humanas da Universidade de São Paulo. Bacharel em Letras Clássicas pela mesma universidade.

[1] 1094b9 e ss.

Entende-se, assim, que o bem da *polis* deriva e é consequência das ações dos indivíduos, dos cidadãos virtuosos, unidos em *philia* (amizade), que assim alcançam a perfeita virtude, o fim último de suas ações, ou seja, o bem. A virtude, enquanto bem e fim último das ações e deliberações de todos os homens a se alcançar, é denominada *eudaimonia*, palavra grega que se traduz, usualmente, por felicidade ou bem-estar, mas que não representa um estado, mas sim uma *atividade humana*, constante e contínua, em bem deliberar sobre os meios para alcançá-la. É esse deliberar, essa somatória de ações que determina se um homem é um agente moral virtuoso ou não virtuoso. Pensemos, então, essa atividade como um *florescimento*, outra palavra que traduz o termo *eudaimonia*, e que nos leva também a pensar, juntamente com Aristóteles, que são as nossas escolhas e as nossas ações que nos constituem moralmente. De fato, ao longo da obra, percebe-se que, apesar de partir de uma análise da inserção da ação humana em um contexto político, o filósofo paulatinamente concentrar-se-á muito mais na constituição ética dos agentes morais.

Qual o contexto histórico que envolve a produção filosófica aristotélica? O século anterior à sua atuação, V a. C., é chamado, em termos políticos, de Idade do Ouro de Atenas. Dominado pela figura emblemática de Péricles — no período que vai de 461-429 a.C., data de sua morte —, este estratego é um dos actantes da revolução democrática pela qual a cidade passou, e paradigma do homem prudente, conceito caro a Aristóteles. Tal período de esplendor cultural e da concretização do Império Ateniense sobre as demais cidades gregas será, porém, de curta duração: as disputas pelo poder no Peloponeso com a rival Esparta levarão ao declínio da hegemonia ateniense e em breve os persas, seguidos pelos macedônios, dilapidarão o poderio da *polis* ateniense.

Atuantes nesse período, Platão e Aristóteles são os grandes pensadores das questões éticas e políticas da *polis;* é nesse momento de declínio político, no século IV a.C., que se dá, porém, o momento fulgurante da Filosofia Grega.

Observemos a divisão, em 10 capítulos, de *Ética a Nicômaco* — lembremos que os livros antigos não possuíam tal divisão — e atentemos para os temas discutidos por Aristóteles:

I — Objeto e método do estudo, crítica da doutrina platônica do bem, definição da felicidade, introdução às definições das virtudes morais e intelectuais

II — Definição de virtude moral e noção de mediedade

III - Estudo do ato voluntário e da escolha deliberada

IV — Definições das virtudes morais

V — Definição da justiça

VI — Uma virtude intelectual unida à práxis: a prudência

VII — Acrasia, intemperança e bestialidade; primeiro tratado do prazer

VIII — A amizade

IX — A amizade (continuação)

X — Segundo tratado do prazer; felicidade; ética e política

O que a obra discute?

Primeiramente, uma teoria do bem e da felicidade — *eudaimonia* — que se distancia das concepções platônicas sobre o bem, de cunho idealista, pois, como vimos, a *eudaimonia* é, para Aristóteles, uma atividade. Mas não uma atividade qualquer: é uma atividade constituída por nossas deliberações e ações, em função desse bem último. Ora, essas deliberações passam por uma atividade da razão, a qual *funciona* como uma educação de nossos desejos. Toda essa atividade deliberativa e racional é o constructo de nossa agência moral. Aristóteles fará uma distinção, crucial para o seu argumento ético, entre as virtudes morais e intelectuais: basicamente, podemos dizer que as primeiras originam-se de nossas ações, enquanto as segundas podem ser aprendidas ou ensinadas.

Há, ainda, uma virtude especial: a prudência, que, como citamos acima, possui uma figura paradigmática para defini-la: o estratego ateniense Péricles, figura essa que une a experiência da deliberação racional envolta pela contingência de nossas existências, ou seja, a sabedoria prática presente nas ações de um agente virtuoso.

Falemos, um pouco, sobre o conceito de justiça, explicitado no capítulo V da obra. Para Aristóteles

> *é a virtude mais perfeita, porque é o uso da virtude completa. Ela é completa porque aquele que a possui é capaz também de fazer uso da virtude ao outro, e não somente a si próprio*[2]

e

> *a justiça é uma disposição segundo a qual o homem justo é definido como aquele que está apto a realizar, por* escolha deliberada (grifo nosso), *o que é justo, e quando se trata de efetuar uma divisão, seja entre ele mesmo e outra pessoa, seja entre duas outras pessoas, não é homem para atribuir a si mesmo, no bem desejado, uma parte maior para si e uma menor ao seu próximo (ou o inverso, se se trata do que não convém), mas dá a cada um a parte proporcionalmente igual e que lhe convém, e que age da mesma maneira quando a partilha se faz entre terceiros.*[3]

Assim, podemos concluir que, para Aristóteles, há um caráter político e de equidade no conceito de justiça. Além disso, discutirá uma outra divisão sobre o que é justo: *o justo natural* e *o justo legal* — ou convencional — que consideramos derivada de sua argumentação que une a ética

---

[2] 1129b30 e ss.

[3] 1134a e ss.

à política, pois, primeiramente, precisamos estar inclusos em um regime justo, cuja constituição justa origine-se de uma comunidade de cidadãos virtuosos. O justo legal é fácil de definir: o que os homens, através das leis, convencionam. Mas, e o justo natural? Como a explicação é extensa, diremos apenas que, presente a constituição justa, esta sofre mínimas variações, enquanto que o justo legal, dada às miríades de particulares que abarca, sofre inúmeras variações. Pela ótica grega, em nossa análise, o motivo dessa diferenciação se deve ao fato de que um regime justo é feito, como dito acima, por homens virtuosos, e em um contexto de homens virtuosos, o justo natural se apresenta como reflexo de suas virtudes. Em um regime cujas bases estão fundamentadas mais na diversidade das leis, que nas virtudes dos homens, as variações em relação sobre o que é o justo serão inúmeras... Segundo Richard Kraut, "Aristóteles vai mais longe do que Sócrates e Platão na tentativa de tornar a justiça política. Ele o faz ao equacionar a justiça universal com a legal. No entanto, com sua análise da justiça em particular, ele vai ainda mais longe. [...] a justiça particular aristotélica convida-nos a adotar, em nossas relações com os outros, uma perspectiva na qual vemos a nós mesmos e aos outros como membros de uma comunidade de seres humanos livres e iguais e também a decidir o que fazemos a partir dessa perspectiva. Se formos capazes de fazê-lo e incorporar isso em nossos pensamentos, sentimentos, desejos e escolhas, teremos realizado a justiça particular aristotélica. Quando agirmos a partir dessa perspectiva, expressaremos uma concepção de nós mesmos como membros livres e iguais de uma comunidade política: como cidadãos."[4]

---

[4] KRAUT, R. *The Blackwell guide to Aristotle's Nicomachean ethics*. Tradução de Alfredo Storck... [et al] . Porto Alegre: Artmed, 2009: pág. 185.

Concluindo, na *Ética a Nicômaco*, Aristóteles apresenta-nos uma teoria da ação humana, através do estudo dos atos humanos, do modo como a razão humana permeia e interfere em suas paixões e desejos, e quão voluntários e involuntários podem ser esses atos. A noção de responsabilidade do agente moral está estreitamente vinculada a esse estudo: praxis e responsabilidade são inseparáveis. Lemos, ao início do capítulo III da *Ética* que

> *a virtude tem relação com as paixões e com as ações, e que esses estados podem ser quer voluntários, e encorajar o elogio ou o vitupério, quer involuntários, e provocar a indulgência e às vezes a compaixão, é sem dúvida necessário para aqueles que examinam a virtude distinguir entre o voluntário e o involuntário e isso é igualmente útil aos legisladores para estabelecer as recompensas ou os castigos.*[5]

Distinguir entre o voluntário e o involuntário, estabelecer recompensas e castigos... nossas noções hodiernas de ação dolosa e ação culposa assentam-se sobre tais questionamentos. Mas, e quanto à noção de responsabilidade do agente moral?

Para responder essa pergunta, a tragédia de *Édipo Rei* é exemplar. Aliás, Aristóteles, em sua *Poética*, considera essa peça um ápice em termos de realização dramática. O mito é conhecido: Laio e Jocasta, monarcas de Tebas e progenitores de Édipo, tomam conhecimento de um oráculo que lhes prediz que o filho será o assassino de seu pai e o esposo incestuoso de sua mãe. Assim, resolvem que o filho deve ser morto. O servo incumbido de tal crudelíssima tarefa, porém, não consegue realizá-la, e a criança é adotada pelos monarcas de um outro reino. Quando adulto, o jovem princípe toma conhecimento do oráculo e, horrorizado,

---

[5] 1129b30 e ss.

foge de seu reino adotivo, temeroso pela possibilidade de concretização do oráculo. Ao fazê-lo, porém, dirige-se a Tebas e, no caminho para a cidade, em uma discussão na estrada, mata um homem. Ato contínuo, decifra o enigma da esfinge que amaldiçoa a cidade, tornando-se, assim, seu salvador e casa-se com a rainha viúva. Ocorre que o homem morto na estrada é seu pai, Laio. E que a sua esposa é Jocasta, sua mãe. Pergunta-se: é Édipo responsável por suas ações?

Para Aristóteles, e para os gregos em geral, muitos elementos estão aí imbricados. Por um lado: é o homem determinado por sua *moira*, seu destino, pelo dom que os deuses lhe concederam? E, se for assim, quão responsável ele é por suas ações? Por outro lado, o homem possui a sua razão e, pode, assim, deliberar sobre como agir. A responsabilidade do agente moral consiste, portanto, na visão de Aristóteles, que este seja o princípio de sua ação e conhecedor das circunstâncias em que essa ação se dá, e que este delibere racionalmente sobre como, sobre quais meios lhe permitirão agir. Estabelecidas essas condições, seu ato é voluntário e sua escolha deliberada racionalmente o faz responsável por suas ações.

Dois mil e quinhentos anos, aproximadamente, separam-nos desses questionamentos filosóficos, e eles ainda nos fazem perceber, atônitos, o quão difícil é compreender em que consiste a ação humana. Édipo ainda nos comove, talvez não tanto por sua *moira*, mas muito mais por sua recusa em obliterar o conhecimento de si. Para aqueles que consideram essa recusa algo mais que uma mera desmedida, a leitura da *Ética a Nicômaco* será mais que um mero desvelamento: será uma jornada alumbrada. Boa leitura!

ÉTICA A NICÔMACO

LIVRO I

[1094a] Toda arte e toda investigação, e semelhantemente toda ação e toda escolha parecem tender a um bem qualquer; por isso, corretamente declararam que todas as coisas tendem ao bem. (Mas parece existir certa diferença entre os fins, pois alguns são atividades, e outros, feitos distintos delas mesmas. E onde existe um fim distinto das ações, nestes casos, os feitos são por natureza melhores do que as atividades). Por serem muitas as ações, artes e ciências, os fins também são muitos: por exemplo, a saúde para a arte médica, a embarcação para a construção de naval, a vitória para a arte do general e a riqueza para economia doméstica. E tais artes estão sujeitas a uma única aptidão, assim como a arte de fazer freios e muitas outras dos instrumentos de montaria estão sujeitas à arte equestre, e esta e todas as ações de guerra sujeitam-se à arte da guerra, e, do mesmo modo, umas dependem das outras: de modo geral, os fins de todas as artes fundamentais são mais preferíveis que aquelas a que estão sujeitas, pois graças a esses fins que os outros são procurados. E é indiferente que as próprias atividades sejam as finalidades das ações, ou algo diferente delas, assim como o que foi dito a respeito das ciências.

Se dentre as coisas a serem feitas existe precisamente um fim que desejamos por ele mesmo, e senão por causa dele, e se não desejamos tudo tendo em vista outra coisa (pois se progride assim até o infinito, por conseguinte o desejo seria vazio e inútil) é evidente que esse fim seria o bem, o bem supremo. Ora, não é certo que, em relação à vida, o conhecimento do bem tem um grande peso, e assim como os arqueiros miram um alvo, poderíamos atingir mais facilmente o que é necessário? Se é assim, deve-se tentar, ainda que de modo geral, compreender o que ele é afinal, e de quais ciências ou potência ele participa, ele é objeto. E há de se supor que seja da mais prestigiosa, sobretudo da mais soberana arte. E tal ciência parece ser a política, pois ela designa quais são as ciências necessárias nas cidades **[1094b]** e quais cada cidadão deve aprender e até quando. E vemos também que, dentre as potências, as de mais alta monta sujeitam-se a ela, por exemplo, a arte da guerra, a gestão econômica e a retórica. Já que a política, ao fazer uso das demais ciências, ainda legisla sobre o que é preciso fazer e do que é preciso se afastar, a finalidade desta incluiria as finalidades das outras ciências, de modo que esse seria o bem pertencente ao homem. De fato, ainda que o bem seja idêntico tanto para um indivíduo quanto para a cidade, revela-se melhor e mais perfeito compreender e preservar o da cidade; pois, se, por um lado, deve-se contentar um indivíduo apenas, por outro é mais belo e mais divino fazê-lo para uma nação e para as cidades. E a investigação tem por objetivo estas coisas, o estudo da arte política.

O propósito será adequadamente discutido de acordo com o assusto subjacente, pois não se deve procurar a exatidão do mesmo modo em todos os discursos, nem, por exemplo, nos trabalhos dos artesãos. As coisas belas e justas, acerca das quais a arte política investiga, possuem grandes diferenças e variações, na medida em que parecem existir somente por convenção e não por natureza. Os bens também possuem tais variações e, para muitos, coisas prejudiciais surgem a partir deles; de fato, alguns já pereceram por conta da riqueza, e outros, por conta da coragem. Assim, ao falarmos de tais coisas e a partir de tais dizeres, devemos nos contentar em mostrar, grosso modo, a verdade por uma ideia geral, e ao falarmos das coisas verdadeiras bem genericamente e a partir de tais princípios, podemos tirar conclusões genericamente. E é do mesmo modo, então, que cada uma das coisas que dissermos deverá ser aceita, pois é do homem bem educado procurar por si mesmo a exatidão para cada gênero de coisas **(25)**, tanto quanto a natureza da coisa admite, pois aceitar o uso provável dos argumentos de um matemático parece ser igual a exigir demonstrações de um orador.

Cada homem julga corretamente as coisas que conhece, e destas é bom juiz. **[1095a]** Então, o que foi bem educado num assunto particular, é bom juiz nesse assunto, e o que foi educado em todas as coisas, é bom juiz em geral. Dessa forma, para a arte política, o jovem não é um ouvinte apropriado, pois é inexperiente quanto aos assuntos da vida, e os discursos partem deles e são em torno deles; além do mais, estando ele disposto a seguir suas paixões, ouvi-la será vazio **(5)** e inútil, já que o objetivo da política não é um conhecimento, mas uma ação. E é indiferente que seja jovem em idade ou tenha um caráter juvenil, pois o defeito não depende do tempo, mas do viver e perseguir cada coisa, uma após a outra, segundo a paixão. De fato, a tais pessoas, o conhecimento se torna desvantajoso, assim como aos descomedidos; **(10)** mas àqueles cujos desejos e ações se realizam segundo a razão, o conhecer a respeito desses assuntos seria proveitosíssimo.

Que estas palavras sejam então um prelúdio, tanto a respeito do discípulo, quanto de que maneira isto deve ser aceito, e também porque o expomos.

Retomando então, visto que todo conhecimento e propósito visam a algum bem, que nós afirmamos que é possível à ciência política alcançar, qual é, dentre todos os bens praticáveis, o supremo. Quanto aos nomes, quase a maioria está de acordo, pois tanto os homens comuns quanto os cultos dizem que é a felicidade, e supõem que o bem viver e o bem agir sejam semelhantes a ser feliz. A respeito da felicidade, o que ela é, os homens comuns divergem e não a definem do mesmo modo que os sábios.

De fato, para eles, a felicidade estaria dentre as coisas aparentes e óbvias, como o prazer, a riqueza ou a honra — uns a definindo assim, outros de outra forma — e muitas vezes também o mesmo homem a define diferentemente: sendo ela a saúde quando está doente, e a riqueza quando em necessidade. Com plena consciência de sua ignorância, admiram os que dizem algo grandioso e que a eles se sobrepõe. Outros pensam que, além desses muitos bens, há outro que existe por si mesmo, que é a causa de existir coisas boas a todos os outros. Assim, talvez seja inútil examinar a fundo todas as opiniões, mas é suficiente considerar as mais predominantes ou as que parecem possuir alguma razão.

Não nos esqueçamos de que se diferem os argumentos oriundos dos princípios e aqueles relacionados aos princípios. De fato, Platão levantava esta questão e perguntava: "Acaso o caminho é a partir dos princípios ou em direção aos princípios?". **[1095b]** Assim como na pista de corrida, partindo do juiz para a linha limite, e vice-versa. De fato, deve-se iniciar a partir das coisas conhecidas, mas estas são ambíguas: umas para nós, outras, em absoluto. Talvez, então, deva-se iniciar a partir daquilo que nos é bem conhecido. Por isso, aquele que for ouvir de modo adequado a respeito das coisas belas e justas e, de modo geral, das coisas da ciência política, é preciso ter sido bem criado por hábitos. Pois o princípio é que é fato, e se isso se mostra de modo suficientemente claro, não há necessidade de conhecer o porque dele ser assim; e alguém assim tem ou poderia facilmente obtê-lo. Àquele que nenhum destes dois é possível, ouça os dizeres de Hesíodo:[1]

---

[1] Hesíodo, *Os trabalhos e os dias*, v. 293, 295-97.

Melhor de todos é o que por si mesmo tudo pensa,
bom, por outro lado, o que é persuadido por quem fala bem.
Mas quem nem por si reflete, nem o outro ouve,
Tenha isto na alma, que este é um homem inútil.

Podemos falar, então, a partir de onde nos desviamos. Se levarmos em conta suas vidas, os homens comuns e mais vulgares parecem, não sem razão, identificar o bem com a felicidade e com o prazer; por isso, também amam a vida devotada ao prazer. De fato, são três os principais tipos de vida: o que foi dito há pouco, o que concerne à política e o terceiro, a contemplativa. Os homens comuns se mostram absolutamente servis, **(20)** preferindo uma vida como a dos animais, pelo fato de muitos dentre eles encontrarem uma justificativa nas magistraturas, tendo sentimentos semelhantes aos de Sardanapalo.[2] Quanto aos homens de gosto refinado, por outro lado, e práticos, identificam o bem à honra, pois essa é a finalidade mais próxima da vida política. Mas isso parece ser muito superficial para o que investigamos, pois parece **(25)** estar mais para os que honram do que ao que é honrado, mas nós pressentimos que o bem parece ser algo próprio e difícil de ser retirado. Além disso, eles parecem buscar a honra porque acreditam que eles mesmos são bons. E procuram, ao menos, ser honrados por homens com discernimento e junto àqueles que são conhecidos e em razão da virtude. É evidente então que, segundo esses, a virtude é melhor. Talvez poder-se-ia supor que é sobretudo a virtude a finalidade da vida política. Mas essa parece ser a mais sem propósito, pois parece que ao admitir que possui a virtude, passa a vida a dormir e a fazer nada e, por causa disto, está a sofrer males e os maiores infortúnios. **[1096a]** Mas ninguém que vive desse modo

---

[2] Sardanapalo é o nome grego dado a Assurbanípal (c. 690 a.C. — 627 a.C.) que foi o último grande rei da Assíria.

poderia ser chamado de feliz, salvo se olharmos a tese com cuidado. Quanto a isso já é o bastante, pois a respeito dele já foi dito adequadamente nos escritos públicos. O terceiro tipo é a vida contemplativa, sobre a qual faremos o exame no que se seguirá.

Quanto à vida para acumular dinheiro existe certa coação, e é evidente que não é a riqueza o bem procurado, pois é algo útil para o benefício de outra coisa. Assim, seria melhor tomar como um fim aquelas que foram ditas anteriormente, porque elas são amadas por si mesmas. Mas nem elas são esses o bem, embora muitos argumentos tenham sido estabelecidos a seu favor. Assim, coloquemos isso de lado.

Talvez seja melhor passar em vista a noção do bem universal e iniciar uma discussão sobre o que ele significa, mesmo que tal exame seja árduo, pelo fato de que os homens que introduziram as Formas são amigos. E talvez pareça melhor, e até mesmo necessário, para a preservação da verdade, fazer desaparecer o lado pessoal, especialmente sendo filósofos; pois ambos (*o lado pessoal e a verdade*) nos são caros e, por anuência divina, é preferível a verdade.

Os que se ocuparam com essa opinião não produziam Ideias nas quais consentiam a anterioridade e a posterioridade, e precisamente por isso nem postularam uma Ideia dos números em geral. Mas o bem é predicado tanto naquilo que é quanto numa certa qualidade, e numa relação; mas a essência, aquilo que é por si mesmo, é por natureza anterior à sua relação (pois ela parece ser uma ramificação ou um acidente do ser), de modo que não haveria uma Ideia comum correspondente aos bens. Além do mais, a palavra "bem" é enunciada de tantas maneiras quanto a palavra "é" (pois é enunciado naquilo que é, por exemplo, deus e pensamento; na qualidade, como as virtudes; na quantidade, como a medida; na relação, como o útil; no tempo, como o momento oportuno; no lugar, como as moradias e outras coisas tais). É evidente que o bem não pode ser uma noção geral, universal e única, pois não seria enunciado em todas as categorias, mas somente em uma. Ademais, **(30)** visto que as coisas que estão sob uma única Ideia são objetos de uma única ciência, deveria haver também uma única ciência para todos os bens. Mas eis que dentre as ciências existem muitas que estão sujeitas a uma única categoria, por exemplo: do momento oportuno na guerra, é a ciência estratégica, da doença é a medicina; da medida na alimentação é a medicina; e dos exercícios físicos é a arte da ginástica. Mas se alguém, afinal, **(35)** quisesse dizer a Ideia de cada objeto, encontraria dificuldade, já que em o "homem em si" [1096b] e em "um "homem", a definição é a mesma, a de "homem", pois na medida em que é "homem", em nada diferem; e se é assim, em nada diferem na medida em que é "bem". E nem será mais "bem" por ser eterno, se realmente o que é mais duradouro não é mais brilhante que o efêmero.

Os Pitagóricos parecem dizer algo mais plausível a respeito disto, quando colocam o "um" na coluna dos bens. Aos quais, parece, Espeusipo[3] seguiu bem de perto. Mas a respeito destas coisas, haverá outra discussão.

Quanto ao que já dissemos, uma questão pode ser trazida à luz, o fato de não ter sido dito **(10)** em seus discursos a respeito de todos os bens, mas que alguns são enunciados por uma Ideia única, aqueles que por si mesmos são perseguidos e amados, que são capazes de produzir ou preservar de algum modo, ou impedem a ação dos contrários, e são chamados de bens por causa desses, e num sentido diferente. Então, é evidente que podemos falar dos bens de duas maneiras, uma, os bens por si mesmos, outra, os bens em

---

[3] Espeusipo (408 a.C — 339 a.C.), filósofo grego, sobrinho de Platão e por ele escolhido para sucedê-lo na direção da Academia em 357 ou 347 a. C.

relação aos primeiros. Tendo distinguido **(15)** então os que são por si mesmo dos úteis, observemos se são chamados bens segundo uma única Ideia. Quais são as coisas que podem ser classificadas como bens em si? Ou quantas são procuradas e tornam-se únicas, por exemplo, o pensar, o ver e alguns prazeres e honras? Pois se as perseguimos em vista de outras coisas, elas seriam classificadas, semelhantemente, entre os bens em si. Ou não haverá nenhum **(20)** outro bem em si exceto as Ideias? Se sim, a forma estará vazia de sentido. Mas, pelo contrário, essas espécies de bens em si incluíssem essas coisas, a definição de bem deverá ser manifesta como sendo a mesma em todas elas, assim como a da brancura é a mesma na neve e no pigmento branco. Mas as definições de honra, prudência, prazer, são diversas e diferentes, em relação às coisas boas **(25)**. Logo, o bem não é algo comum, sujeito a uma única Ideia.

Mas como afinal diferentes coisas são chamadas de bem? Pois não parece que são homônimos por acaso. Ora, elas derivam todas de um único bem, contribuem todas para um único bem, ou antes, por analogia? Pois assim como a visão é um bem para o corpo, o pensamento é um bem para a alma e o mesmo em outras situações. **[30]** Mas talvez, agora, essas coisas devam ser descartadas, pois falar de maneira precisa sobre elas seria próprio de outra filosofia. E semelhantemente a respeito da Ideia. Pois mesmo que exista um bem único, afirmado em comum, ou separável em si e por si, é evidente que não seria algo realizável, nem adquirida pelo homem. Mas agora é algo **[35]** de tal tipo que é buscado. Talvez se pudesse acreditar que é melhor conhecer o bem em si **[1097a]** do que os bens que são realizáveis e adquiridos; e tendo tal paradigma, nós também conheceríamos melhor os bens, e se os conhecêssemos, nós os alcançaríamos. Este argumento possui certa plausibilidade, mas parece discordar com as ciências; **(5)** de fato, todas elas têm por objetivo algum bem, mas ao procurarem o que é insuficiente, deixam de lado o conhecimento do bem. E, de fato, não é razoável que todos os artífices ignorem uma assistência tão grande e nem procurem adquiri-la. É difícil, entretanto, descobrir em que um tecelão ou um carpinteiro, em relação a sua arte, será beneficiado com o conhecimento do bem em si, ou como será um médico melhor ou um general melhor aquele que tiver contemplado a Ideia em si. Pois o médico nem parece considerar desse modo a saúde, mas a saúde do homem, ou talvez a de um particular, pois é um indivíduo que ele cura. Mas a respeito destas coisas, muito já foi dito.

Devemos agora retornar ao bem, objeto de nossa investigação, e ao que seria ele afinal, pois ele se mostra diferente em outra ação e arte. De fato, ele é diferente na medicina, na arte da guerra e do mesmo modo nas demais artes. O que é, então, o bem, em cada uma delas? Ou não é graças a ele que as demais são feitas? Por um lado, é a saúde na medicina, a vitória para um general, uma construção para a arte da construção, e outra coisa em outra arte, mas em toda ação e toda escolha ele é o fim; pois é por causa dele que se perfazem todas as coisas restantes. Por consequência, se existe algo que é o fim de todas as coisas feitas pelo homem, este seria o bem prático, e se existem muitos fins, a soma deles seria o bem.

Avançando passo a passo, o argumento chegou ao mesmo ponto que antes, mas ainda é preciso tentar mostrá-lo mais claramente. Já que os fins se mostram numerosos, e nós preferimos uns em detrimento de outros, por exemplo, a riqueza, as flautas e os instrumentos em geral, é evidente que nem todos são fins perfeitos, pelo fato de que o bem supremo parece ser o fim. Por consequência, se existe uma coisa que sozinha é o fim, ou se existem diversos fins, um entre eles é o fim principal, esta coisa seria o bem que é procurado; Ao falarmos em graus de finalidade, queremos dizer que uma coisa perseguida como um fim em si é mais perfeita do que aquela que é perseguida como um meio por uma coisa qualquer, e que uma coisa não escolhida como meio para algo é mais perfeita do que as coisas escolhidas tanto como fins em si quanto como meios para esta coisa, e simplesmente chamamos perfeito o que é sempre desejável por si mesmo e nunca por outra coisa. A felicidade, acima de todas as outras coisas, parece ser de tal tipo, **[1097b]** já que nós a escolhemos sempre por si mesma, e jamais em vista de outra coisa; a honra, o prazer, a razão e todas as virtudes, também nós as escolhemos por si mesmas (pois mesmo que resultem em nada, ainda assim as escolheríamos), mas as escolhemos também em favor da felicidade, e é através delas que pensamos ser verdadeiramente felizes. Mas a felicidade nunca é escolhida graças a estes bens, senão por si mesma.

E parece ocorrer o mesmo a partir da autossuficiência, pois o bem perfeito parece ser autossuficiente. E dizemos autossuficiente não apenas àquele que vive uma vida solitária, mas também aos seus pais, seus filhos, sua esposa e, de modo geral, aos seus amigos e cidadãos, já que o homem é, por natureza, político. Mas deve-se criar um limite, pois se aplicarmos também em relação aos genitores e aos descendentes, e aos amigos dos amigos, ele avança ao infinito. Mas isso deve ser considerado depois. Estabelecemos que o autossuficiente, sendo tomado sozinho, faz a vida desejável e sem qualquer necessidade. É desse tipo que consideramos ser a felicidade, não contando como o mais desejável dentre todos os bens, mas contando, evidentemente, como o mais desejável segundo o menor dos bens; pois o que é acrescentado se torna um excesso de bens, e o maior é sempre mais desejável. Assim, a felicidade parece ser algo perfeito e autossuficiente, sendo um fim dentre as ações.

Além disso, dizer que a felicidade é o bem supremo parece algo concorde, mas é preciso ainda indicar de maneira mais clara o que ela é. Talvez isso pudesse ocorrer se fosse entendida a função do homem. Pois, tal como para um flautista e para um escultor, e para toda arte, em geral para aqueles que têm alguma função e atividade, supõe existir o bem e a boa causa dispostos na função, e poder-se-ia pensar assim também para o homem, se realmente existisse alguma função para ele. Acaso não existe certa função e atividades do carpinteiro e do sapateiro, mas nenhuma é do homem, sendo ele por natureza sem função? Ou assim como o olho, a mão e o pé, e cada uma das partes do corpo parecem ter, em geral, alguma função, não se deveria estabelecer também certa função ao homem, independente de todas essas? Mas qual seria afinal essa? Pois o fato de estar vivo parece ser comum também às plantas, mas o que pertence ao indivíduo é que é procurado. **[1098a]** Deve-se rejeitar, então, a atividade vital da nutrição e a que promove o crescimento. A seguir, existiria uma vida perceptiva, mas essa parece ser comum tanto ao cavalo quanto ao boi e a todos os animais. Resta, assim, a que concerne à ação prática, que possui a razão; essa que, por um lado, obedece à razão, e, por outro, possui também pensamento. Mas o que se diz dela é ambíguo, e deve ser estabelecido segundo uma atividade. E essa parece ser definida como a de maior autoridade. Então, se a função do homem é uma atividade na alma segundo a razão, ou que não existe sem razão, e afirmamos que a função é a mesma para uma espécie qualquer e para o que é excelente nisso, como o citarista e o excelente citarista, e em geral em relação a todos esses, acrescenta-se a virtude da excelência segundo a função, pois a função de um citarista é tocar cítara, e a de um excelente citarista, é fazê-lo bem; se isso é assim, [estabelecemos que a função do homem é um certo tipo de vida, e esta é uma atividade da alma e ações segundo a razão; e se é assim, a do homem excelente é completá-la bem e belamente, e cada um o fará bem, segundo a virtude que lhe é própria] o bem pertencente ao homem vem a ser uma atividade na alma segundo a virtude e, se são inúmeras as virtudes, segundo a melhor e a mais perfeita. Mas há ainda uma vida perfeita, pois uma andorinha não faz verão, nem um único dia; do mesmo modo, nem um homem feliz nem a felicidade se fazem em um único dia e em pouco tempo.

Foi feito, deste modo, um esboço do bem, pois talvez seja preciso primeiro esboçá-lo, e em seguida, mais tarde, preencher os contornos. Mas parece ser possível a todos acrescentar e completar detalhadamente as coisas que foram bem esboçadas, e o tempo também parece ser um descobridor ou bom auxiliar de tais coisas; de onde também para as artes, surgem os progressos, pois todos podem acrescentar o que falta. De fato, é necessário recordar-se do que foi dito de antemão, e não procurar, do mesmo modo, a precisão em todas as coisas, mas em cada uma delas, conforme o assunto definido até agora, porquanto adequado à investigação. De fato, tanto um carpinteiro quanto um geômetra investigam de modo diferente o ângulo reto: um o faz em relação ao quanto ele é útil ao seu trabalho, e o outro quanto à sua essência e qualidade, pois ele é o que contempla a verdade. O mesmo modo também nas outras coisas que devem ser feitas, de modo que nosso trabalho não fique subordinado a questões insignificantes. **[1098b]** E nem se deve exigir a causa em todas as coisas semelhantemente, mas é suficiente que, em algumas, o fato de ser bem mostrada, como no que diz respeito os princípios: o fato surge em primeiro, é um princípio. E, entre os princípios, há aqueles que são contemplados pela indução, uns pelas sensações, outros por um hábito qualquer, e outros diferentemente. Mas é necessário pesquisar em cada um o que lhe é por natureza, e é preciso ser cuidadoso de modo a defini-los bem, pois eles possuem grande importância para o que se segue. De fato, parece que o começo é mais do que a metade do todo, e muitas das coisas que investigamos são manifestadas através dele.

Mas é necessário examinar o primeiro princípio, não somente como objeto da conclusão e dos argumentos que surgiram, mas também das coisas que são ditas sobre ele, pois, quanto à verdade, todas as circunstâncias lhe são concordes, mas quanto ao falso, destoam do verdadeiro.

Os bens têm sido divididos em três: uns são chamados exteriores, outros relacionados à alma e ao corpo; quanto aos que se relacionam à alma, chamamos de mais poderosos e **(15)** bens excelentes, e como colocamos as ações e as atividades anímicas entre os que se relacionam à alma, de modo que se deve dizer bem conforme essa opinião, que é antiga e concorde pelos que se dedicam à filosofia. É também correto afirmar que algumas ações e atividades são definidas como o fim, pois assim ele surge como bens relacionados à alma **(20)** e não aos bens exteriores. Assim, nossa definição está de acordo com o argumento de que tanto o bem viver quanto o bem fazer fazem o homem feliz, pois, em termos gerais, a felicidade é identificada com uma boa vida ou um bem agir.

As questões a respeito da felicidade parecem todas existirem pelo que foi dito. De fato, para alguns ela é uma virtude, para outros a temperança e para outros a sabedoria; **(25)** para alguns, o mesmo ou um dentre eles, com prazer ou sem prazer; e outros também levam em consideração a prosperidade. Quanto a elas, muitos as declararam durante muito tempo, e outras por poucos homens de opiniões notáveis; e é razoável que nenhuma das duas falhe totalmente em todas as suas partes, mas em algum ponto, ou em sua maior parte também, leve a uma conclusão bem sucedida.

(30) Assim, aos que dizem que a felicidade é a virtude, ou uma virtude particular, o discurso é harmonioso, pois a atividade segundo a virtude pertence à virtude. Mas talvez exista uma diferença que não é pequena, ao submeter o bem supremo à aquisição ou ao uso, na posse ou na atividade. De fato, a posse pode existir e não produzir um bem **[1099a]** como para o homem que dorme ou que parece entorpecido de algum outro modo, mas, quanto à atividade, isso é impossível, pois por necessidade ele agirá e agirá bem. Tal como nos Jogos Olímpicos não são os mais belos e os mais fortes que são coroados, mas os competidores (pois dentre eles alguns são vencedores), assim também as coisas belas e boas da vida tornam-se um ganho aos que agem corretamente. A vida deles é prazerosa por si mesma, pois o sentir prazer está dentre as coisas da alma, e o prazer está para cada um em relação àquilo que ele diz que ama, por exemplo, um cavalo ao amante do cavalo, um espetáculo ao amante de espetáculo, e do mesmo modo também as coisas justas aos amantes das coisas justas e, de maneira geral, as coisas virtuosas ao amante da virtude. Assim, para os homens comuns, as coisas prazerosas estão em conflito pelo fato de não serem pela própria natureza, mas, aos amantes das coisas belas, existem coisas prazerosas que são prazerosas por natureza. São desse tipo as ações segundo a virtude, de modo que para eles elas são prazerosas também por si mesmas. A vida deles não precisa de nada além que o prazer, tal como um encanto acidental, mas ela tem o prazer em si mesma. De fato, além do que já foi dito, nem há homem de bem que não se regozije com as ações belas; e ninguém nem chamaria justo quem não se regozija com o agir honestamente, e nem homem liberal o que não gosta de praticar ações de liberalidade, e do mesmo modo para todos os outros. E se é assim, poder-se-ia dizer que as ações virtuosas são prazerosas por si mesmas.

Mas são também belas e boas, sobretudo cada uma delas, se o que é excelente realmente julga bem a respeito delas, e, como dissemos, julga. Assim, a felicidade é o que há de melhor, mais belo e mais prazeroso e, segundo a inscrição de Delos, estas coisas não estão separadas:

Das coisas mais belas e mais justas, o mais
desejável é ser saudável;
Mas o que o mais prazeroso é o que nasce
daquilo que ao acaso se ama.

De fato, todas essas coisas existem nas melhores atividades, e essas, ou uma delas — a melhor — afirmamos ser a felicidade.

Mas parece, contudo, que ela precisa de bens exteriores, assim como dissemos, pois é impossível, ou não é fácil, realizar coisas boas estando sem condições. Muitas, de fato, são usadas como instrumentos, através dos amigos, da riqueza e do poder político. Mas sendo privado de algumas, desfiguram o homem feliz, como a nobreza de nascimento, a felicidade em ter filhos e a beleza. De fato, não tende a ser feliz o que possui uma forma totalmente feia, é malnascido ou solitário, e sem filhos, talvez ainda menos se os filhos ou amigos estivessem repletos de vícios, ou os que eram bons foram levados pela morte. Então, assim como dissemos, parece que ela necessita ainda de prosperidades de tais tipos; de onde, por isso, alguns colocam o sucesso em posição relativa à da felicidade, e outros à da virtude.

De onde também é possível levantar a questão se acaso ela pode ser aprendida, adquirida pelo hábito ou, de outro modo, ser alcançada pela prática, ou por um quinhão divino ou está à mão pelo acaso. Então, se existem dádivas dos deuses aos homens, é com razão que a felicidade é dada pelos deuses e, dentre as coisas humanas, ela é a melhor. Mas talvez isso fosse mais adequado a outro tipo de investigação, e parece que, mesmo que ela não seja enviada pelos deuses, mas ocorresse através da virtude, de algum estudo, ou fosse alcançada pela prática, ela está dentre as mais divinas, pois a recompensa e a finalidade da virtude parecem ser o bem supremo e algo divino e bem-aventurado.

E ela poderia ser comum a todos, já que ela pode ser alcançada através de algum estudo ou esforço por todas as pessoas cuja capacidade para a virtude não foi retirada. E é melhor ser feliz assim do que pelo efeito de uma sorte qualquer, e pode-se com razão pensar que é assim que as coisas se passam na verdade, visto que as obras da natureza são tão boas quanto elas podem ser, que é mesmo para tudo oriundo da arte ou de qualquer outra causa, sobretudo a causa da excelência. Do contrário, abandonar ao acaso o que há de maior e mais nobre seria **(25)** uma solução discordante.

A resposta à questão que colocamos surge claramente também da nossa definição de felicidade. Dissemos, de fato, que era uma atividade da alma conforme a virtude, certo tipo de atividade. Quanto às atividades, umas estão necessariamente dentre os bens restantes, outras, são naturalmente úteis enquanto instrumentos. Estas considerações somente estariam de acordo com o que dissemos no início pelo fato que estabelecemos que a finalidade da política **(30)** era o bem supremo, e o maior cuidado dela é produzir certa qualidade nos cidadãos, tornando-lhes bons e capazes de praticar belas ações.

É natural então que não denominemos feliz nem ao boi nem ao cavalo nem a qualquer outro dentre os animais; **[1100a]** pois não lhes é possível partilhar de tais atividades. E ainda pelo mesmo motivo, um menino não pode ser feliz, pois ele ainda não é capaz de praticar tais atos devido a sua idade; e aqueles a que chamamos felizes só os são pelas esperanças. De fato é preciso, tal como dissemos, tanto uma virtude completa **(5)** como uma vida completa. Pois muitas vicissitudes e todos os tipos de sorte surgem durante a vida, e pode ocorrer que o homem mais próspero caia em grandes infortúnios na velhice, assim como se relata a respeito de Príamo e os Troianos: quando sofreu tais infortúnios e miseravelmente findou, ninguém o chamou de feliz.

(10) Acaso não se pode julgar feliz nenhum dentre os homens enquanto ele vive e, segundo Sólon, é necessário ver o fim? Então se é preciso colocar desse modo, só haverá homem verdadeiramente feliz quando ele está morto? Ou isto não seria completamente absurdo, especialmente para nós que afirmamos que a felicidade é certa atividade? E se não dizemos que são felizes os que já estão mortos — e nem que Sólon desejasse isto — mas somente que nestas circunstâncias poder-se-ia resolutamente considerar um homem feliz, pois já está sem os infortúnios e os males, mas também aí se admitir uma contestação: pois parece existir para quem está morto tanto um mal quanto um bem, ainda que para um vivo isso não se aperceba, por exemplo: as honras e as desonras dos filhos e, de modo geral, as boas condutas e as más sortes dos descendentes. Mas surge daí também uma aporia: para o homem que viveu verdadeiramente feliz até a velhice e chegou ao fim, segundo o argumento, é possível que ocorra muitas vicissitudes aos seus descendentes e, dentre eles, os que são bons obterão a vida valorosa, e outros, o contrário; e é evidente também que segundo os graus de parentesco, as relações dos descendentes com seus ancestrais sejam susceptíveis de todo tipo de variação. Assim, viria a ser absurdo supor que o morto participa de todas essas vicissitudes, e pode em tal momento tornar-se feliz, para novamente tornar-se miserável; e absurdo também seria se nenhum dos descendentes, em algum momento, jamais recebesse os juros dos seus antepassados.

Mas é preciso retornar ao início desta dificuldade, pois talvez fosse preciso observar também a presente questão a partir disto. Se for preciso ver o fim para afinal fazer cada homem feliz, não como sendo agora feliz, mas que fora anteriormente, como não seria absurdo se, quando é feliz, não falará a verdade sobre o que lhe foi feito, **[1100b]** por não querer que os homens ainda vivos não sejam felizes em razão de reveses, e por supor que a felicidade é algo estável e jamais mutável, enquanto os infortúnios muitas vezes os cercam? De fato, é evidente que, se tomássemos os infortúnios como guias, muitas vezes o chamaríamos de feliz e outras de miserável, mostrando o que é feliz como um tipo de camaleão ou uma construção sem alicerces. Ou o acompanhar os infortúnios não é de modo algum correto? Pois não está neles o bem e o mal, mas a vida humana ainda carece deles, e de acordo com o que dizíamos, a causa verdadeiramente determinante da felicidade reside nas atividades conforme a virtude, e as que são contrárias são o oposto. Atestamos, então, com esse argumento, o que há pouco era matéria de dúvida, pois, a respeito das ações humanas, nenhuma encontra uma estabilidade como a respeito das atividades segundo a virtude, pois estas parecem ser mais estáveis do que as ciências; e dentre elas as mais honrosas são as mais estáveis, pois o homem feliz dedica-lhes mais a sua vida e mais continuamente, pois isto parece ser a causa de não deixá-las cair no esquecimento. Assim, a estabilidade que procuramos pertencerá ao homem feliz, e permanecerá durante toda a sua vida; pois sempre, ou preferível a todas as coisas, ele agirá e contemplará de acordo com a virtude, e suportará também os infortúnios dignamente e de todos os modos, como o que é verdadeiramente bom e não é cercado pela censura.

Muitas delas acontecem por acaso, e diferem em grandeza e pequeneza. Trata-se de sucessos mínimos, assim como quanto de reveses pequenos, é evidente que não produzem um fardo para a vida, mas as que surgem de maneira grande e numerosa farão a vida mais bem feliz, (pois eles mesmos ajudam não somente a adornar por natureza, mas também o uso deles tornará bela e excelente) e, produzindo resultados inversos, eles esmagarão e arruinarão a felicidade, pois trazem dores e são um obstáculo para muitas atividades. Não obstante, o belo nesses reluz, quando suporta prontamente muitos e grandes infortúnios, e não por insensibilidade, mas pela grandeza e nobreza da alma. Se as atividades são determinantes em nossas vidas, assim como dissemos, nenhum dentre os homens felizes poderia tornar-se miserável, pois jamais farão coisas odiosas e de pouca monta. **[1101a]** De fato, consideramos verdadeiramente bom e sensato o homem que suporta todos os infortúnios com graça e dignidade, e a partir dos acontecimentos sempre faz as mais belas coisas, assim como o bom general que, na guerra, faz uso do exército da maneira mais conveniente, ou um sapateiro faz os melhores calçados a partir do couro que lhe é dado; e do mesmo modo para todos os outros artesãos. E, se é assim, o homem feliz jamais se tornaria miserável, mas se vier a sofrer infortúnios como os de Príamo, não será feliz.

E tampouco será instável e mutável, pois nem se moverá facilmente da felicidade, nem por enganos casuais, mas sim pelos que são muitos e grandes, e a partir de tais tipos não viria a ser novamente feliz em pouco tempo, mas se realmente vir a ser, será num longo período, durante o qual terá alcançado muitas e belas satisfações.

Então, o que nos impede de dizer que é feliz aquele que age conforme uma virtude perfeita e está suficientemente suprido de bens exteriores, e não ao acaso do tempo, mas durante uma vida completa? Ou deve-se acrescentar também, conforme o argumento, que viverá dessa maneira e morrerá? Uma vez que o futuro nos é incerto, e estabelecemos que a felicidade é um fim e a estabelecemos como perfeita em tudo de todos os modos. E, se é assim, nós chamaremos, dentre os seres vivos, felizes os que realizam e realizaram as coisas que foram ditas, de fato homens felizes. Mas, a respeito disto, tais coisas já foram bem definidas.

Quanto aos infortúnios dos descendentes e de todos os amigos, não parecem contribuir em nada, pois é excessivamente hostil e contrário às opiniões. Mas, sendo muitos e diversos os acontecimentos, dentre eles uns nos interessam mais, outros menos. Distinguir entre eles seria claramente algo grande e infinito, mas tratá-los em linhas gerais talvez seja o suficiente. Mesmo os nossos infortúnios, embora em alguns casos eles pareçam um fardo para nossa vida, em outros casos eles parecem sem importância, e o mesmo ocorre com os infortúnios de nossos amigos em todos os níveis. Faz também uma grande diferença como cada uma das afecções diz respeito aos vivos e aos mortos, muito mais do que as violências e as coisas terríveis que são encenadas nas tragédias. Essa diferença deve ser levada em conta, sobretudo pelo fato de ainda ser matéria de discussão se aqueles que já morreram participam de algum bem ou mal, **[1101b]** pois as considerações acima parecem mostrar que mesmo se algum bem ou mal penetra neles, o efeito é pequeno e frágil, seja nele mesmo, seja em relação a eles, ou se não é nada disso, que seja ao menos de uma intensidade ou de uma magnitude tal que torne feliz o que não é feliz ou remova a felicidade daqueles que a possuem. Os êxitos, e da mesma maneira os reveses de seus amigos, parecem também afetar os mortos, mas não podem tornar infelizes os que são felizes, ou produzir o contrário.

Definindo assim estas coisas, passemos em vista então se acaso a felicidade está entre os bens mais elogiáveis ou, sobretudo, dentre os mais honráveis, pois é evidente que ela não está, de todo modo, dentre as potências. Parece que tudo que é laudatório é elogiado pelo fato de ter certa qualidade e se relacionar a algo, pois o homem justo, o corajoso e, do mesmo modo, o homem bom e a virtude em geral, nós os elogiamos por suas ações e resultados, e também o homem forte, o bom corredor, e cada um dos outros, pelo fato de possuírem uma qualidade natural e estarem, de acerto modo, relacionados a algo bom e virtuoso. Este ponto também é ilustrado por nosso sentimento em relação aos louvores endereçados aos deuses, pois parece ridículo que os deuses se mostrem como nós os descrevemos, uma vez que os louvores, como dissemos, envolve uma referência de seu objeto a outra coisa. Mas se o louvor pertence ao que é relativo, é evidente que as melhores coisas mereçam não os louvores, mas algo maior e melhor, como é geralmente reconhecido, já que dissemos que os deuses são bem-aventurados e felizes, e também que o termo "bem-aventurado" é o termo que aplicamos a maioria dos homens bons; e do mesmo modo em relação às coisas boas, pois ninguém louva a felicidade do mesmo modo que a justiça, pois nós a chamamos louvável, julgando-a como algo maior e mais divino.

Parece que Eudoxo defendeu bem a sua tese acerca da excelência do prazer, quando ele considerou que o fato do prazer, embora fosse um bem, não fosse elogiado, é uma indicação de que ele é superior às coisas que louvamos, como o deus e o bem, pois eles são os padrões aos quais tudo mais é referido. O elogio, de fato, pertence à virtude, uma vez que os praticantes do bem são oriundos delas. E semelhantemente também os encômios, quer dos corpos, quer das almas. Mas talvez essas coisas sejam mais adequadas àqueles que trabalharam arduamente nos encômios. Quanto a nós, é evidente que das coisas ditas **[1012a]** a felicidade está entre as honradas e perfeitas. E parece ser também desse modo por ser um princípio, pois graças a ele que fazemos todas as outras coisas, e o princípio e a causa dos bens é algo que assentimos como honrado e o divino.

Uma vez que a felicidade é alguma atividade da alma segundo a virtude perfeita, seria necessário examinar a fundo a respeito da virtude, pois assim poder-se-ia melhor contemplar também acerca da felicidade. Parece que o homem político é também o que foi mais bem educado segundo a virtude, uma vez que ele deseja fazer os cidadãos bons e obedientes às leis. Temos um exemplo disso entre os legisladores Cretenses e Lacedemônios, e também em alguns outros que existiram. Mas se este exame é sobre a arte política, é evidente que a busca seria conforme ao propósito inicial. E, evidentemente, deve-se examinar a virtude humana, já que o que procurávamos era um bem humano e a felicidade, também humana. E dissemos que a virtude humana não era a do corpo, mas a da alma; e dissemos também que a felicidade era uma atividade da alma. E se isso é assim, é evidente que o homem político precisa conhecer o que se relaciona com a alma, assim como também o que cuida dos olhos **(20)** precisa conhecer todo o corpo, sobretudo por quanto a arte política é mais honrosa e melhor do que a medicina; e, dentre os médicos, os mais talentosos gastam muito do seu tempo a respeito do conhecimento do corpo. Para o homem político, então, é necessário que contemple o que se relaciona à alma, e que seu exame se faça como o objetivo que indicamos, e na medida requerida pelas coisas investigadas, **(25)** pois talvez o fato de torná-las mais precisas seja mais árduo do que as que são propostas.

Afirma-se abundantemente a respeito da alma nas argumentações exotéricas e nós devemos fazer uso delas, por exemplo, o fato de ela possuir uma parte irracional e outra racional. Se acaso elas são distintas, assim como as partes do corpo e tudo o que é **(30)** divisível, ou se elas são logicamente distintas, mas inseparáveis por natureza, assim como o convexo e o côncavo na circunferência, não faz nenhuma diferença ao que se apresenta.

Da parte irracional surge o princípio comum e o princípio vegetativo, e afirmo como o responsável pela nutrição e pelo crescimento; de fato, esse tipo de potência da alma que se deve atribuir **[1102b]** a todos os que crescem e aos embriões, e esse mesmo também está presente nos já desenvolvidos, pois é mais racional do que qualquer parte. De fato, ela parece uma virtude comum a todas as espécies, e não apenas à humana, pois é sobretudo nos sonhos que essa parte, ou **(5)** essa potência, está em ação, enquanto que tanto o homem bom quanto o homem mal em nada se distinguem durante o sono (de onde se afirma não diferir os felizes dos miseráveis em metade de suas vidas, e isso ocorre naturalmente, pois no sono há uma suspensão da atividade da alma, pela qual é chamada de excelente ou de pouca monta) exceto que em menor grau, alguns desses movimentos possam alcançar a alma durante o sono, **(10)** e consequentemente os sonhos dos bons são melhores do que aqueles dos homens vulgares. Mas a respeito disso é suficiente, e devemos nos afastar do princípio do vegetativo, visto que, por natureza, ele não faz parte da virtude humana.

Assim, parece existir uma natureza da alma que é irracional, todavia partícipe, de algum modo, da razão. De fato, elogiamos o princípio racional tanto no homem temperante quanto no intemperante, e a parte da alma que possui a razão, pois ela exorta corretamente em direção às melhores coisas. Mas parece existir neles também outro princípio, além do racional por natureza, com o qual está em conflito e ao qual resiste. De fato, uma vez que é simplesmente como as partes do corpo que estão paralisadas, se deliberadamente escolhemos movê-los à direita, movem-se na direção contrária, para a esquerda, e do mesmo modo em relação à alma: pois é para as direções contrárias que se movem os impulsos dos intemperantes. Mas é somente nos corpos que vemos essas direções erradas, já que, na alma, nada vemos. E talvez nem se deva considerar menos que também existe na alma algo além do princípio racional, que lhe é contrário e ao qual resiste. Quanto ao que é cada uma dessas partes, isso não faz nenhuma diferença.

Mas parece também, assim como dissemos, que este segundo elemento participa do princípio racional: o do homem temperante, ao menos, obedece ao princípio racional, e talvez ele ainda seja mais obediente ao moderado e corajoso, pois em tudo concorda com o princípio racional.

Mas parece, também, que a parte irracional também é dupla: por um lado, há uma parte vegetativa, que de modo algum faz parte do princípio racional; por outro, existe uma parte desiderativa ou, de um modo geral, apetitiva, que de alguma forma participa, da qual é ouvinte e prontamente obedece, e assim também quando dizemos "levar em conta" seu pai e seus amigos, certamente não como dizem os matemáticos. Que a parte irracional, de algum modo, é persuadida pelo princípio racional, é indicado nas admoestações e, de modo geral, nas censuras e exortações. **[1103a]**. Mas se é necessário afirmar isso, que possui razão, a parte racional será dupla: haverá, por um lado, o que lhe é apropriado e em si mesmo e, por outro, o que prontamente lhe ouve, tal como ao pai.

Assim, a virtude se distingue segundo esta diferença: de fato, dizemos que umas são intelectuais e outras morais; a sabedoria, a inteligência e a prudência são as intelectuais, enquanto a liberalidade e temperança são as morais. De fato, quando falamos a respeito do caráter, não dizemos que ele é sábio ou inteligente, mas que é moderado e prudente: mas nós elogiamos assim o sábio, segundo as suas condições, e dentre as condições, as dignas de elogios são as que chamamos virtudes.

LIVRO II

[1103a] Sendo a virtude, assim, de dois tipos, uma intelectual e outra moral, a virtude intelectual depende mais do ensino, quer em sua origem, quer em seu crescimento; portanto, ela precisa de experiência e também de tempo; a virtude moral resulta do hábito, de onde lhe vem também seu nome, formado por uma pequena e sutil alteração de "*éthos*".[4] Por isso, é evidente que nenhuma das virtudes morais é gerada em nós por natureza, pois nenhuma das coisas que existe por natureza torna-se diferente pelo hábito, como a pedra, por exemplo, que se move por natureza para baixo, não se habituaria a mover-se para cima, nem se alguém, dez mil vezes, habitue-se a jogá-la para cima; e nem se pode habituar a mover o fogo para baixo, e nem qualquer coisa, que de modo geral é por natureza, poderia habituar-se de modo diferente. Assim, nem é por natureza, nem contrariamente à natureza que as virtudes são geradas em nós, mas é natural para nós recebê-las, e nos aperfeiçoamos pelo hábito.

Além disso, das coisas que nos são dadas por natureza, recebemos primeiramente as suas potências, e depois passamos às ações (o que é precisamente manifesto em relação aos sentidos, pois não foi por ver muitas vezes, ou ouvir muitas vezes, que adquirimos os sentidos, mas, ao contrário, já os tínhamos antes de usá-los, e não após de ter feito uso deles é que os possuímos). Quanto às virtudes,

---

[4] O termo traduzido por "virtude moral" é ἠθικὴ (*ethiké*), derivado de *éthos*.

ocorre o contrário; tomamo-las por uma atividade, tal como também ocorre com as outras artes, pois as coisas que são necessárias aprender antes de fazê-las, é fazendo que aprendemo-las, como, por exemplo, é construindo que os homens se tornam construtores, e é tocando a cítara que se tornam citaristas; **[1103b]** assim também, é praticando as ações justas que nos tornamos justos, e as ações moderadas que nos tornamos moderados, e as ações corajosas que nos tornamos corajosos. Isto também é confirmado pelo o que ocorre nas cidades, onde os legisladores tornam bons os cidadãos pelos hábitos que lhes incutem, e este é o desejo de todo legislador, mas falham em seu propósito aqueles que não o realizam bem, e nisto uma boa constituição difere de uma má constituição.

Além disso, toda virtude é gerada e destruída pelos mesmos princípios e pelos mesmos meios, e semelhantemente também a arte, pois é a partir do tocar a cítara que são gerados tanto os bons quanto os maus citaristas. De modo análogo também para os construtores de casas e todas as demais artes, pois a partir do construir bem haverá bons construtores de casas, e a partir do construir mal, maus construtores. De fato, se não fosse assim, nem haveria necessidade um instrutor, mas todos viriam a ser bons ou maus. E é assim também em relação às virtudes, pois é pelas ações que praticamos nas relações com os homens que nos tornamos justos ou injustos; e é pelas ações que praticamos em situações de perigo, e pelo hábito de temer ou ter coragem, que nos tornamos, uns, corajosos, outros, covardes. E é de modo semelhante também em relação aos desejos e aos impulsos: alguns, de fato, se tornam temperantes e calmos, outros, intemperantes e irascíveis, por comportarem-se nas mesmas situações, uns de um modo, outros de outro. Em resumo, as disposições de caráter surgem de atividades que lhes são semelhantes. Por isso, é preciso atentar às qualidades dessas ações, pois as disposições de caráter são guiadas conforme as suas diferenças. Não é insignificante, então, que desde a mais tenra infância habitue-se de uma ou de outra maneira, **(25)** mas isso é, acima de tudo, importantíssimo.

Visto que o presente estudo não é especulativo como os outros (pois não investigamos para que saibamos o que é a virtude, mas a fim de nos tornarmos bons, já que de outra maneira ele não serviria de nada), é necessário passar em vista o que se relaciona às **(30)** ações e como se deve praticá-las, pois são elas, assim como dissemos, que determinam também a natureza de nossas disposições morais.

Ora, o fato de agir conforme regra justa é comum e está subjacente, e a respeito disso será especificado mais tarde, e também o que é a regra justa e de que maneira ela se relaciona às outras virtudes. **[1104a]** Mas, de antemão, concordemos com o seguinte: que para o estudo a respeito de tais práticas se manterá as generalidades e não se entrará em detalhes e, tal como dissemos no início, que as exigências dos estudos dependem da maneira que são tratadas. Ora, nas ações e nas coisas que convêm não existe nada de fixo, assim como em relação à **(5)** saúde. E sendo de tal tipo a explicação, a dos casos particulares não tem a mesma exatidão, pois ela não pertence a nenhuma arte ou conjunto de preceitos, mas é preciso que os próprios praticantes examinem o que é oportuno fazer, assim como na medicina, ou na arte **(10)** da navegação.

Mas, embora esse estudo seja apresentado de tal maneira, devemos nos esforçar em compreendê-lo. O que se deve passar em vista primeiramente é que as virtudes morais são, por natureza, destruídas pela falta e pelo excesso (pois para as coisas imperceptíveis, é preciso fazer uso de provas manifestas), assim como vemos no caso do vigor e da saúde; **(15)** de fato, o vigor é perdido tanto pelo excesso como pela falta de exercícios e, semelhantemente, tanto a bebida quanto o alimento, sendo em grande ou pequena quantidade, destroem a saúde, uma vez que, na devida proporção, eles são produzidos, aumentados e conservados.

Ocorre o mesmo então com relação à temperança, à coragem e às outras virtudes **(20)**, pois aquele que foge de tudo, que teme e não se mantém firme em nada, torna-se um covarde, e aquele que não teme completamente nada, mas segue adiante em tudo, torna-se audacioso; semelhantemente também, aquele que se dá a todos os prazeres e não recusa nenhum, torna-se um homem intemperante, assim como aquele que se priva de todos os prazeres, como um homem rústico, torna-se um tipo insensível **(25)**. Assim, então, temperança e coragem são destruídas igualmente pelo excesso e pela falta, enquanto são conservadas pela justa medida.

Mas não somente as causas e as fontes da geração e do crescimento das virtudes morais são as mesmas que presidem o seu perecimento, mas elas encontram o seu exercício nas mesmas ações. É efetivamente assim para as outras qualidades **(30)** mais aparentes, por exemplo, a força: ela tem sua fonte na alimentação abundante e nas diversas fadigas que suporta, e é o homem forte o que é mais capaz de realizá-las. E é assim também no que diz respeito às virtudes: nós nos tornamos temperantes ao abster-nos dos prazeres, e uma vez que nos tornamos **(35)** capazes desta abstenção, é quando somos os mais capazes de praticar essa abstenção. **[1104b]** E o mesmo se pode dizer da coragem, pois, habituando-nos a desprezar os perigos e a lhes fazer frente, nos tornamos corajosos e, uma vez que nos tornamos, somos os mais capazes de afrontar os perigos.

Por outro lado, devemos tomar por sinal distintivo de nossas disposições de caráter o prazer ou a dor **(5)** que acompanham a nossas ações. De fato, o homem que se abstém dos prazeres corporais e que se regozija desta abstenção é um homem temperante, e quando ele se aflige com ela é um homem intemperante; e o homem que faz face às coisas terríveis e que acha aí seu prazer, e não prova nada menos do que a pena, é um homem corajoso, enquanto o que sofre é um covarde. E a virtude moral se relaciona com os prazeres e as dores.

De fato, é por causa do prazer que praticamos ações más, e é por causa da dor que nos abstemos das ações belas. Por isso também devemos ser educados desde a mais tenra infância, como diz Platão,[5] de modo a achar nossos prazeres e nossas dores onde é conveniente, pois a educação correta consiste nisso. Em segundo lugar, se as virtudes concernem às ações e às paixões, e se toda paixão e toda ação é acompanhada de prazer e de dor, por essa razão a virtude terá relação aos prazeres e às dores. Uma outra indicação é o fato de que a dor é um meio de punição, pois as punições são um tipo de cura, e é da natureza da cura trabalhar por meio de opostos.

Além disso, como dissemos também mais acima, toda disposição da alma tem sua natureza em relação e em conformidade com o gênero das coisas que podem torná-la naturalmente melhor ou pior. Ora, é por causa dos prazeres e das dores que os homens se tornam maus, pelo fato de persegui-los ou evitá-los, quer trate-se de prazeres e de dores que não devem, ou no momento que não devem, ou da que maneira que não devem procurar ou fugir, ou segundo toda uma outra modalidade racionalmente determinada. E é porque alguns definem as virtudes como sendo estados de impassibilidade e de repouso; mas existe aí um erro, devido ao que eles exprimem em termos absolutos, sem acrescentar "da maneira que se deve" ou "da maneira que não se deve", ou "quando se deve ou não se deve", e todos os outros que se pode acrescentar. Que se estabeleça, então, que a virtude tende agir da melhor maneira em vista dos prazeres e das dores, e que o vício faz todo o contrário.

---

[5] Platão. *República*, 401-402.

Nós podemos, em vista das considerações seguintes, esclarecer alguns pontos **(30)**. Existem três objetos de escolha, e três objetos de repulsa: o belo, o útil e o agradável, e seus três contrários, o vil, o inútil e o doloroso. A respeito de todos esses fatores, o homem bom pode ter uma conduta firme, e o homem mau, o contrário, principalmente em relação ao prazer, pois esse é comum ao homem e **(35)** aos animais, e ele acompanha tudo o que depende de nossa escolha, **[1105a]** pois mesmo o belo e o útil parecem algo agradável.

Por outro lado, desde a infância, o agradável e o doloroso cresceram com cada um de nós, e por isso é difícil livrar-se desses sentimentos, totalmente impregnados em nossa vida. Além disso, medimos nossas ações, uns mais, outros menos, **(5)** pelo prazer e pela dor. Por essa razão ainda, é necessário centrar todo o nosso estudo nelas, pois não é indiferente para nossa vida que a reação ao prazer e à dor seja legítima ou ilegítima.

Além disso, é mais difícil combater o prazer do que a dor, assim como dizia Heráclito, que tanto a virtude quanto a arte tem sempre por objeto o que é mais difícil **(10)**, pois quanto mais difíceis, mais se tornam melhores. Por consequência, eis por que tanto os prazeres quanto as dores constituem o principal objeto tanto da virtude quanto da política, pois se ela é usada bem, o homem será bom, e se usada mal, o homem será mau.

É assim que a virtude se relaciona com os prazeres e com as dores, e que a partir daqueles atos que ela se origina, **(15)** mais é acrescida, e quando elas ocorrem de outro modo, destruída; enfim, as ações das quais ela é resultante sejam as mesmas em que ela é exercida. A respeito destas coisas e como agem, o consideremos como dito.

Mas poderia perguntar-se o que entendemos quando dizemos que é realizando ações justas que se torna justo, e realizando ações temperantes que se torna temperante, pois se os homens **(20)** praticam ações justas e temperantes, eles já são justos e temperantes, assim como os que realizam ações pertencentes à gramática e à música, já são gramáticos e músicos. Ou não será assim também no caso das artes? É possível, de fato, fazer uma coisa que concerne à gramática, quer ao acaso, quer sob a orientação de outra pessoa, mas só será gramático se, ao mesmo tempo, fizer alguma coisa de gramatical, e se faz ao modo dos gramáticos, pois isso é em si único, segundo a arte da gramática.

Além disso, não existe semelhança entre o caso das artes e o das virtudes. As produções das artes têm seu valor em si mesmas, bastando então que a produção lhe confira algumas características. Do contrário, para as ações feitas segundo a virtude, não é pela presença de algumas características intrínsecas que elas são feitas de modo justo ou temperante; é preciso ainda que o próprio agente esteja em condição ao praticá-las; em primeiro lugar, ele deve saber o que ele faz e, em seguida, escolher livremente a ação em questão e escolhê-la em vista da própria ação; por fim, sua ação deve partir de uma disposição moral firme.

[1105b] Estas condições não são consideradas para a posse de uma arte, qualquer que seja ela, com exceção do saber em si mesmo, enquanto que, para a posse das virtudes, o saber só tem um papel mínimo ou mesmo nulo, diferentemente das outras condições, que surgem da prática repetida das ações justas e temperantes, que possuem uma influência total.

Assim, as ações são ditas justas e temperantes quando é o homem justo e temperante que as praticaria, mas aquele que as pratica não é justo e temperante por praticá-las, mas porque as pratica do mesmo modo que os justos e temperantes praticam. Tem razão então de dizer que é pela prática das ações justas que o homem se torna justo, e pela prática das ações temperantes que se torna temperante, enquanto que, por não praticá-las de maneira alguma, jamais estaria em condições de tornar-se bom.

Mas a maioria dos homens não pratica estas ações; eles se refugiam no domínio da discussão, e pensam que agem assim como se fossem filósofos e que isso bastará para se tornarem bons, e, desse modo, eles assemelham-se aos doentes que escutam seus médicos atentamente, mas não seguem nenhuma de suas prescrições. Assim como esses doentes não assegurarão a saúde de seus corpos cuidando-se dessa maneira, a alma daqueles não se tornará melhor por tal filosofia.

Depois disto, deve-se examinar o que é a virtude. Já que existem três estados na alma, as paixões, as faculdades e as disposições, a virtude seria uma delas. Entendo por paixões os apetites: a cólera, o medo, a audácia, a inveja, a alegria, a amizade, o ódio, o desejo, o ciúme, a compaixão e, de modo geral, as que são acompanhadas de prazer ou de dor; por faculdades, os estados segundo os quais dizemos que somos capazes de senti-los, por exemplo, a capacidade de experimentar a cólera, dor ou piedade; por disposições, nosso comportamento bom ou mau relativo às paixões, por exemplo, em relação à cólera, se a sentimos violentamente ou não, nosso comportamento é mau, e bom, se nós o sentimos moderadamente, e assim para as outras paixões.

Ora, as paixões não são nem as virtudes, nem os vícios, porque não somos chamados bons ou maus segundo as paixões, mais segundo nossas virtudes e nossos vícios; e porque não somos nem elogiados nem censurados segundo as paixões (pois não se elogia o homem que sente medo nem se encoleriza, nem é censurado aquele que simplesmente se encoleriza, mas aquele que, de certo modo, está encolerizado), **[1106a]** mas somos elogiados ou censurados segundo as virtudes e os vícios.

Por outro lado, sentimos a cólera ou o medo de modo indeliberado, enquanto as virtudes são certas escolhas, ou ao menos não ocorrem sem uma escolha. Além disso, é em razão das paixões que se diz que somos movidos, mas no que diz respeito às virtudes e aos vícios não somos movidos, mas, de certa maneira, dispostos.

Pelas mesmas razões, elas também não são faculdades, pois não somos chamados bons nem maus, nem somos elogiados ou censurados simplesmente por sentir as paixões. Além disso, somos capazes por natureza, mas não nos tornamos bons ou maus por natureza. Mas já falamos a respeito disso anteriormente. Então, se as virtudes não são nem paixões, nem faculdades, resta que elas sejam disposições. Assim, de um modo geral, foi dito o que é a virtude.

Mas não se deve dizer apenas que ela é uma disposição de caráter, mas também de qual espécie ela é. Deve-se observar que toda virtude não só coloca em bom estado a coisa de que ela é virtude, mas também lhe permite realizar bem sua função, por exemplo, a virtude do olho torna o olho e sua função igualmente perfeita, pois é pela virtude do olho que a visão existe em nós como convém. Do mesmo modo, a virtude do cavalo torna o cavalo ao mesmo tempo perfeito em si mesmo e bom para a corrida, para levar o cavaleiro e fazer face ao inimigo. Então, se é assim em todos os casos, a excelência, a virtude do homem só poderia ser uma disposição pela qual um homem torna-se bom e pela qual também sua própria obra se tornará boa.

Como isso acontece, já indicamos, mas se considerarmos o que constitui a natureza específica da virtude ficará mais claro. Em tudo que é contínuo e divisível é impossível distinguir o maior, o menor e o igual, seja na própria coisa, seja em relação a nós; e o igual, sendo um meio-termo entre o excesso e a falta. Entendo por meio-termo da própria coisa o que se desvia em igual distância de cada um dos extremos, que é único e idêntico para todos os homens; e por meio-termo em relação a nós, o que não é nem demasiado, nem muito pequeno, e não uma coisa única nem idêntica para todo mundo. Por exemplo, se dez é muito e dois é pouco, seis é o meio-termo, pois ele excede e é excedido por uma quantidade igual; e é um meio-termo estabelecido segundo a proporção aritmética. Ao contrário, o meio-termo **[1106b]** em relação a nós não deve ser tomado deste modo; se, para a alimentação de um indivíduo determinado, um peso de dez minas é muito, e um peso de duas minas é pouco, não segue que o mestre do ginásio prescreverá seis minas, pois esta quantidade talvez seja muito grande para a pessoa que a comerá, ou muito pouco; para Mílon,[6] isso será pouco, mas, para um iniciante nos exercícios do ginásio, será muito. E o mesmo ocorre para a corrida e para a luta. Desse modo, o homem versado em uma disciplina qualquer evita o excesso e o falta; é o meio que ele procura e que ele escolhe, mas esse meio-termo não é aquele do objeto, mas é aquele que é relativo a nós.

Se, então, toda ciência realiza bem a sua obra, fixando o olhar sobre o meio-termo e julgando assim suas obras (daí vem nosso hábito de dizer que, de obras bem realizadas, nada é impossível retirar dela, nem nada aí acrescentar, querendo significar por isso que o excesso e a falta destroem a excelência, uma vez que o meio-termo a preserva), se os bons artistas, então, como nós os chamamos, têm os olhos fixos sobre o meio-termo quando eles trabalham e se, de outra forma, a virtude, assim como a natureza, é mais exata e mais valiosa que qualquer outra arte, então ela é o meio-termo ao qual deverá visar. Eu entendo aqui a virtude moral, pois é ela que se relaciona com as afecções e as ações, nas quais existe o excesso, a deficiência e o meio-termo. Assim, no temor, na audácia, no apetite, na cólera, na piedade, e de modo geral em todo o sentimento de prazer e de dor, é possível encontrar o excesso e a deficiência, os quais não são bons, nem um

---

[6] Célebre atleta grego que se destacava por sua grande força muscular.

nem outro; ao contrário, sentir essas emoções no momento oportuno, ao objeto e às pessoas que convêm, pelas razões e da maneira necessária, isso é ao mesmo tempo meio-termo e excelência, características que pertencem precisamente à virtude.

Ainda de modo semelhante, no que concerne às ações, pode existir o excesso, a deficiência e o meio-termo. Ora, a virtude tem relação às afecções e às ações nas quais o excesso é erro e a deficiência objeto da culpa, uma vez que o meio-termo é objeto digno de louvor, e acertar e ser louvada é próprio da virtude; a virtude é então um tipo intermediário, na medida em que ela visa ao meio-termo.

Além disso, o erro é multiforme (pois o mal pertence ao que é ilimitado, e o bem, ao que é limitado, como conjecturaram os pitagóricos), uma vez que só se pode observar a regra correta de uma única maneira. Por essas razões também, errar é fácil, e acertar é difícil. É fácil não atingir o fim, e difícil de atingi-lo, e é isso que faz com que o vício tenha por características o excesso e a deficiência, e o meio seja característico da virtude: "*A bondade tem somente uma forma, mas o vício tem numerosas delas*". Assim a virtude é uma **[1107a]** disposição de caráter relacionada a uma escolha deliberada e ocupa uma posição central em relação a nós, a qual é determinada pela razão e determinaria o homem dotado de sabedoria prática. Mas é um meio-termo entre dois vícios, um pelo excesso e outro pela falta, mas em alguns vícios há mais ou menos do que é necessário em relação às paixões e também às ações, uma vez que a virtude descobre e escolhe a posição intermediária. Assim, acerca de sua existência e como ela se define, a virtude é um meio-termo, mas com relação ao bem supremo e o mais justo, ela é um excesso.

Mas nem toda ação admite um meio-termo, assim como nem toda afecção, pois para algumas entre elas sua única denominação implica imediatamente a maldade, por exemplo, a malquerença, a impudência, a inveja, e, no domínio das ações, o adultério, o roubo, o homicídio. De fato, essas e todas as ações e afecções similares são censuráveis como sendo más em si mesmas; não é o excesso ou a deficiência delas que censuramos. Não se pode também, em vista de tais coisas, dizer que o bem ou o mal depende das circunstâncias, por exemplo, cometer adultério com a mulher que convém, na época e da maneira que convém, mas o simples fato de cometê-lo já é uma falta.

É igualmente absurdo supor que cometer uma ação injusta, covarde ou desregrada comporta um meio-termo, um excesso e uma falta, pois existiria nesse momento um meio-termo quanto ao excesso e à falta, um excesso de excesso e uma falta de falta. Mas do mesmo modo que para a temperança e a coragem não existe excesso e falta, pelo fato do meio-termo ser em um sentido um extremo, também paras as ações que nós falamos não existe mais nem o meio-termo, nem o excesso, nem a falta, pois qualquer que seja o modo que sejam realizadas, elas constituem faltas; pois, de uma maneira geral, não existe nem um meio-termo do excesso e da falta, nem excesso e falta de um meio-termo.

Nós não devemos somente nos ater a estas generalidades, mas é necessário aplicá-las às virtudes particulares. De fato, entre as proposições que tratam de nossas ações, aquelas que são universais são mais amplas, e aquelas que se juntam aos particulares são mais verdadeiras, pois as ações possuem relação com fatos individuais, e nossas proposições devem estar de acordo com eles. Tomemos então os exemplos de virtudes particulares em nosso quadro.

No que diz respeito ao medo e à temeridade **[1107b]**, a coragem é o meio-termo, e entre aqueles que excedem, aquele que o faz por falta de medo não recebeu um nome (muitos estados, aliás, nem possuem nome), uma vez que aquele que o faz por audácia é um temerário, e aquele que excede no medo e mostra falta de audácia é um covarde.

Quanto aos prazeres e dores (não todos, mas em um nível intermediário que se observa as dores) o meio-termo é a temperança, e o excesso, a intemperança. As pessoas que se mostram deficientes quanto ao usufruto dos prazeres raramente são encontradas, o que explica que tais pessoas não receberam um nome particular, mas chamemos-lhes insensíveis.

Quanto à ação de dar e obter riquezas, o meio-termo é a liberalidade, e o excesso e a falta são respectivamente a prodigalidade e a avareza. É de modo oposto que nessas ações ocorre excesso ou falta. De fato, o pródigo se excede no gasto e é deficiente na aquisição, ao passo que o avarento, por sua vez, excede na aquisição e é deficiente no gasto. (Pelo momento, nós traçamos aqui um simples esboço, muito sumário, que deve nos bastar para nosso desejo. Mais tarde esses estados serão definidos com mais precisão).

Quanto às riquezas, existem também outras disposições: o meio-termo é a magnificência (pois o homem magnificente difere do homem liberal, já que primeiro vive numa ambiente de grandeza, e o outro em um ambiente mais modesto); o excesso é a falta de gosto ou a ostentação; a deficiência é a mesquinharia. Esses vícios diferem dos estados opostos à liberalidade, e a maneira que eles diferem será indicada mais adiante.

No que concerne à honra e à desonra, o meio-termo é o orgulho; o excesso é nomeado como um tipo de pretensão, e a deficiência, uma baixeza da alma. E do mesmo modo que mostramos a liberalidade face à magnificência, diferindo desta última pela modicidade com a qual ela lida, pois há uma disposição que se assemelha ao orgulho, a qual se relaciona com grandes honras, enquanto esta qualidade em si se relaciona com honras menores. Pode-se, então, desejar honras menores do modo que é devido, mais do que é devido ou menos do que é devido; o homem que se entrega aos desejos excessivos é designado por ambicioso, e ao homem com desejos insuficientes, um homem sem ambição, e aquele que mantém a posição intermediária **(30)** não recebeu denominação. Sem designações especiais são também as disposições correspondentes, exceto aquela do ambicioso, que se chama ambição. Daí vem que os extremos disputam o lugar do intermediário, e ocorre de nós mesmos chamarmos aquele que ocupa a posição intermediária tanto de ambicioso quanto de desprovido de ambição **[1108a]**, e reservamos nossos elogios tanto ao ambicioso quanto àquele desprovido de ambição. Por qual razão agimos assim, nós a diremos na sequência; por ora, falemos das demais disposições, seguindo os passos que indicamos.

No que concerna à cólera, existe também o excesso, a deficiência e o meio-termo. **(5)** Esses estados são praticamente desprovidos de qualquer denominação. No entanto, visto que chamamos calmo aquele que ocupa a posição intermediária, podemos chamar também de calma ao meio-termo. Para aqueles que são pontos extremos, irascível será aquele que se excede, e o vício que lhe corresponde, irascibilidade; e aquele que se encontra na deficiência será um tipo de ser indiferente, e seu vício será a indiferença.

(10) Existem ainda três outros meios-termos que possuem certa semelhança entre si, mas são diferentes uns dos outros; de fato, todos dizem respeito às relações dos homens com as palavras e as ações, mas diferem quanto à relação que um tem com o verdadeiro nas ações e nas palavras, e os outros dois, quanto com o agradável; destes, um relaciona-se ao divertimento, o outro, às circunstâncias gerais da vida. Nós devemos, então, falar também destes diversos estados, **(15)** a fim de melhor discernir que em todas as coisas o meio-termo é digno de elogio, uma vez que os extremos não são nem corretos, nem louváveis, mas ao contrário, censuráveis. A maior parte destes estados não possui ainda qualquer nome, e devemos, no entanto, tentar, assim como nos outros casos, forjar nós mesmos os nomes, para que nossa exposição seja mais clara e possa ser seguida facilmente. **(20)** Quanto ao verdadeiro, a posição intermediária pode ser chamada verídica, e o meio-termo veracidade; o excesso pode ser chamado arrogância, e aquele que se caracteriza por tal hábito, arrogante, e a deficiência por reticência, e aquele que a pratica, é reticente. Passemos à aprazibilidade no divertimento, e aquele que se encontra na posição intermediária é espirituoso, e ao meio-termo chamamos **(25)** espirituosidade; o excesso, insolência, e aquele que a pratica, insolente; a deficiência, ao contrário, é um tipo de rústico, e seu estado é a rusticidade. Para o outro gênero de aprazibilidade, a saber, das relações agradáveis na vida, o homem que é agradável como é preciso é um homem amável, e o meio-termo é a amabilidade; aquele que se excede, e não possui nenhum fim determinado, é um diligente, e se é por sua vontade própria, um bajulador; e aquele que na deficiência é desagradável em todas as circunstâncias é um mal-humorado e um espírito desordeiro.

(30) Existem também meios-termos nas paixões em tudo o que se relaciona a elas. De fato, a reserva não é uma virtude, e, no entanto, o homem reservado é elogiado, pois mesmo nesse domínio se diz de tal homem ter a posição intermediária, e outro cair no exceder-se, (outro, enfim, se mostrar na deficiência). Aquele que se excede, por exemplo, o homem tímido que se ruboriza por tudo. Por outro lado, aquele que se mostra por falta ou que não tem qualquer pudor é um impudico; e aquele em que se observa o meio-termo, um homem reservado.

(35) Por outro lado, a justa indignação é um meio-termo entre a inveja e a malquerença, e esses estados se relacionam à dor e ao prazer que **[1108b]** surgem em nós por causa de tudo o que acontece ao próximo. O homem que se indigna, se aflige com o infortúnio de alguém; o invejoso vai além e se aflige com todo o sucesso do outro, o malquerente, bem longe de afligir-se **(5)**, vai até regozijar-se disso, mas nós teremos a ocasião de descrever alhures esses diversos estados.

No que concerne à justiça, dado que o sentido desse termo não é simples, após ter descrito os outros estados, nós o dividiremos em duas espécies e indicaremos para cada uma delas como se constitui seu meio-termo, e trataremos paralelamente das virtudes intelectuais.

Existem assim três espécies de disposições: duas são vícios, que compreendem também excesso e deficiência, e uma única virtude, que consiste no meio-termo; e cada uma destas disposições é de certa maneira oposta a todas. De fato, as disposições extremas são contrárias ao mesmo tempo às disposições intermediárias e uma a outra, e o meio-termo é contrário às disposições extremas; assim como o igual é maior em relação ao menor e o menor em relação ao maior, assim os estados médios estão em excesso em relação aos estados deficientes, e deficientes em relação aos estados excessivos, quer nas afecções quer nas ações. De fato, o homem corajoso, em relação ao covarde, parece temerário, e em relação ao temerário, covarde. Da mesma maneira, o homem temperante parece voluptuoso em relação ao insensível e insensível em relação ao voluptuoso, assim como o homem liberal, em relação parcimonioso é um pródigo, e em relação ao pródigo, parcimonioso. Daí ocorre que os que estão nos extremos jogam os que estão no meio uns contra os outros de modo que o covarde chama o corajoso de temerário, e o temerário o chama de covarde; nos outros casos, a relação mantém-se a mesma.

Essas diversas disposições sendo assim opostas umas às outras, a contrariedade máxima é aquela dos extremos, um em relação ao outro, e não por relação ao com o meio-termo, já que esses extremos estão mais afastados um do outro que do meio-termo, assim como o grande está mais afastado do pequeno, e o pequeno do grande, do que eles estão do meio-termo.

Por outro lado, existem extremos que apresentam certa semelhança com o meio-termo, por exemplo, no caso da temeridade em relação à coragem, e da prodigalidade em relação à liberalidade. Contudo, é entre os extremos que a dissemelhança existe em seu mais alto grau; aliás, as coisas que estão afastadas uma de outra são definidas como contrárias, e por consequência as coisas que estão mais afastadas entre si, são também as mais contrárias.

[1109a] Quanto ao meio-termo, em certos casos, é a deficiência que lhe é mais contrária, e em outros, o excesso; assim, para o corajoso, não é a temeridade (que é um excesso) que é o mais oposto, mas a covardia (que é uma falta); inversamente, para o temperante, não é a insensibilidade (que é uma falta), que é o mais oposto, mas a intemperança (que é um excesso).

Isto acontece por duas causas. A primeira vem da coisa em si, pelo fato de um dos extremos ser mais próximo e semelhante do meio-termo, não opomos esse extremo ao meio-termo, mas seu contrário, por exemplo, já que a temeridade parece ser mais semelhante e mais próxima à coragem, e a covardia mais diferente, é esta principalmente que contrapomos, pois as coisas que mais se afastam do meio-termo parecem ser as mais contrárias. Essa é a causa que pertence à própria coisa. E existe outra, que vem de nós, pois as coisas geradas em nós por natureza parecem ser mais contrárias ao meio-termo. Por exemplo, nós sentimos uma inclinação natural mais forte em direção aos prazeres, é por isso que somos mais inclinados à intemperança do que à moderação. Por isso, qualificamos mais contrários ao meio-termo os extremos aos quais somos mais inclinados e é por essa razão que a intemperança, que é um excesso, é mais contrária à temperança.

Assim, estabelecemos de modo suficiente que a virtude é um meio-termo, e em qual sentido ela o é, a saber, que ela é um meio-termo entre dois vícios, um segundo o excesso e outro segundo a falta, e que ela é um meio-termo de tal tipo porque ela visa à posição intermediária nas paixões e nas ações. E por isso também é todo um trabalho ser virtuoso, pois em toda coisa é penoso encontrar o meio;

por exemplo, achar o centro de um círculo não é para todo mundo, mas somente para aquele que sabe. Assim igualmente, qualquer um pode encolerizar-se, dar dinheiro e do mesmo o gastar, já que isso é fácil; mas fazer isso à pessoa que precisa, na medida e no momento conveniente, por um motivo e de uma maneira legítima, não é uma obra de qualquer um, nem sua execução é fácil, o que explica que o agir bem é ao mesmo tempo uma coisa rara, digna de elogio e bela. **(30)** Também aquele que procura atingir o meio-termo deve, primeiramente, afastar-se do que lhe é o mais contrário, e seguir o conselho de Calipso:

"*Naus, afastem-se do nevoeiro e do turbilhão*".

Pois de dois extremos um é um erro mais sério do que o outro. Por consequência, dado que é extremamente difícil atingir o meio-termo, nós devemos, como se diz, **(35)** mudar de navegação e escolher o menor dos males, e a melhor maneira de fazer isso será aquela que **[1109b]** indicamos. Mas devemos, em segundo lugar, considerar os erros para os quais nós mesmos nos deixamos levar, pois algumas pessoas são naturalmente levadas em direção a tais erros e outras em direção a outros. Reconheceremos pelo prazer e pela dor que nós experimentamos. **(5)** Devemos nos esforçar para seguir através da direção oposta, pois é somente nos afastando das faltas que cometemos que alcançaremos a posição intermediária, como fazem aqueles que tentam endireitar varas tortas.

Em todas as coisas, enfim, o que é agradável e prazeroso nelas é do que precisamos nos defender, pois nessa questão não julgamos com imparcialidade. O que os anciãos do povo **(10)** sentiam por Helena devemos também senti-lo face ao prazer, e em todas as circunstâncias aplicar as suas falas, repudiando assim o prazer, e seremos menos sujeitos a falhar. E se nós agirmos assim, para dizer em uma só palavra nos encontraremos nas mais favoráveis condições de atingir o meio.

Mas, sem dúvida, é uma tarefa difícil, sobretudo quando se passa nos casos particulares, pois quem poderá, de fato, determinar, por exemplo, de qual maneira, contra quais pessoas, por quais tipos de razões e durante quanto tempo devemos encolerizar-nos, já que nós mesmos fazemos elogios tanto àqueles que ficam aquém nesse assunto, que qualificamos de calmos, quanto àqueles que são de caráter colérico, a quem nomeamos pessoas viris. No entanto, aquele que se desvia ligeiramente da bondade, quer seja pelo excesso, quer seja pela deficiência, ele não é censurável, mas somente censuramos aquele cujos desvios são bastante consideráveis, pois este não passa despercebido.

Quanto a dizer até que ponto e em qual medida o desvio é repreensivo, é algo que não se pode determinar racionalmente, como é, aliás, o caso para todos os objetos percebidos pelos sentidos; tais coisas dependem de circunstâncias individuais, e a descriminação depende da percepção.

Mas disso já dissemos o suficiente, a fim de mostrar em todos os casos que o meio-termo é digno de louvor, mas devemos, às vezes, inclinar-nos tanto em direção do excesso, quanto em direção da deficiência, já que é deste modo que atingiremos com mais facilidade o meio-termo e o bem.

LIVRO III

Já que a virtude tem relação com as paixões e com as ações, e que esses estados podem ser quer voluntários, e encorajar o elogio ou o vitupério, quer involuntários, e provocar a indulgência e às vezes a compaixão, é sem dúvida necessário para aqueles que examinam a virtude distinguir entre o voluntário e o involuntário e isso igualmente útil aos legisladores para estabelecer as recompensas ou os castigos.

Consideram-se as ações involuntárias quando se dão por coerção ou por ignorância; **[1110a]** se dá por coerção tudo o que tem seu princípio fora de nós, isto é, o princípio no qual não há nenhuma contribuição do agente ou do paciente, por exemplo, se alguém é levado a alguma parte, seja pelo vento, seja por pessoas que a têm em seu poder.

Mas para as ações que se praticam por medo de maiores males ou por algum motivo nobre, por exemplo, se um tirano nos ordenasse realizar uma ação vergonhosa, enquanto ele tem em seu poder nossos pais ou nossos filhos, e realizando essa ação asseguraríamos a salvação deles, e recusando fazê-la, a morte deles, por tais ações se questiona se elas são involuntárias ou voluntárias. Algo semelhante ocorre no caso da carga de um navio, quando é jogada fora em caso de uma tempestade; em geral, ninguém se livra assim de seus bens voluntariamente, mas quando se trata de sua própria salvação e da de seus companheiros, um homem sensato age sempre assim.

Tais atos, então, são mistos, mas assemelham-se mais às ações voluntárias, pois elas são livremente escolhidas no momento em que são realizadas, e a finalidade da ação varia com as circunstâncias. Deve-se, então, para qualificar uma ação como voluntária ou involuntária, referir-se ao momento em que ela é realizada. **(15)**. Ora, o homem age voluntariamente — pois o princípio que em tais ações move as partes apropriadas de seu corpo reside nele — e as coisas cujo princípio está no homem mesmo, fazê-las ou não depende dele. As ações deste tipo são voluntárias, embora, em um sentido absoluto, talvez sejam involuntárias, já que ninguém escolheria tal ação por si mesma.

(20) As ações dessa natureza são às vezes objeto de elogio, quando se submetem a algo vergonhoso ou penoso em troca de coisas grandes e belas; no caso oposto, elas são objeto de censura, pois suportar as maiores indignidades sem nenhuma finalidade nobre é próprio de alguém medíocre ou de uma alma baixa. No caso de certas ações, não é o elogio que é provocado, mas a indulgência, quando alguém pratica uma ação **(25)** que não deve ser praticada, para evitar males que excedam as forças humanas e que ninguém poderia suportar. No entanto, existem, sem dúvida, ações que não podem jamais ser praticadas, e às quais devemos preferir sofrer a morte mais horrível, por exemplo, os motivos que levaram Alcméon, na peça de Eurípides, a matar sua mãe parecem ridículos. E se às vezes é difícil discernir, **(30)** em uma dada ação, que parte nós devemos adotar e a que preço, ou o que devemos suportar em troca de qual benefício, é ainda mais difícil de persistir naquilo que decidimos, pois, na maior parte do tempo, o que se espera é penoso, e o que se é forçado a fazer é vergonhoso, de onde surgem os elogios e os vitupérios para aqueles que foram ou não impelidos a isso.

[1110b] Quais ações, portanto, é preciso que chamemos de forçadas? Não devemos dizer que, no sentido absoluto, é quando sua causa reside nas coisas exteriores, para a qual o agente nada contribui? As ações involuntárias em si mesmas, mas que, por sua vez, trazem determinadas vantagens, foram escolhidas livremente, e cujo princípio reside no agente, são em si mesmas involuntárias, mas, no momento e na troca de tais vantagens, tornam-se voluntárias. E assemelham-se mais às ações voluntárias, pois as ações fazem parte das coisas particulares, e essas ações particulares são voluntárias. Mas quais tipos de coisas devem ser escolhidos em troca de quais vantagens, isso não é fácil de estabelecer, pois existem numerosas diversidades nas ações particulares.

Se alguém afirmasse que as coisas agradáveis e as coisas belas são forçadas (pois elas agem a partir do exterior), todas seriam nesse momento ações forçadas, pois é em vista dessas satisfações que todas essas ações são realizadas. Além disso, os atos feitos por pressão e de modo involuntário são acompanhados de um sentimento de dor, enquanto os atos que têm por objetivo uma coisa agradável ou nobre são feitos com prazer. Portanto, é ridículo acentuar as coisas exteriores e não a si mesmo, sob o pretexto de que é mais facilmente captado por tais atrativos, e de não considerar realmente a si mesmo com a causa das boas ações, mas lançar a culpa das ações vergonhosas sobre os objetos do prazer. Assim, então, parece que o ato forçado é aquele que tem seu princípio do lado fora, sem nenhuma participação do agente que sofre o constrangimento.

Todo ato feito por ignorância é não voluntário; e somente é involuntário o que produz dor e arrependimento. De fato, o homem que, após ter realizado uma ação qualquer por ignorância, não sente nenhum desprazer por seu ato, não agiu voluntariamente, já que ele não sabia o que estava fazendo, mas também não agiu involuntariamente, já que não experimentou nenhuma dor e arrependimento. Assim, um homem que agiu por ignorância e se arrepende do que fez, não se considera que ele agiu voluntariamente; o que não se arrepende, para distinguir do caso precedente, que ele agiu involuntariamente. Assim, atos cometidos por ignorância são de dois tipos: se o agente se arrepende do ato, pensamos que ele agiu involuntariamente; se ele não se arrepende, podemos chamá-lo de não voluntário, pois o segundo caso é diferente do primeiro e, de fato, é preferível dar-lhe um nome que lhe seja adequado.

Existe **(25)** também uma diferença entre agir por ignorância e realizar um ato em ignorância, pois o homem embriagado por vinho ou com raiva não parece agir por ignorância, mas por uma das causas que acabamos de mencionar, embora ele haja sem conhecimento e em ignorância.

Assim, todo homem perverso ignora as coisas que ele deve fazer e aquelas de que ele deve se abster, e é esse tipo de erro que tornam os homens injustos e, em geral, maus **(30)**. Mas é errado querer aplicar a expressão involuntária se o homem ignora o que lhe é vantajoso, pois a ignorância não está nas escolhas deliberadas, que é causa do ato involuntário (ela é somente a causa de sua perversidade), e isso também não é ignorância do universal (o que é censurável), mas o que torna a ação involuntária é a ignorância dos particulares, isto é, **[1111a]** das suas circunstâncias e seu objeto, pois é nesse caso que se exercem a piedade e a indulgência, porque aquele que está em ignorância de algum desses fatores age involuntariamente.

Nestas condições, talvez seja interessante determinar qual é a natureza e o número dessas particularidades. Elas dizem respeito ao agente em si, ao ato, à pessoa ou à coisa objeto do ato e às vezes ainda o instrumento, **(5)** por exemplo, uma ferramenta com a qual o ato é feito, o efeito, por exemplo, salvar a vida de alguém, e o modo que é realizado, por exemplo, docemente ou com violência.

Ora, essas diferentes circunstâncias, ninguém, a menos que seja louco, poderia ignorar; é evidente que não se pode ignorar o agente, pois como ignorar a si mesmo? Por outro lado, é possível ignorar o que se está fazendo, como quando se diz que "isso lhe escapou ao falar", ou "eles não sabiam que se tratava de algo secreto" **(10)**, tal como Ésquilo disse nos mistérios, ou como o homem que soltou a catapulta, que apenas querendo fazer uma demonstração, disse que ela soltou-se sozinha. Pode-se ainda tomar seu próprio filho como um inimigo, como Mérope, ou uma lança afiada por uma lança sem ponta, ou uma pedra por uma pedra-pomes; e ainda, com a intenção de lhe salvar a vida, matar alguém lhe dando veneno, ou ferir alguém quando se deseja apenas tocá-lo, como no pugilato.

A ignorância, portanto, estando relacionada a todas estas circunstancias, no seio das quais as ações se produzem, e o homem que ignorou uma dentre elas, é visto como tendo agido involuntariamente, sobretudo se sua ignorância aplica-se às mais importantes; e as mais importantes, parece, são aquelas que têm o ato em si, e o resultado que se esperava. Tal é então o tipo de ignorância que permite chamar um ato de involuntário, mas ainda é preciso que esse ato seja acompanhado de dor e arrependimento.

Dado que aquilo que é feito por constrangimento ou por ignorância é involuntário, o ato voluntário pareceria ser aquele cujo princípio reside no próprio agente, conhecendo as circunstâncias particulares nas quais sua ação se produz. Sem dúvida, é difícil chamar involuntários os atos feitos por impulsividade ou por desejo. Primeiramente, não se poderia dizer que um animal age voluntariamente, muito menos as crianças; em seguida, nunca realizamos voluntariamente atos relacionados ao desejo ou à impulsividade, ou as boas ações são feitas voluntariamente e as ações vergonhosas involuntariamente? Tal asserção não é ridícula, enquanto que a causa é única e a mesma? Mas é sem dúvida absurdo descrever como involuntárias o que devemos desejar; e temos o dever de encolerizar-nos com certas coisas e apetecer outras, por exemplo, a saúde e o estudo. Por outro lado, admite-se que os atos involuntários são dolorosos, e os atos feitos por desejo são agradáveis. Além disso, qual diferença existe, em relação aos atos involuntários, entre os erros cometidos friamente e aqueles cometidos por impulsividade? É preciso evitar ambos,

[1111b] mas parece também que as paixões irracionais não são menos humanas do que a razão, de modo que as ações que procedem da impulsividade ou do desejo pertencem também ao homem. Portanto, é absurdo colocar essas ações como involuntárias.

Após ter definido o ato voluntário e o ato involuntário, **(5)** devemos em seguida tratar da escolha, pois essa noção parece estar estreitamente ligada à virtude, e permite, mais do que os atos, levantar um julgamento sobre o caráter de alguém.

Assim, a escolha parece ser algo voluntário, não sendo, no entanto, idêntico ao ato voluntário, o qual tem uma extensão maior. De fato, tanto as crianças quanto os outros animais participam do ato voluntário, mas não da escolha; e, embora chamemos de voluntários os atos realizados espontaneamente, **(10)** não podemos dizer que eles são feitos por escolha.

Aqueles que afirmam que a escolha é um apetite, ou uma impulsividade, ou um desejo, ou uma forma de opinião, não parecem falar corretamente. Os homens desprovidos de razão não exercem a escolha, mas eles sentem desejo e também paixão. Além disso, o homem incontinente age por desejo, e não por escolha, enquanto o homem continente, ao contrário, **(15)** age por escolha e não por desejo. Além disso, um apetite pode ser contrário a uma escolha, mas não um apetite contrário a um apetite. Enfim, o apetite produz prazer e dor, enquanto que a escolha não produz nem dor nem prazer.

Ainda menos se pode dizer que a escolha é um impulso, pois os atos motivados pela impulsividade parecem ser ainda menos objeto de escolha do que os outros.

Mas nem é um desejo, **(20)** se bem que seja visivelmente seu vizinho. Não existe escolha de coisas impossíveis, e quem afirmou escolhê-las se passaria por insensato; mas existe um desejo de coisas impossíveis, por exemplo, a imortalidade. Por outro lado, o desejo por coisas que não se poderiam de nenhuma maneira dar cabo por si mesmo, por exemplo, fazer que tal ator ou atleta chegue à vitória; **(25)** mas a escolha não se exerce jamais sobre coisas assim, mas somente sobre aquelas que se pensa poder produzir por seus próprios meios. Além disso, o desejo aplica-se ao fim, e a escolha, aos meios, por exemplo, desejamos estar com boa saúde, mas escolhemos os meios que nos farão estar em boa saúde, e podemos dizer ainda que desejamos ser felizes, mas não é exato que digamos que escolhemos sê-lo, pois, de um modo geral, **(30)** a escolha aplica-se às coisas que dependem de nós.

Nem seria a escolha uma opinião, pois a opinião parece ser acerca de todas as coisas, e não menos acerca das causas e das coisas impossíveis que dependem de nós; e são diferentes o falar falsidades e o falar verdades, não pelo mau e pelo bom, mas a escolha se caracteriza por essas coisas.

Ninguém se identifica com a opinião geral, e ela não se identifica com qualquer tipo de opinião. **[1112a]** Com efeito, é a escolha que fazemos do que é bom ou do que é mau que determina nosso caráter, mas não o que somos por ter tais opiniões. E escolhemos obter ou evitar algum bem ou algum mal, opinamos sobre a natureza de uma coisa, ou sobre a pessoas a quem essa coisa é útil, ou, enfim, sobre o modo de servir-se dela, mas dificilmente se pode dizer que nós "temos a opinião" de obter **(5)** ou evitar alguma coisa. Além disso, a escolha é mais elogiada por relacionar-se ao objeto adequado ou correto, enquanto a opinião é louvada por ser verdadeira, e escolhemos as coisas que sabemos ser melhores, mas opinamos sobre o que não sabemos exatamente. Enfim, parece que não são as mesmas pessoas que, ao mesmo tempo, praticam as melhores escolhas e professam as melhores opiniões, mas **(10)** algumas pessoas possuem excelentes opiniões, mas por perversidade escolhem fazer o que não é devido. Que a opinião preceda ou acompanhe a escolha é indiferente, pois não é isso que examinamos, mas se existe identidade da escolha com algum tipo de opinião.

O que é então a escolha, ou qual tipo de coisa ela é, visto que não é absolutamente nada do que acabamos de dizer? É evidentemente uma coisa voluntária, mas tudo que é voluntário não é objeto de escolha. Não seria, então, aquilo que primeiramente consideramos? A escolha, de fato, é acompanhada de razão e de pensamento. E mesmo seu nome parece dar a entender que é o que é escolhido antes de outras coisas.

Mas delibera-se acerca de todas as coisas, e toda coisa é objeto de deliberação, ou antes, existem algumas coisas acerca das quais não existe deliberação? Nós devemos, sem dúvida, denominar um objeto de deliberação não por aquilo que deliberaria um tolo ou um louco, mas por aquilo que um homem sensato deliberaria. Ninguém delibera sobre as coisas eternas, por exemplo, acerca da ordem do mundo ou a incomensurabilidade da diagonal com o lado do quadrado. E não deliberamos sobre as coisas que estão em movimento, mas são geradas sempre da mesma maneira, quer por necessidade, quer por natureza, ou por qualquer outra causa, por exemplo, os solstícios e o levantar dos astros. Nem nas coisas que acontecem às vezes de uma maneira, às vezes de outra, por exemplo, as secas e as chuvas. Nem para as coisas que acontecem por acaso, por exemplo, a descoberta de um tesouro. Ainda há mais: não deliberamos sobre todos os assuntos humanos, por exemplo, nenhum Lacedemônio deliberaria sobre qual seria a melhor forma de governo para os Citas. De fato, nada disso seria gerado por nós.

Mas deliberamos sobre as coisas que dependem de nós e que podemos realizar, e essas coisas são as que restam. De fato, as causas parecem ser a natureza, a necessidade e o acaso, e se acrescenta o intelecto e toda ação que depende do homem. E cada classe de homens delibera sobre as coisas que eles podem realizar por eles mesmos. **[1112b]**

No caso das ciências exatas e autônomas, não existe deliberação, por exemplo, naquelas que dizem respeito às letras do alfabeto (pois não duvidamos de como é preciso escrevê-las). Por outro lado, as coisas realizadas por nós e cujo resultado não é sempre o mesmo, essas são objeto de nossas deliberações, por exemplo, as questões da medicina e os assuntos de dinheiro. **(5)** E deliberamos mais sobre a navegação do que sobre a ginástica, visto que a navegação foi estudada de uma maneira menos aprofundada, e semelhantemente a respeito das demais; e deliberamos mais sobre as artes do que sobre as ciências, pois estamos, em relação a elas, em uma maior incerteza.

A deliberação diz respeito às coisas que se produzem com frequência, mas que permanecem incertas em seus resultados, assim como onde o resultado é indeterminado. **(10)** E devemos recorrer a outras pessoas para deliberar sobre questões importantes, desconfiando de nossa própria insuficiência para discernir o que é preciso fazer.

Nós não deliberamos sobre os fins, mas sobre os meios. Um médico não delibera se ele deve curar, nem um orador se ele deve persuadir, nem um político, se ele fará boas leis, e nem qualquer homem delibera **(15)** sobre o fim a atingir; mas, uma vez que se estabeleceu o fim, examina como e por quais meios ele o alcançará; e se parece que ele pode ser alcançado por diversos meios, procura saber qual é o mais fácil e melhor. Se, ao contrário, o fim apenas se alcança por um único meio, considera como ele será alcançado por esse meio, e esse meio, por sua vez, por qual meio ele pode ser ele mesmo, até que se chegue à causa primeira, a qual, na ordem da descoberta, é **(20)** última. De fato, quando se delibera, parece proceder, no exame e na análise que acabamos de descrever, tal como na construção de uma figura (se é evidente que todo exame não é uma deliberação, por exemplo, as ciências matemáticas; do contrário, toda deliberação é uma investigação), e o que vem por último na análise é o primeiro na ordem de execução.

E se chegamos a uma impossibilidade, **(25)** abandona-se a investigação, por exemplo, se precisamos de dinheiro, mas não é possível consegui-lo; mas se uma coisa parece possível, tenta-se fazê-la.

São possíveis as coisas que podem ser realizadas por nós, pois aquelas que são realizadas por nossos amigos são em um sentido realizadas por nós, pois o princípio está em nós mesmos. O objeto de nossas pesquisas, às vezes, são os instrumentos, e às vezes a sua utilização. **(30)** Acontece o mesmo nos demais casos: às vezes é o instrumento, às vezes o modo de fazer uso dele, ou dito de outro modo, por qual meio.

Parece também, assim como foi dito, que o homem é a origem de suas ações, e a deliberação aplica-se às coisas que são realizadas pelo próprio agente, e todas as nossas ações tendem a fins que não eles mesmos. Com efeito, o fim não poderia ser um objeto de deliberação, mas somente os meios em vista do fim. Mas é preciso também excluir as coisas particulares **[1113a]**, por exemplo, se isso um pão, e se ele foi assado de maneira adequada, pois essas são questões para a percepção. E se se devesse sempre deliberar, iríamos ao infinito.

O objeto da deliberação e o objeto da escolha são idênticos, exceto quando o objeto da escolha já foi determinado, já que a coisa julgada como preferível segue a deliberação que é **(5)** escolhida. Com efeito, cada um cessa de procurar como ele agirá quando fizer o princípio voltar a si mesmo e para a parte diretriz de si mesmo, pois é essa parte que escolhe. E isso é ainda evidente nas antigas constituições que Homero retratou, nas quais os reis anunciavam a seu povo o que eles haviam escolhido.

(10) Sendo o objeto da escolha entre as coisas em nosso poder, um objeto de desejo sobre o qual se deliberou, a escolha será um desejo deliberativo das coisas que dependem de nós, pois uma vez que nos decidimos o resultado de uma deliberação, nós desejaremos então conforme a nossa deliberação. Assim, podemos considerar descrita a escolha, em suas grandes linhas, determinada a natureza de seus objetos e estabelecido que ela se relaciona com os meios que conduzem ao fim.

(15) Já foi dito que o desejo tem por objeto o fim, mas para alguns ele parece ser o próprio bem e, para outros, o bem aparente. Aos primeiros ocorre que, como consequência de sua premissa, a coisa pelo homem que não escolhe corretamente não é objeto do desejo (pois, se fosse assim, admitir-se-ia também que é uma coisa boa; ou, no suposto caso, é uma coisa má) **(20)**. Por outro lado, aqueles que afirmam que é o bem aparente que é objeto de desejo são levados a dizer que não existe objeto de desejo por natureza, mas que é somente o que parece bom a cada indivíduo; ora, tal coisa parece boa a um, e tal coisa a outro, sem contar que elas podem, no caso apropriado, estar em oposição.

Se essas consequências não são ainda satisfatórias, não se deve dizer que, em absoluto e segundo a verdade, o bem é o objeto do desejo, mas que para cada um de nós é o que aparece como tal? **(25)** Que, por consequência, para o homem honesto, o que ele deseja é o que é verdadeiramente o bem, enquanto que, para o desonesto, é qualquer coisa o que ele desejará, tal como no caso do nosso corpo, as coisas saudáveis o são para os corpos em bom estado, enquanto que para um organismo debilitado outras coisas são saudáveis; e acontece o mesmo para as coisas amargas, doces, quentes, pesadas, e assim em cada caso, pois o homem bom **(30)** julga corretamente todas as coisas, e todas lhe parecem como elas verdadeiramente são. De fato, para cada uma das disposições individuais existem coisas belas e agradáveis e, sem dúvida, o que mais distingue o homem bom é que ele vê em todas as coisas a verdade, existindo para elas em algum tipo de regra e uma medida. Na maioria dos homens, ao contrário, o engano parece surgir por causa do prazer, pois, não sendo um bem, existe em aparência; **[1113b]** eles também escolhem o que é agradável como sendo um bem, e evitam o que é doloroso como sendo um mal.

O fim, sendo assim objeto de desejo, e os meios para alcançar o fim, objetos de deliberação e de escolha, as ações que dizem respeito a esses meios serão voluntárias e feitas por escolha. Por consequência, a virtude também depende de nós, e igualmente também o vício. De fato, como também depende de nós agirmos, e depende também não agir, e onde depende de nós dizermos não, depende também de nós dizermos sim; de modo que, se agir depende de nós quando a ação é boa, dependerá de nós também não agir quando a ação é vergonhosa, e se não depende de nós agirmos quando é boa, dependerá de nós também agir quando a ação é vergonhosa. Mas se realizar ações boas e vergonhosas depende de nós, do mesmo modo também depende o não realizá-las, e se isso significa ser bons ou maus, então depende de nós sermos virtuosos ou viciosos.

Dizer que ninguém é voluntariamente perverso, nem involuntariamente feliz, parece ser tanto verdadeiro quanto falso, pois se ninguém é feliz involuntariamente, a infelicidade é voluntária. Ou, então, é preciso contestar a questão que há pouco dissemos, e recusar ao homem de ser o princípio gerador de suas ações, como acontece a um pai com seus filhos. Mas é evidente que o homem é o autor de suas próprias ações e se podemos restabelecer nossas ações a outros princípios além daqueles que estão em nós, então as ações cujos princípios estão em nós dependem de nós e são voluntárias.

A favor dessas considerações pode-se, parece, chamar em testemunho ao mesmo tempo o comportamento dos indivíduos em sua vida privada e a prática dos legisladores, pois eles punem e castigam aqueles que praticam o mal — exceto quando eles são forçados a agir desse modo, ou por ignorância, pelo qual o agente em si não é responsável — e, por outro lado, honram aqueles que praticam boas ações, a fim de encorajar estes e reprimir os outros. Mas as coisas que não dependem de nós e não são voluntárias, ninguém se propõe fazê-las, em razão de que se perderia seu tempo a nos persuadir de não sentir calor, de não sofrer, de não ter fome, e do mesmo modo a coisas de tal tipo, pois nós estaríamos menos sujeitos a experimentar essas coisas.

Na verdade, se puníssemos alguém por sua própria ignorância, se ele parece ser a causa dessa ignorância, como, por exemplo, no caso de embriaguez, onde as penalidades são duplicadas; de fato, o princípio do ato reside no próprio agente, pois ele era responsável por não se embriagar e isso causa de ignorância. São punidos igualmente aqueles que ignoram algumas destas leis, as quais é preciso conhecer e não apresentam qualquer dificuldade. **[1114a]** E agimos assim mesmo todas as vezes em que a ignorância nos parece ser resultado da negligência, pois presumimos que depende dos culpados não permanecer na ignorância, já que poderiam ter-se informado de modo mais zeloso.

Mas talvez certos homens sejam de tipo que não possam ser diligentes, mas os homens que levam uma existência relaxada são pessoalmente responsáveis por terem se tornado eles mesmos relaxados, ou de se tornarem injustos ou intemperantes; no primeiro caso, tratando-se com perfídias e, no segundo, passando sua vida a beber ou a cometer excessos parecidos; de fato, é pelo exercício de ações particulares que eles adquirem um caráter do mesmo tipo que elas. Isso é manifesto pelo modo com que os homens treinam para uma competição ou uma atividade qualquer, gastando todo o seu tempo em exercícios.

Assim, somente uma pessoa desprovida de sentido se recusa a reconhecer que é pelo exercício de tais ações particulares que se formam as disposições de caráter. Além disso, é absurdo supor que um homem que comete atos injustos ou intemperantes não deseje ser injusto ou intemperante; mas, se não é ignorante, realiza ações que terá por consequência nos tornar injustos, e é voluntariamente que se tornará injusto. Não resulta disso, entretanto, que um simples desejo bastará para que cesse de ser injusto e passe a ser justo, e também não é assim que um enfermo encontra a saúde, embora possa acontecer que ele esteja doente voluntariamente, levando uma vida incontinente e desobedecendo aos seus médicos. Era no princípio que lhe era então possível não estar doente, mas agora isso não lhe é mais possível, pois perdeu a oportunidade, da mesma maneira que, se você lançou uma pedra, você não é mais capaz de pegá-la, mesmo que para tanto dependesse de você arremessá-la ou de lançá-la, pois o princípio estava nela. Assim também é para o homem injusto e o intemperante: no princípio lhes era possível não se tornar assim e é por sua própria vontade que são justos e intemperantes; e agora que eles se tornaram assim, não lhes é mais possível o ser diferentes.

Não apenas os vícios da alma são voluntários, mas aqueles dos corpos também o são em alguns homens, os quais são censurados por nossa parte. De fato, ninguém censura os homens que são feios por natureza, mas censuramos aqueles que o são por falta de exercício e cuidado. Do mesmo modo no que diz respeito à fraqueza ou a uma enfermidade: jamais se fará uma queixa a alguém por ser cego de nascença ou por consequência de uma doença ou de uma ferida, pois é sobretudo pena que se sentirá; por outro lado, todos censurariam aquele que se torna cego pelo abuso do vinho ou por alguma outra forma de intemperança. Assim, então, entre os vícios do corpo, estes que dependem de nós evitar são censurados, com exceção daqueles que não dependem de nós. Mas se isso é assim, nos outros casos, os vícios que nos são igualmente censurados dependeria de nós evitarmos.

Mas alguém poderia dizer que todos os homens têm em vista o bem que lhe aparece como tal, mas que não é responsável **[1114b]** de que tal coisa nos apareça como boa, e que o caráter de cada um determina o modo cujo fim lhe parece. A isso repliquemos que se cada um é, em um sentido geral, causa de suas próprias disposições, será assim de certo modo causa da sua concepção de bem, senão ninguém será responsável por sua má conduta; mas se é por ignorância do fim que ele realiza suas ações, pensando que elas lhe oferecerão o bem mais excelente, e por resultado o fim não é assim o objeto de uma escolha; um homem precisa, por assim dizer, nascer com uma visão que permitirá jugar bem e de escolher o que é verdadeiramente bom; e será um homem de uma boa disposição natural quando o possuir; de fato, esse é o maior e mais belo dos dons, e algo que não é possível ser adquirido ou aprendido com outro, mas que possuirá tal como recebido de nascimento, e o fato de ser bem e nobremente dotado pela natureza constituirá uma boa disposição no sentido mais completo e verdadeiro do termo. Se, portanto, isso é verdade, em que a virtude será mais voluntária que o vício? Nos dois casos a situação é a mesma tanto para o homem bom quanto para o mau, e a sua visão de fim é determinada da mesma maneira, por natureza, ou de qualquer forma que seja, e todas as suas ações são guiadas em referência a esse fim que eles agem em cada caso.

Que se admita então que, para todo homem, a visão que ele tem de seu fim, qual seja esse fim, não lhe é dado por natureza, mas ele é devido em parte a ele mesmo, ou se, embora se admita que o fim seja dado por natureza, a virtude ainda é voluntária porque as ações do homem bom para atingir seu fim são voluntárias, e em ambos os casos o vício será tão voluntário quanto a virtude; pois no homem mau está igualmente presente aquilo que depende dele próprio em suas ações, embora não na sua escolha de um fim. Se, então, como se diz, as virtudes são voluntárias (e, de fato, nós somos nós mesmos, em certa medida, as causas de nossas próprias disposições de caráter, e, por outro lado, é a natureza de nosso caráter que nos faz aplicar tal ou tal fim), os vícios também seriam voluntários.

No que diz respeito às virtudes em geral, já esboçamos uma definição quanto ao seu gênero, sendo elas tanto meios quanto disposições de caráter e que, além disso, tendem por sua natureza para a realização dos atos pelos quais são produzidas, que dependem de nós, são voluntárias e agem conforme a regra justa. Mas as ações não são voluntárias da mesma maneira que as disposições de caráter, pois do início ao fim somos senhores de nossas ações, quando nós sabemos as circunstancias, mas, embora **[1115a]** controlemos o despontar das disposições de caráter, a aplicação de cada uma delas não é conhecida, assim como no caso das doenças; mas como depende de nós agir ou não de tal maneira, elas são, por isso, voluntárias.

Retomando cada uma das diferentes virtudes, indicamos qual é a natureza delas, sobre quais tipos de objetos elas se relacionam e de qual modo. Fazendo isto, nós mostraremos também quantas são.

Primeiramente, falemos da coragem. Seja a coragem o meio-termo em relação ao medo e à temeridade isso é algo que já tornamos manifesto. Ora, é evidente que nós tememos as coisas que são temíveis, e essas coisas, para dizer de uma maneira única, são os males, e é por isso que o medo é definido como uma expectativa do mal.

Assim, nós tememos todos os males, como, por exemplo, o desprezo, a pobreza, a doença, a falta de amigos, a morte; por outro lado, não parece que a coragem tenha relação com todos estes males, pois é até justo e nobre temer certas coisas, e é vergonhoso não temer, por exemplo, o desprezo. Aquele que teme o desprezo é um homem digno de honra, e aquele que não teme é insolente, embora às vezes este seja chamado por alguns de homem corajoso, porque ele oferece alguma semelhança com o homem corajoso, sendo ele também alguém que não teme.

Quanto à pobreza, sem dúvida, nós não devemos temê-la, nem também a doença, nem qualquer mal em geral que não nos provém de um vício ou que não dependa de nós. Mas aquele que não experimenta nenhum medo não é também tão corajoso, embora apliquemos a ele também esse termo, por semelhança, pois alguns homens que são covardes diante dos perigos da guerra mostram-se liberais nas questões de dinheiro, e suportam com constância a perda de sua fortuna. Não é menos covarde o homem que teme que o insulto seja feito a seus filhos e a sua esposa, ou tem a inveja ou algum mal deste tipo, e nem é corajoso quando se mostra arrogante no momento de receber o chicote.

Nestas condições, com quais tipos de coisas temíveis se relaciona o homem corajoso? Não seria com as mais importantes? Ninguém, de fato, suporta mais intrepidamente os perigos do que o homem corajoso. Ora, o mais temível de tudo é a morte, pois ela é um ponto final e, para aquele que morre, nada mais vai lhe acontecer, nem de bom nem de mal. No entanto, mesmo para afrontar a morte, não é, parece, em todas as circunstâncias que se pode ser qualificado como homem corajoso, por exemplo, nos perigos ocorridos no mar ou na doença. Em quais ocasiões então se é corajoso? Não seria nas ocasiões mais nobres? Ora, essas são as que se encontram na guerra, diante do maior e do mais nobre perigo. E por isso são honradas nas cidades e nas cortes dos monarcas. No sentido principal do termo, portanto, será chamado corajoso aquele que permanece sem medo na presença da bela morte ou de algum perigo iminente que pode levar à morte; ora, tais são particularmente os perigos da guerra.

Mas também no mar ou nas doenças, o homem corajoso se mostra um homem destemido, **[1115b]** embora não seja do mesmo modo que são os marinheiros, pois ele abandonou toda a esperança de salvação e se revolta com o pensamento de morrer desse modo, enquanto os marinheiros mantêm a esperança em razão de sua experiência. Do mesmo modo também mostra coragem em circunstâncias em que se permite mostrar valor, ou morrer uma bela morte; mas nesses diferentes tipos de morte nenhuma das duas condições que nós colocamos é realizada.

Mesmo que as coisas não sejam temíveis para todos os homens, existem, contudo, coisas que afirmamos ultrapassar as forças humanas, e que são, por consequência, temíveis para todos, ao menos para todo homem em seu juízo normal. Mas as que não ultrapassam as forças humanas diferem em grandeza e grau, assim como as coisas que inspiram confiança. Ora, o homem corajoso é tão intrépido quanto o homem pode ser. Também, enquanto experimenta o temor nas coisas que não estão além das forças humanas, ele as enfrentará como é conveniente e como pede a regra, pois essa é a finalidade para a qual tende a virtude. Por outro lado, é possível temer essas coisas mais ou menos, e é possível, além disso, temer coisas não temíveis como se elas fossem temíveis. Dos erros que se pode cometer, um consiste em temer o que não se deve, outro temer como não se deve, e assim por diante; e ocorre o mesmo para as coisas que inspiram confiança. Aquele que enfrenta e que teme as coisas que deve, e por um motivo correto, da maneira que convém e no momento oportuno, ou que se mostra confiante nessas mesmas condições, esse é um homem corajoso, pois o homem corajoso sente e age por um objeto que valha a pena, e da maneira que exige a regra, e o fim de toda atividade é aquele que é conforme as disposições de caráter. E isso é igualmente verdade para o homem corajoso, portanto sua coragem é uma coisa nobre. Por consequência, seu fim também é de tal tipo, já que uma coisa se define sempre por seu fim. Por causa disto, é em vista de um fim nobre que o homem corajoso resiste e realiza as ações que lhe impõe sua coragem.

De todos aqueles que tendem ao excesso, os muito destemidos não recebem designação (nós dissemos mais acima que muitas das disposições não têm nome), e seriam uma espécie de loucos ou insensíveis se não tivessem medo de nada, nem de um terremoto, nem das ondas, com conta os Celtas. O outro, que excede em confiança no que diz respeito às coisas temíveis, é um temerário, e o temerário **(30)** é considerado ainda como um pretensioso, e que se dá ares de coragem; o que o homem corajoso é em relação às coisas temíveis, o temerário deseja parecer, e nas situações que é possível, ele o imita o primeiro. É por isso também que a maior parte desse tipo de pessoa é covarde que se faz de bravo, pois embora sejam corajosos nessas situações, a não se mantêm firmes por muito tempo contra as coisas que temem. O homem que teme em excesso é um covarde, pois ao mesmo tempo teme o que deve e o que não deve **(35)**, e todas as outras situações desse tipo se aplicam a ele. **[1116a]** A confiança também lhe carece, mas é em situações alarmantes que seu medo exagerado salta aos olhos. O covarde é, portanto, um tipo de homem sem esperança, pois ele teme tudo. Para o homem corajoso, é exatamente o contrário, pois sua confiança é a marca de uma disposição voltada para a esperança.

Assim, a covardia **(5)**, a temeridade e a bravura se relacionam com os mesmos objetos; a diferença que os separa está unicamente no modo que eles se comportam com esses objetos. Os dois primeiros, com efeito, pecam pelo excesso e por falta, enquanto o terceiro se mantem em uma posição mediana, que é a posição correta. Os temerários, além disso, são precipitados e anseiam os perigos, mas no momento crítico afastam-se dele, enquanto os homens corajosos são vivazes na ação e calmos no tempo que a precede.

(10) Assim como nós dissemos, a coragem é um meio-termo em relação às coisas que inspiram confiança e àquelas que inspiram temor, nas circunstâncias que nós indicamos; e o homem corajoso escolhe ou suporta essas coisas porque é nobre fazê-lo ou porque é vergonhoso não fazê-lo. Ora, morrer para escapar da pobreza, das tristezas do amor, ou de qualquer outro sofrimento não é próprio do homem corajoso, mas sim de um covarde, isto é, de fato, uma fraqueza fugir das coisas dolorosas, e tal homem enfrenta a morte não porque ele é obrigado a agir assim, mas para escapar do mal.

Tal é então a natureza da coragem, mas esse termo é empregado para designar cinco espécies diferentes.

Primeiramente a coragem do cidadão-soldado, pois ela é a que mais se assemelha à coragem propriamente dita. Os cidadãos-soldados, de fato, parecem enfrentar os perigos por causa das penalidades provenientes da lei, das recriminações se assim não agissem e também por causa das honras que lhes distinguem por sua ação. Por essa razão os homens mais corajosos estão aparentemente entre aqueles povos em que os covardes são condenados à desonra, e os bravos são honrados. São os homens corajosos desse tipo que descreve Homero, por exemplo, em Diomedes e em Heitor:

"Polidamas será o primeiro a me censurar"[7]
Pois Heitor, um dia, dirá com soberba diante dos troianos:
"Medroso foi Tídedes,
E fugiu da minha frente"[8]

Esta espécie de coragem é a que mais se assemelha à descrita anteriormente, pois resulta da virtude; em sua origem, estão o sentimento de vergonha, o desejo de algo nobre (a honra), e o temor à desonra, que é vil. Nessa mesma categoria, poder-se-ia incluir aqueles que são forçados por seus comandantes, mas esses são inferiores, pois não agem pelo sentimento de honra, mas por medo, e não para evitar o que é vergonhoso, mas sim o que é

[7] Homero, *Ilíada*, XXII, v.100.
[8] *Ibid*, VII, v.148-149.

doloroso. Por consequência, seus comandantes os compelem como Heitor:

"mas, se eu vir algum medroso
a tremer na batalha
ele esperará em vão escapar dos cães"[9]

E não agem de modo diferente os oficiais que atribuem seus postos aos soldados e lhes batem se recuam, **[1116b]** ou aqueles que alinham seus homens diante dos fossos ou outras trincheiras desse tipo: todos empregam a compulsão. Ora, não se deve ser corajoso porque se é forçado a sê-lo, mas porque é uma coisa nobre.

A experiência em relação a certos perigos também é vista como uma forma de coragem; é por esta razão que, no pensamento de Sócrates, a coragem é identificada com o conhecimento. Uns experimentam este tipo de coragem em tais circunstâncias, outros em outras, e os soldados profissionais o demonstram especialmente nos perigos da guerra, pois, de fato, parecem existir na guerra muitos alarmes vãos, dos que esses homens têm a mais completa experiência, e eles aparentam ser corajosos, visto que os outros não sabem como eles são. Além disso, a experiência os torna mais capazes no ataque e na defesa, por sua habilidade em usar suas armas tanto para o ataque quanto para a defesa. Combatem, portanto, como homens armados contra uma multidão desarmada, ou atletas bem treinados que lutam contra simples amadores, pois, nesses tipos de competições, não é o mais corajoso que é o melhor combatente, mas aquele que é mais forte e cujo corpo é mais bem treinado. Mas os soldados

[9] O verso, na realidade, refere-se ao canto II da *Ilíada*, v. 391e ss., onde quem fala é Agamênon, e não ao canto XV, onde é Heitor quem fala.

profissionais se tornam covardes quando o perigo se mostra muito grande e quando eles possuem um número inferior de equipamentos. De fato, eles são os primeiros a fugir, enquanto as tropas compostas de cidadãos-soldados morrem em seus postos, como ocorreu na batalha do templo de Hermes. Para os soldados cidadãos é vergonhoso fugir, **(20)** e é preferível a morte a uma salvação adquirida a esse preço, enquanto os outros, ao contrário, começam a afrontar o perigo pensando que eles são os mais fortes, mas uma vez conhecida a realidade, eles fogem, temendo mais a morte do que a desonra. Mas o homem corajoso não age assim.

A paixão, às vezes, também é relacionada com a coragem. As pessoas que agem pelo impulso da paixão **(25)** se comportam como feras, lançando-se sobre quem os feriu, porque os homens corajosos também são apaixonados. De fato, nada como a paixão para lançar os homens aos perigos, como diz Homero:

"Colocou sua força em sua paixão"[10]
"Excitou-lhes ânimo e paixão"[11]
"Ofegava amarga indignação"[12] e
"Seu sangue fervia"

Pois todos esses sintomas parecem indicar **(30)** a excitação e o elã da paixão.

Assim, os homens corajosos agem tendo em vista a honra, embora a paixão os auxilie, enquanto as feras, ao contrário, são levadas pelos sofrimentos, por exemplo, por causa de uma ferida, ou por medo, já que elas não se aproximam de quem se perde na floresta. Não são corajosas

---

[10] Homero, *Ilíada*, canto XI, v.11; canto XV, v. 529 e canto XVI, v. 529.

[11] *Ibid.* canto V, v. 470; XV, v. 232, 594.

[12] Homero, *Odisseia*, canto XXIV, 318 e ss.

quando impelidas pela dor e pela paixão, pois elas se atiram ao perigo, sem prever nenhum dos riscos. Do contrário, até mesmo os asnos seriam corajosos quando eles têm fome, já que não há força de golpes que os faça deixar o pastoreio; **[1117a]** e também a luxúria leva os adúlteros a cometerem muitos atos audaciosos (mas não são corajosos aqueles cuja dor ou a paixão impele para o perigo). A coragem devido à paixão é a mais natural de todas e, quando se acrescenta a escolha e o motivo, constitui a coragem em sentido próprio.

Os homens, assim como os animais, sofrem quando se encolerizam, e experimentam o prazer quando se vingam. Mas aqueles que lutam por essas razões, combatendo valentemente, não são corajosos no sentido próprio, pois não agem tendo em vista a honra, nem pela regra justa, mas sob o efeito da paixão; no entanto, algo neles lembra a verdadeira coragem.

Nem mesmo as pessoas otimistas são corajosas, pois elas se mantêm seguras em meio aos perigos só porque venceram muitas vezes e contra muitos adversários. Contudo, assemelham-se aos homens corajosos, naquilo que tanto uns como os outros são confiantes; mas os homens corajosos tiram sua confiança das razões que nós expomos previamente, enquanto os outros o são, porque pensam ser mais fortes e incapazes de sofrer o que quer que seja (tal é também o comportamento das pessoas em estado de embriaguez e que se tornam otimistas). Mas quando as coisas não acontecem como elas esperam, elas fogem. Ora, nós vimos que a marca de um homem corajoso é suportar o que é realmente temível ao homem, ou o que lhe parece como tal, porque é belo agir assim, e vergonhoso não fazê-lo. É por isso ainda que se considera a marca de um homem corajoso o fato de ele permanecer sem medo e sem perturbação diante dos perigos que surgem repentinamente do que nos perigos que podem ser previstos, pois a coragem provém mais de uma disposição de caráter e menos da preparação; com efeito, os atos previsíveis podem ser objeto de uma escolha calculada e pela regra justa, enquanto os perigos repentinos exigem uma disposição estável de caráter.

As pessoas que ignoram o perigo parecem também corajosas, e elas não estão muito afastadas dos homens autoconfiantes e otimistas; entretanto, elas lhes são inferiores por sua total falta de segurança, enquanto os outros a possuem. Por isso, os homens que confiam em si mesmos também se mantêm firmes durante algum certo tempo, enquanto aqueles que não se dão conta do perigo e experimentaram as decepções a respeito dele, desde que eles se apercebam, ou mesmo suponham que a realidade é completamente diferente, fogem, como aconteceu aos argivos quando enfrentaram os espartanos, tomando-os por siciônios. Nós acabamos, assim, por indicar as características tanto do homem corajoso quanto daqueles que se passam por corajosos.

Mesmo que a coragem tenha relação com o medo e com a confiança, não é do mesmo modo que ela se relaciona com uma e com outra, mas ela se mostra maior nas coisas que inspiram o medo. Com efeito, aquele que não se perturba em meio aos perigos, e que se comporta diante dele como é preciso, é mais verdadeiramente corajoso do que aquele que se comporta assim em situações que inspiram confiança.

Portanto, é por sua firmeza para as coisas que trazem sofrimento, que dissemos que homens assim são chamados corajosos. É por isso que a coragem é em si mesma uma coisa dolorosa, e é certamente objeto de nossos elogios, porque é mais difícil suportar as dores do que se abster dos que é agradável.

[1117b] Não que devamos pensar que o objetivo da coragem não seja uma coisa agradável, mas apenas é ocultada pelas circunstâncias que a acompanham, como acontece semelhantemente nas competições de ginástica, pois, entre os pugilistas, o fim para o qual eles combatem é agradável, a coroa e as honras, enquanto que os golpes que eles recebem são dolorosos para o corpo, assim como seus esforços; e como são muitos os golpes e esforços, o fim, que é único e pequeno, parece não possuir nada de agradável. Assim, se o fim que diz respeito à coragem é de mesma ordem, a morte e as feridas serão dolorosas ao homem corajoso, que ele as sofrerá a contra gosto, mas as suportará, porque é nobre agir dessa maneira, e vergonhoso não agir dessa maneira. E quanto mais a virtude que ele possui for completa e grande a sua felicidade, maior será o sofrimento ao enfrentar a morte, pois é para homens desse tipo que a vida é plena, e eles sabem que estão renunciando ao maior dos bens, e isso é doloroso. Mas eles não são menos corajosos por isso, e talvez eles o sejam mais, porque eles preferem os trabalhos nobres da guerra aos grandes bens de que falamos.

Assim, não é de todas as virtudes serem exercidas de modo agradável, senão na medida em que seu fim seja alcançado. Mas nada, sem dúvida, nos impede de pensar que não são aqueles que possuem o gênero da coragem que descrevemos que são os melhores soldados, e sim os que, sendo menos corajosos, não dispõem de quaisquer outros bens, pois é com prontidão que eles se expõem aos perigos, e eles dão sua vida em troca de pequenos lucros. Assim, a coragem foi estudada de modo suficiente e, quanto a sua natureza, não é difícil, ao menos em grandes linhas, de compreendê-la, com a ajuda das explicações que precederam.

Após a coragem, falemos da temperança, pois parece que estas duas virtudes são aquelas da parte irracional da alma. Nós dissemos que a temperança é o meio-termo em relação aos prazeres, (pois ela está a um nível menor e de uma maneira diferente em relação às dores, e não do mesmo modo) e a intemperança também não se manifesta do mesmo modo. A quais tipos de prazeres elas se relacionam então? É o que nós vamos agora determinar.

Pode-se admitir que os prazeres se dividem em prazeres do corpo e em prazeres da alma (por exemplo, **(30)** temos o amor à honraria e o amor ao saber). Com efeito, para cada um desses casos, o prazer é encontrado no objeto que é levado a amar, sem que o corpo seja afetado, mas a mente. Mas aqueles que procuram tais prazeres não são chamados nem de temperantes, nem intemperantes. E ocorre o mesmo para todos aqueles que se entregam a outros prazeres que não são corporais: aqueles que se comprazem em escutar ou contar fábulas, e que passam seus dias **(35)** a vadiar para lá e para cá são chamados falastrões, e não de intemperantes **[1118a]**, e da mesma maneira aqueles que possuem problemas com a perda de dinheiro ou de amigos.

A temperança poderia então ser aplicada aos prazeres corporais, e mesmo assim não indistintamente. Por exemplo, os homens que encontram prazer nos objetos da visão, como as cores, as formas e a pintura, não são chamados **(5)** nem de temperantes, nem de intemperantes, e, no entanto, poder-se-ia pensar que, mesmo nesse domínio, ele pode ter um prazer quer legítimo quer excessivo, ou insuficiente.

A mesma observação para aqueles que encontram prazer na audição: as pessoas que possuem um gosto imoderado para a música ou o teatro, nós jamais a chamamos intemperantes, e nem de temperantes aqueles que o fazem na medida justa.

Nem mesmo se dá esses nomes àqueles que amam os prazeres do olfato, senão **(10)** por acidente; aqueles que se comprazem com o odor das maçãs ou das rosas, ou dos perfumes, nós não os chamamos de intemperantes, mas chamamos assim antes aqueles que se deleitam aos odores dos unguentos ou dos pratos, pois os intemperantes encontram aí o seu prazer, pois esses odores lhes fazem lembrar os objetos de seu apetite. Pode-se seguramente constatar que mesmo as outras pessoas, quando elas têm fome, possuem prazer com o cheiro da refeição; mas sentir prazer com esses tipos de odores é próprio de um homem intemperante, pois esses são para ele objetos de apetite.

Entre os animais, esses sentidos existem apenas acidentalmente. Os cães, por exemplo, não sentem prazer com o odor das lebres, mas eles sentem prazer em comê-las; o odor lhes deu somente a percepção da lebre. Mesmo o leão não se interessa pelo mugir do boi, mas sim em devorá-lo; o mugido lhe fez somente perceber que o boi está próximo, e parece assim sentir prazer com seu mugido. Do mesmo modo, ele não se compraz em ver *um cervo ou uma cabra selvagem,*[13] mas ele se regozija em poder devorá-los.

Assim, a temperança e a intemperança somente têm relações com esses tipos de prazeres que o homem possui em comum com os animais, e que por resultado parecem ter um caráter vil e bestial, e esses são os prazeres do tato e do paladar. Além disso, parecem fazer pouco uso destes prazeres, ou mesmo nenhum. De fato, é do paladar que surge a discriminação de sabores, tal como ela é praticada pelos degustadores de vinho e pelos bons cozinheiros, mas essas discriminações não oferecem muito prazer (ao menos quanto às pessoas intemperantes); aqueles que buscam apenas a satisfação, que lhes vem através do tato, tanto no beber no comer, como são nos prazeres sexuais. Foi por isso ainda que um certo glutão suplicava aos deuses para que sua garganta se tornasse maior que uma grua, o que mostra que o seu prazer vinha do tocar.

[1118b] Assim, o sentido ao qual a intemperança está ligada é aquele mais comum, e a intemperança somente pareceria ser repreensível porque existe em nós não

---

[13] Homero, *Ilíada*, canto III, v. 24.

enquanto homens, mas enquanto animais. Comprazer-se com tais coisas e amá-las além de tudo tem alguma coisa de bestial. De fato, excluem-se os prazeres táteis mais apuráveis, como os prazeres que oferecem a ginástica e os banhos quentes, pois o contato, cuja apreciação designa o homem intemperante, não afeta os corpos, mas somente algumas de suas partes.

Dos apetites, uns parecem ser comuns a todos os homens, e outros, peculiares aos indivíduos e adquiridos; por exemplo, o apetite na alimentação é natural, pois todos os homens têm apetite por alimento ou bebida, e às vezes por ambos; é o caso também do amor, como diz Homero,[14] quando se é jovem e em plena força. Mas o fato de desejar tal tipo de alimento ou de amor varia segundo os indivíduos, e seu desejo não se aplica também aos mesmos objetos. É por isso que tais apetites nos parecem verdadeiramente nossos. Essas preferências individuais não têm menos, no entanto, qualquer coisa de natural, tais coisas são agradáveis para uns, e outras são agradáveis para outros, e algumas coisas são mais agradáveis a todos os homens do que qualquer objeto tomado ao acaso. De qualquer maneira, nos apetites naturais, poucos se enganam, e somente em uma direção, a saber, no sentido do excesso, pois comer e beber o que se apresenta até extasiar-se é ultrapassar a quantidade estabelecida pela natureza, já que o apetite natural é apenas satisfação das necessidades de cada um. Por isso esses são chamados "deuses do estômago", por preencherem seus estômagos além da medida conveniente. E somente as pessoas de um caráter particularmente vil caem em tal excesso. Por outro lado, nos apetites próprios para cada um, os erros são numerosos e de formas variadas. De fato, enquanto geralmente se diz que alguém "gosta disso ou

[14] Homero, *Ilíada,* canto XXIV, V. 130.

daquilo", seja porque ele sente prazer por tais coisas que não deve desejar, ou porque ele ultrapassa a medida, ou enfim porque ele sente prazer de uma maneira errada, de todos esses modos, as pessoas intemperantes caem em excesso; de fato, elas colocam seu prazer em coisas que não deveriam comprazer-se (pois são detestáveis), e mesmo que ocorra que algumas dentre elas sejam permitidas, eles se entregam a seu gosto mais do que a maioria das pessoas.

Assim, é evidente que o excesso em relação aos prazeres é intemperança, e uma coisa censurável. No que diz respeito à outra parte, as dores, ninguém é, como para a coragem, chamado de temperante porque as enfrenta, nem intemperantes por não enfrentá-las, mas é chamado intemperante por se afligir além da medida, quando não encontra os prazeres que são procurados (e, assim, mesmo o prazer causa a dor), e homem temperante recebe esse nome quando não sofre pela ausência do prazer.

[1119a] O homem intemperante tem, assim, o apetite por todas as coisas agradáveis, ou daquelas que o são mais, e é conduzido pelo apetite para dar sua preferência a estas coisas sobre todas as outras, e é por isso que ele sofre não somente por não tê-las, mas ainda por desejá-las (pois o apetite é acompanhado pelo sofrimento) embora pareça absurdo experimentar a dor por causa do prazer.

Pessoas que ficam aquém da medida no que diz respeito aos prazeres, e se deleitam com eles menos do que o realmente deveriam, são raramente encontradas e quase inexistentes, pois tal insensibilidade não tem nada de humano. Com efeito, mesmo os animais fazem distinções quanto aos diferentes tipos de alimentos e se comprazem com alguns, excluindo outros. E, se existe um ser que não ache nada agradável e nem estabeleça qualquer diferença entre uma coisa e outra, esse ser está muito longe da natureza humana. Além disso, um homem de tal tipo não recebeu um nome porque ele é raramente encontrado.

Quanto ao temperante, ele se mantém em uma posição mediana no que diz respeito a esses objetos, pois ele nem sente prazer com as coisas que seduzem o homem intemperante, pois elas lhe repugnam mais, nem, geralmente, com as coisas que não deve, nem nada desse gênero de uma maneira excessiva; **(15)** por outro lado, nem sofre ou anseia por elas em sua ausência, senão moderadamente, e não mais do que deve, e nunca quando não deve, e assim por diante. Por outro lado, todas as coisas que são agradáveis favorecem a saúde ou o bom estado do corpo, coisas que o homem temperante aspira moderadamente e de maneira conveniente, assim também como todas as outras coisas agradáveis que não são um obstáculo para esses fins, ou contrárias ao que é nobre, ou, enfim, além de seus meios. O homem que ultrapassa esses limites ama os prazeres **(20)** deste tipo mais do que eles realmente merecem, mas o homem temperante não é deste tipo, mas sim como pede a regra justa.

A intemperança é mais semelhante a uma disposição voluntária do que a covardia, pois ele tem por causa o prazer, e a covardia o sofrimento, dois sentimentos cujo primeiro é objeto de escolha, e o outro, objeto de repulsão. Ora, o sofrimento coloca fora de si o ser que o experimenta e destrói sua natureza, enquanto o prazer não faz nada disso. A intemperança é também **(25)** mais voluntária e, por isso, mais censurável, pois se acostuma mais facilmente a seus objetos, porque as ocasiões desse tipo são numerosas no curso da vida, e esses hábitos são inofensivos, ao contrário do que se passa em situações que inspiram o perigo.

Mas a covardia parece ser um estado voluntário que se distingue de suas manifestações particulares. De fato, ela é indolor em si, **(30)** mas somos avassalados por essas últimas, a ponto de nos fazer abandonar nossas armas ou adotar outras atitudes vergonhosas, o que dá aos atos a aparência de serem realizados por força. Para o homem intemperante ocorre o inverso: suas ações particulares são voluntárias (já que é apetite e desejo), mas seu caráter geral é menor, já que ninguém deseja ser um homem intemperante.

Nós compreendemos ainda o termo "intemperante" pelas faltas cometidas pelas crianças, faltas que apresentam **[1119b]** alguma semelhança com o que nós vimos. Quanto a dizer qual dos dois sentidos tira seu nome do outro, isso não é importante para o nosso presente esboço, mas é evidente que este toma o seu nome do mais antigo. Em todo caso, essa extensão de sentido parece ser bem plausível, pois quem deseja coisas vergonhosas e que se desenvolve rapidamente deve ser restringido, e tal descrição **(5)** se aplica principalmente ao apetite que tem uma criança. As crianças, com efeito, também vivem à mercê dos apetites, e é principalmente entre eles que o desejo do agradável é encontrado. Se, então, não se torna a criança dócil e submetida à autoridade, ela irá percorrer um longo caminho nessa via, pois em um ser sem razão o desejo do agradável é insaciável, embora experimente todas as fontes de satisfação. O exercício desse apetite reforça a tendência inata, **(10)** e se esses apetites são grandes e fortes, eles cessam o raciocínio.

Os apetites devem também ser moderados e em pequeno número, e não estar jamais em conflito com o princípio racional. E é a isso que chamamos um caráter dócil e contido. E da mesma maneira que a criança deve viver de acordo com as prescrições de seu mestre, assim também o elemento apetitivo deve estar conforme o princípio racional **(15)**.

É por isso que é preciso que o elemento apetitivo do homem temperante esteja em harmonia com o princípio racional, pois para essas duas faculdades o bem é o fim visado, e o homem temperante tem o apetite das coisas que ele deve desejar, mas da maneira que elas devem ser e no momento conveniente, o que determina o princípio racional. No que diz respeito à temperança, já dissemos o suficiente.

LIVRO IV

Falemos agora sobre a liberalidade. Ela parece ser um meio-termo no que diz respeito à riqueza, pois o homem liberal é elogiado não pelos assuntos de guerra, nem pelas coisas que se elogia o homem temperante, nem, por outro lado, nos tribunais, mas pelo dar e obter riquezas, e ainda mais por dá-las. E queremos dizer por riqueza todas as coisas cujo valor é medido em moeda.

A prodigalidade e a avareza também são excessos e deficiências no que diz respeito às riquezas; e sempre atribuímos a avareza àqueles que se ocupam da riqueza mais do que o devido, e às vezes conferimos à prodigalidade um sentido complexo, pois chamamos pródigos os incontinentes, que gastam licenciosamente. Por isso, eles parecem ser um tipo mais fraco, pois possuem, ao mesmo tempo, muitos vícios. Mas o nome não lhes é atribuído apropriadamente, pois o pródigo possui um único vício **[1120a]**, já que ele deseja arruinar seus bens. Pródigo, portanto, é o que se arruína por si mesmo, e a destruição da riqueza parece ser uma ruína de si mesmo, pois o viver depende desses bens. Assim, compreendemos o sentido de prodigalidade.

Das coisas que são úteis, é possível usá-las bem ou mal, e riqueza está entre as coisas úteis; o que faz melhor uso de cada uma delas é o que possui a virtude em relação a ela; e, para a riqueza, o que fará melhor uso é o que possui a virtude em relação ao dinheiro, e esse é o homem liberal. Gastar e dar parecem ser o uso da riqueza, mas o obter e o guardar são antes de tudo uma posse. Por isso, é mais próprio do homem liberal dar àqueles que convêm do que receber de onde convém e não obter de onde não convém. De fato, é mais próprio da virtude fazer o bem do que sofrer o bem, assim como fazer coisas nobres do que coisas vergonhosas; e é evidente que por dar implique o fazer e o praticar coisas nobres, e que por receber implique o receber uma ação boa e não agir de maneira vergonhosa. A graça é dada àquele que dá, e não àquele que recebe, e o elogio é sobretudo a quem dá, e não a quem recebe. Também é mais fácil não receber do que dar, pois os homens resistem mais em desfazer-se do que lhes é próprio do que receber o que é de outro. E são chamados liberais também os que dão; e os que não recebem não são elogiados pela liberalidade, mas pela justiça, enquanto que os que recebem não são elogiados. Os homens liberais, dentre os virtuosos, talvez sejam os mais elogiados, pois são úteis, e isso por suas dádivas.

As ações virtuosas são nobres por causa do bem, e o liberal, então, assim como as outras pessoas virtuosas, dá tendo em vista o que é nobre, pois dá o quanto e quando lhe convém, com as condições que acompanham o dar corretamente. E isso prazerosamente e sem dor, pois o que se faz conforme a virtude é agradável, e é menos doloroso. Mas aquele que dá aos que não é devido, ou que não o faz por causa do belo, mas por alguma outra coisa, não é liberal, mas é chamado por outro nome. E nem o que mostra dor ao dar, pois antes escolheria a riqueza a uma ação nobre, e isto não é próprio do homem liberal.

E nem receberá o que não é devido, pois o recebimento de tal tipo não é próprio de quem não honra a riqueza. E não seria nem o que ama pedir, pois o homem que concede benefícios não os aceita de modo fácil. Mas tomará de onde é preciso, por exemplo, de suas posses particulares **[1120b]**, não como algo nobre, mas como algo necessário, a fim de que possa dar. E não será negligente dos seus próprios bens, desejando ajudar os outros através deles, nem dará a qualquer um, a fim de que tenha o que dar àqueles o que é preciso, e no momento certo, e em circunstâncias que é belo fazê-lo. E é próprio do homem liberal exceder de modo veemente no ato de dar, de modo a deixar menos para si, pois é do homem liberal não olhar para si mesmo.

E se diz liberalidade conforme as posses do homem, pois o liberal não está na multitude do que é dado, mas na disposição de caráter daquele que dá, e essa está de acordo com as suas posses. Nada impede, assim, de ser mais liberal aquele que dá menos, se tem bem menos para dar.

Parecem ser mais liberais aqueles que não adquiriram a riqueza por si, mas a receberam por herança, pois são os inexperientes quanto à necessidade, e todos amam mais as próprias obras, tal como os pais e os poetas. E não é fácil ao homem liberal enriquecer-se, não estando disposto nem a obter nem a guardar, mas apto a gastar, e não honra a riqueza por si mesma, mas por causa da liberalidade. Por isso uma acusação é movida contra a riqueza, porque aqueles que são mais dignos dela são os que menos enriquecem. E isso que ocorre não é absurdo, pois não é possível ter riquezas se não se esforça em obtê-las, e do mesmo modo que com as outras coisas.

Mas ele não dará àqueles nem quando se deve, nem quando não se deve, e nem em outras ocasiões, pois, ainda que agisse assim, não seria segundo a liberalidade, pois após gastar com essas coisas, não teria para gastar com o que é preciso. De fato, tal como foi dito, o liberal é o que gasta conforme as suas posses e com o que é preciso, e quem excede a medida correta é pródigo. Por isso não chamamos os tiranos de pródigos, pois no caso deles não parece ser fácil gastar além das suas posses.

Então, sendo a liberalidade um meio-termo entre o dar e o obter riquezas, o homem liberal dará e gastará com o que se deve e quanto for preciso, sejam coisas pequenas ou grandes, e assim prazerosamente; e também obterá de onde se deve e o quanto for preciso. De fato, sendo a virtude um meio-termo entre os dois extremos, ele fará ambas como se deve, pois tal ação de receber acompanha a ação adequada de dar, e o que não é de tal tipo é o seu contrário. Assim, essas ações que acompanham um ao outro **[1121a]** estão ao mesmo tempo em uma mesma pessoa, e é evidente que não estão nas de espécie contrária.

Mas, se lhe acontece de gastar além do que é devido e nobre, isto lhe causará dor; mas sofreria moderadamente e como se deve, pois é próprio da virtude tanto sentir prazer quanto dor diante dos objetos certos, no momento que é preciso e como é preciso. Além disso, é fácil lidar como o homem liberal em relação ao dinheiro, pois ele é capaz de sofrer uma injustiça não honrando o dinheiro, e se sente mais contrariado se não gasta com o que é preciso, do que se gastar com algo que não é preciso, não concordando com o dito de Simônides.

O homem pródigo também erra nessas questões, pois não sente prazer nas coisas que é preciso e nem sente dor como é preciso (e isto será mais evidente ao avançarmos). Foi dito que a prodigalidade e a avareza são excessos e deficiências, e de dois tipos, no dar e no obter, pois atribuímos ao dar também o gasto. Assim, a prodigalidade excede no dar e não obter, enquanto a avareza é deficiente quanto ao dar, e excessiva no obter, exceto em pequenos assuntos.

Essas duas características da prodigalidade raramente se encontram associadas. Não é fácil dar a todos quando não se recebe nada de ninguém. Os pródigos, que excedem no ato de dar, não tardam em arruinar suas posses, e esses são precisamente os únicos a serem vistos como pródigos. No entanto, o homem desse tipo pareceria ser muito superior ao homem avaro. Ele é, de fato, fácil de ser curado, tanto pela idade quanto pela penúria, e assim será capaz de atingir a posição intermediária. Ele possui qualidades do homem liberal, já que ele dá e se abstém de tomar, embora não aja como se deve e nem de uma maneira satisfatória. Se, então, ele adquire o hábito de dar ou de tomar deliberadamente, ou de mudar de conduta a esse respeito de uma maneira ou de outra, esse seria um homem liberal, já que ele daria àqueles que precisam, **(25)** e tomaria de quem é preciso. É essa a razão pela qual normalmente não se reconhece em seu caráter nenhuma maldade, já que ultrapassar a medida no dar e no não receber não é próprio nem de um homem mau, nem de um ser vil, mas somente de um homem tolo. O homem pródigo desse tipo parece ser nitidamente preferível ao homem avaro, tanto pelas razões que acabamos de indicar, mas também porque o pródigo beneficia muitas pessoas, enquanto o outro não é útil a ninguém, nem a si mesmo.

(30) Mas a maioria dos pródigos, como nós notamos, também obtém de fontes suspeitas, e eles são, sob este aspecto, homens avaros. O que os torna fortemente inclinados a tomar é que eles querem gastar, mas não podem fazer isso facilmente, porque as fontes exaurem rapidamente, e assim eles são obrigados a buscar recursos de ir a outras fontes. Ao mesmo tempo também, **[1121b]** sendo indiferentes à honra, tomam de qualquer fonte, pois o que eles desejam é dar, e pouco lhes importa como, nem de onde eles pegam o dinheiro. Suas generosidades também não são verdadeiras liberalidades: **[5]** elas não têm nada de nobre, nem procuram obter qualquer fim honesto e não são feitas da maneira requerida. Às vezes, eles enriquecem aqueles que deveriam ser pobres, e não dão nada às pessoas dignas, mas reservam suas liberalidades aos bajuladores ou aos que lhes proporcionam alguns prazeres. E é por isso que a maioria dos pródigos também são homens intemperantes, pois eles gastam sem refletir e desperdiçam **(10)** com os seus prazeres, inclinados para eles, pois sua existência não visa ao que é nobre.

O homem pródigo, portanto, converte-se no que há pouco descrevemos, quando não lhe é imposta qualquer disciplina, mas quando tratado com cuidado, ele pode alcançar o meio-termo e justo. A avareza, ao contrário, é um vício incurável (pois **(15)** é a velhice ou outro poder qualquer que parece tornar os homens avaros). Aliás, ela está enraizada na natureza humana mais profundamente que a prodigalidade, pois a maioria das pessoas é mais gananciosa do que generosa, e esse vício tem uma grande extensão e reveste múltiplos aspectos, pois é de numerosas maneiras que a avareza se apresenta.

A avareza consiste, então, de dois elementos, a deficiência no dar e o excesso **(20)** ao tomar, e ela não se encontra sempre em estado completo em todos os homens, mas às vezes existem separadamente: alguns ultrapassam a medida na aquisição, e outros ficam aquém no que eles dão. Uns, de fato, são denominados como "sovinas", "usurários", ou "pães-duros", pois relutam em dar, mas não cobiçam o bem dos outros e não desejam possui-los, seja por um tipo de honestidade e de aversão em cometer atos vergonhosos (já que alguns parecem **(25)**, ou pelo menos dizem, conservar seu dinheiro pela única razão de não se encontrar jamais em necessidade de realizar uma ação má; a este grupo pertence o migalheiro ou qualquer louco deste tipo, que tira seu nome de uma excessiva repugnância por não ter nada para dar); seja ainda o medo que os desvie de se apropriar do bem alheio, julgando que não é fácil apropriar-se do bem alheio, **(30)** sem que aqueles se apropriassem do nosso, declarando-se assim satisfeitos de nada tomar nem dar.

Outros, ao contrário, ultrapassam a medida quando se trata de adquirir, tomando de todos os lados e tudo o que eles podem, como é o caso daqueles que exercem profissões degradantes, proxenetas e todos os outros dessa espécie, usurários que emprestam pequenas quantias a grandes juros. Todos esses possuem **[1122a]** mais do que é devido, e de fontes indevidas. Seu vício comum é manifestadamente uma ganância sórdida, já que todos, por amor ao ganho, suportam as piores humilhações, o que, aliás, é insignificante. Aqueles que, de fato, obtêm ganhos em uma grande escala, **(5)** sem se preocupar com a sua proveniência, nem sua natureza, por exemplo, os tiranos que saqueiam as vilas e pilham os templos, nós não os chamamos de homens avaros, mas sobretudo de homens perversos, ímpios ou injustos.

No entanto, o jogador e o saqueador entram na classe dos avaros, por seu sórdido amor ao ganho, pois é em vista do ganho que tanto uns como outros exercem suas atividades e suportam as maiores desonras, os ladrões se expondo aos maiores perigos, na esperança do espólio, enquanto os jogadores tiram dinheiro de seus amigos, com os quais eles deveriam se mostrar mais generosos. Assim, tanto uns quanto os outros, querendo realizar ganhos de origem errada, são levados a um sórdido amor ao lucro e, portanto, todos esses diferentes modos são próprios da avareza.

Assim, é correto que a avareza seja chamada o contrário da liberalidade, pois ao mesmo tempo em que ela constitui um mal maior que a prodigalidade, tratando-se de cometer mais erros nesse sentido do que a prodigalidade tal como nós a descrevemos.

Nós já falamos de modo suficiente da liberalidade e dos vícios que lhe são opostos.

Talvez, após isto, deva-se trazer à discussão a magnificência, pois ela também é uma virtude que tem relação com a riqueza. Mas, diferente da liberalidade, ela não se estende a todas as ações que tem o dinheiro por objeto, mas somente àquelas que dizem respeito ao gasto, e nesse domínio, ela ultrapassa em grandeza a liberalidade. Como seu nome sugere, ela consiste em um gasto que convém às grandes quantias. Ora, a grandeza é algo relativo, pois os gastos para manter uma trirreme não são os mesmos que para um chefe de uma embaixada sagrada. Assim, a magnificência deve ser conveniente tanto ao agente quanto às circunstâncias e ao objeto. Mas o homem que, nas pequenas coisas e medianas, gasta segundo os méritos, não é o que se pode nomear de magnificente (como aquele que diz: "*muitas foram as dádivas que dei ao peregrino*"[15]), mas é somente aquele que age assim em grandes coisas, pois mesmo que o homem magnificente seja um homem liberal, o homem liberal não é, no entanto, um homem magnificente.

Em uma disposição deste gênero, a deficiência é chamada mesquinhez, e o excesso, vulgaridade e falta de gosto, e outras denominações análogas, não pelo o que gasta com objetos que valham a pena, mas para aquele que mantem gastos por pura ostentação, em ocasiões e de maneira inoportunas. Mais tarde falaremos de tais vícios.

O homem magnificente é um tipo de artista, pois ele tem a capacidade de discernir **[1122b]** o que lhe convém fazer e no gastar uma grande quantia com bom gosto. Nós dissemos, no início, que uma disposição de caráter se define por suas atividades e por seus objetos. Ora, as despesas de um homem magnificente são consideráveis e, por consequência, também são assim seus resultados, e assim haverá uma perfeita consonância com o resultado. Portanto, como o resultado deve corresponder ao gasto, assim também o gasto deve ser proporcional ao resultado, ou mesmo lhe ser superior.

Além disso, o homem magnificente, gastando tais somas, terá a honra como fim, o que é um caráter comum a todas as virtudes. E ele fará isso com alegria e abundância, pois se mostrar exigente em suas contas é próprio dos avaros. E ele examinará a maneira de obter o mais nobre resultado e o mais conveniente a seu objeto, mais do que se inquietar com o preço ou com os meios mais baratos de adquiri-los. O homem magnificente será então necessariamente um homem liberal, pois o homem liberal igualmente gastará o que deve e como se deve. E é na observação dessa dupla regra que se manifesta a grandeza

---

[15] Homero, *Odisseia*, canto XVII, V. 420.

no nome "magnificente", já que é isso o que há de comum com o exercício da liberalidade, mas com um gasto igual o homem magnificente tirará um resultado mais grandioso. Do mesmo modo, a excelência não está ligada a uma coisa que se possui; em matéria de posse, é a que possui maior valor que vale mais, como o ouro, por exemplo; mas quando se trata de uma obra de arte, a mais valiosa é aquela que é grandiosa e bela, (pois a contemplação de uma obra desse tipo aumenta a admiração, e o fato de causar admiração é próprio da magnificência) e a obra tem sua excelência, isto é, sua magnificência em sua grandeza.

A magnificência resulta de despesas cuja qualidade é para nós de mais alto apreço: essas são, por exemplo, aquelas que dizem respeito aos deuses, como as oferendas votivas, os templos, os sacrifícios; do mesmo modo, aquelas que tocam a tudo o que apresenta um caráter religioso, ou ainda aquelas que se ambiciona fazer pelo interesse público (como, por exemplo, a obrigação de alguns lugares de organizar um coro, ou de equipar uma trirreme, ou mesmo oferecer um espetáculo cívico). Mas em todo caso, como nós dissemos, deve-se apreciar o gasto por referência ao próprio dinheiro, isto é, perguntar-se quais são os recursos que ela possui e a sua posição, pois os gastos devem corresponder aos recursos, e ser convenientes não apenas com a obra, mas ainda com o que se executa. É por isso que um homem pobre não poderia ser magnificente, porque não possui os meios de fazer grandes gastos de uma maneira apropriada, e toda tentativa nesse sentido é uma falta de julgamento, pois ele gasta além do que se espera dele, e do que lhe é apropriado, enquanto o ato conforme a virtude é aquele que é feito como deve ser feito. Mas os grandes gastos convêm àqueles que estão em posse dos meios apropriados, obtidos quer através de seu próprio trabalho, quer de seus ancestrais ou amigos, seja de suas relações ou ainda de pessoas de bom nascimento, ou de pessoas ilustres, e assim por diante, pois todas essas distinções carregam grandeza e prestígio.

Assim é, antes de tudo, o homem magnificente, **(35)** e a magnificência se mostra nos gastos desse tipo, assim como nós dissemos, pois esses são mais consideráveis e mais honráveis. Entre os grandes gastos de ordem privada, citemos aqueles que só **[1123a]** acontecem uma vez, por exemplo, um casamento ou um acontecimento semelhante, ou algo que interesse a toda a cidade, ou as pessoas de nível mais elevado, ou ainda pela recepção ou partida de hóspedes estrangeiros, assim como nas remunerações, pois o homem magnificente, de fato, **(5)** não gasta para si mesmo, mas no interesse comum, e seus dons representam algo semelhante às oferendas votivas.

O homem magnificente também muda a sua habitação em função de sua fortuna, (pois mesmo uma bela casa é um tipo de distinção), e seus gastos deverão ser preferíveis com as obras que são destinadas a durar (pois essas são as mais belas), e em cada ocasião ele gastará com o que é conveniente gastar. Esses não são, de fato, os mesmos dons que convêm aos **(10)** deuses e aos homens, nem a um templo ou um túmulo. E já que cada forma de gasto pode ser maior nesse gênero e, mesmo que a mais grandiosa de todas seja um grande gasto para uma grande coisa (e, em tal caso particular, a mais grandiosa é aquela que é grande no caso em questão; já que, além disso, a grandiosidade que existe na obra é diferente daquela que existe no gasto, pois a mais bonita bola de jogar ou o mais belo afresco é uma coisa grandiosa como presente para uma criança, embora seu preço seja modesto); **(15)** resulta de tudo isso que aquilo que caracteriza o homem magnificente é, qualquer que seja o tipo de resultado a que ele conduza, realizá-lo com magnificência (de modo que tal resultado não seja fácil de ultrapassar) e de um modo que responda dignamente ao gasto.

Tal é então o homem magnificente. O homem que, ao contrário, cai em excesso, é o homem vulgar, que exagera quando gasta além do que convém, **(20)** assim como dissemos. Com efeito, nas pequenas ocasiões de gasto, ele gasta excessivamente somas consideráveis, em ocasiões pouco importantes, por exemplo, para uma refeição com amigos, ele dá o ar de uma refeição de bodas, e se ele prepara o coro de uma comédia, ele faz sua entrada vestindo púrpura, como se faz em Mégara. Em todas estas coisas, ele as fará não por um motivo nobre, **(25)** mas para ostentar sua riqueza, pensando incitar assim a admiração. Nas circunstâncias onde é preciso gastar muito, ele se mostra avaro, e onde uma pequena despesa seria suficiente, se mostra pródigo.

O homem mesquinho, por outro lado, fica aquém da medida em todas as coisas e mesmo depois de ter gastado muito dinheiro, ele estragará por uma bagatela a beleza do resultado, hesitando em tudo o que ele faz, estudando de qual maneira gastar **(30)** o menos possível, o que não o impede de aumentar as lamentações e de imaginar estar fazendo sempre coisas mais grandiosidade do que é preciso.

Essas disposições do caráter são seguramente vícios, mas não carregam com elas nenhuma desonra, porque elas não são prejudiciais aos outros, nem causam desonra.

A magnanimidade tem relação com as grandes coisas, como parece ainda indicar seu nome. **(35)** Mas de quais coisas se trata? É disso que nós devemos primeiramente nos ocupar. Não importa que nós examinemos **[1123b]** as disposições de caráter em si ou o homem que corresponde a essa disposição. Pensa-se que é magnânimo aquele que se julga digno de grandes coisas e que é realmente digno delas, pois aquele que, sem ser digno delas, age da mesma maneira, é um homem sem julgamento, e nenhum homem virtuoso age sem julgamento, nem o simplório.

Magnânimo, então, é o homem **(5)** que acabamos de descrever, pois aquele que não é digno de coisas pequenas e que se considera digno delas é um homem temperante, mas não magnânimo, visto que é na grandeza que se situa a magnanimidade, assim como na beleza de um corpo majestoso as pessoas com pequena altura podem ser elegantes e proporcionais, mas não podem ser belas. Por outro lado, aquele que se julga digno de grandes coisas, não sendo realmente digno delas, é pretencioso, embora aquele que se julga mais digno do que é não seja sempre pretencioso.

Aquele que se julga menos do que vale é um homem humilde, quer ele seja digno de grandes coisas ou medianas, ou mesmo, embora não sendo digno de coisas pequenas, se ele ainda se julga além delas. O mais alto nível de humildade parece encontrar-se naquele que é digno de grandes coisas, pois o que ele faria, se seu mérito não fosse tão grande?

Assim, o homem magnânimo, por um lado, é um extremo em relação à grandeza e, por outro lado, um meio-termo no que diz respeito à justa medida, onde ele se mantém, já que ele não se julga digno do que ele é efetivamente digno, enquanto os outros caem em excesso ou deficiência.

Se, então, o homem magnânimo é aquele que se julga digno de grandes coisas e, sendo efetivamente digno delas, seu principal objetivo há de ser somente uma única coisa. Ora, o mérito é definido em relação aos bens exteriores, e o maior de todos os bens, nós podemos assegurar, é aquele que oferecemos em honra aos deuses, que as pessoas elevadas em dignidade cobiçam com mais ardor, por ser uma recompensa concedida às mais nobres ações. A essa descrição nós reconhecemos a honra, que é efetivamente o maior dos bens exteriores.

Portanto, o homem magnânimo é aquele que, no que diz respeito à honra e à desonra, adota a disposição conveniente. Além de todo esse raciocínio, é evidente que os homens magnânimos estão relacionados à honra, já que é sobretudo de honra que eles julgam serem dignos, e isso está de acordo com seu mérito.

Quanto ao homem humilde, ele está em um estado de deficiência **(25)** em relação aos seus próprios méritos e em comparação com o que se julga capaz o homem magnânimo, enquanto o pretencioso ultrapassa a medida em relação aos seus próprios méritos, mas não menos em relação ao que o magnânimo se julga capaz.

O homem magnânimo, visto que é digno das maiores coisas, só poderia ser um homem bom, pois melhor é o homem sempre digno de mais, e aquele que é digno dos maiores bens é o melhor. Por consequência, o homem verdadeiramente magnânimo deve ser um homem bom. E pensar-se-á que a grandeza de alma em todas as virtudes deve-lhe ser também característica. De fato, seria absolutamente contrário ao caráter de um homem magnânimo fugir abanando as mãos ou cometer uma injustiça. Com qual fim faria atos vergonhosos aquele que nada tem de grande importância? E, para examinar cada uma das virtudes, pareceria completamente **(35)** ridículo que o homem magnânimo não fosse um homem bom, e não seria digno de ser honrado se ele fosse um homem mau, **[1124a]** visto que a honra é uma recompensa da virtude, e que é dada aos homens bons.

A magnanimidade parece ser assim um tipo de ornamento das virtudes, pois ela as faz maiores e não existe sem elas. É por isso que é difícil ser verdadeiramente um homem magnânimo, pois isso não é possível sem um caráter bom e nobre.

Assim, é principalmente no que toca às honras e às desonras que o homem magnânimo **(5)** se revela, e as honras que são dadas aos homens bons lhes farão sentir um prazer mesurado, na convicção de que ele obtém apenas o que lhe pertence, ou ainda menos, já que não pode haver uma honra digna de uma virtude perfeita; e ele não aceitara menos que isso, porque **(10)** os homens não têm nada melhor para lhes oferecer. Quanto às honras dadas a quaisquer pessoas e por razões fúteis, ele não fará caso disso (pois isso não é do que ele é digno), e agirá da mesma maneira quanto à desonra, (já que não pode ser justa).

É principalmente no que toca a honra, como nós dissemos, que o homem magnânimo se ocupa. No entanto, no que diz respeito à riqueza, ao poder, à boa ou à má sorte em geral, ele se comportará com moderação, de maneira que seus benefícios se apresentem para ele, ele não se regozijará com boa fortuna, nem se afligirá além da medida na adversidade. Com efeito, mesmo em relação à honra, ele não age assim. O poder e a riqueza são coisas desejáveis apenas pelas honras que eles oferecem (ao menos aqueles que as possuem desejam ser honrados por causa delas), portanto, para aquele para quem a honra é algo pequeno, todo o resto também permanece indiferente. É por isso que tais homens se passam por soberbos.

Pensa-se que os dons da fortuna também contribuem para a magnanimidade. Com efeito, as pessoas bem nascidas são julgadas dignas de serem honradas, assim como as pessoas das classes dirigente ou ricas, porque elas ocupam uma posição superior às outras, e quem possui uma superioridade em algum bem se beneficia sempre mais de uma grande honra. É por isso mesmo que os bens dessa natureza têm por efeito tornar os homens mais magnânimos, pois seus possuidores são mais honrados. Na verdade, somente o homem bom deveria ser honrado, enquanto para aquele em que residem ao mesmo tempo a virtude e os benefícios de que falamos, é visto como ainda mais digno de honra.

Mas aqueles que, desprovidos de virtude, possuem os bens desse gênero, não têm porque acreditar que eles mesmos são dignos de grandes coisas e nem com razão sustentam o nome de magnânimo, pois tais coisas implicam uma virtude perfeita. Mas aqueles que possuem unicamente os dons da fortuna se tornam também desdenhosos e insolentes, pois sem virtude não é fácil suportar facilmente a prosperidade e, tais homens, na incapacidade de alcançá-la, e acreditando serem **[1124b]** superiores a todos, desprezam os outros e fazem tudo o que lhes passa na cabeça. Eles imitam o homem magnânimo sem serem realmente parecidos com ele, e o imitam em tudo que podem, e agindo assim não segundo a virtude, eles desprezam os outros. O homem magnânimo, com efeito, despreza os outros porque isso lhe é direito (já que ele julga com a verdade), enquanto a maioria dos homens faz isso aleatoriamente.

O homem magnânimo não se atira aos perigos que não valham a pena, nem ama os perigos em si, pois existem poucas coisas que ele aprecia. Mas ele afronta o perigo por motivos importantes e quando ele se expõe, não poupa a sua própria vida, sabendo que não se pode querer conservar a vida a todo preço. Por natureza, ele ama distribuir benefícios, mas envergonha-se por recebê-los, porque, no primeiro caso, é uma marca de superioridade e, no segundo, de inferioridade. Ele está inclinado a dar mais do que recebe, pois dessa maneira, o benfeitor original contratará uma nova dívida com ele, e lucrará. Além disso, os homens magnânimos parecem lembrar-se somente daqueles serviços que prestou, mas não dos recebido (pois aquele que recebe um serviço é inferior a quem lhe dá, enquanto o homem magnânimo deseja manter sua superioridade). E ouve os primeiros com prazer, e é com desagrado ele ouve falar os segundos. Tal é a razão pela qual Tétis não lembra Zeus dos serviços que ela lhe ofereceu, e pela qual também os lacedemônios não lembraram os atenienses dos serviços dos quais eles eram gratos, mas somente dos que eles mesmos tinham recebido. E é próprio do homem magnânimo não pedir nada a ninguém, ou de fazê-lo pouco, mas, por outro lado, servir de bom grado. Mesmo assim, se ele se mostra pleno de elevação com os poderosos e favorecidos pela riqueza, ele sabe manter a moderação com as pessoas de condição mediana, pois é difícil e mostra distinção mostrar-se superior aos primeiros, enquanto com os outros é fácil. Por outro lado, se mostrar superior para os primeiros não tem nada de incivil, porém é uma grosseria em relação às pessoas comuns, assim como empregar suas forças contra os fracos.

Além disso, o homem magnânimo não vai ambicionar as honras, nem as coisas onde se distinguem os outros homens. **(25)**. Ele é lento e abstém-se de agir, exceto onde uma grave questão de honra ou um assunto sério estão em jogo; ele só se dedica a um pequeno número de coisas, mas que são de importância e renome.

Ele tem necessidade de ser franco e um amigo fiel (pois dissimular, ou seja, preocupar-se mais com a verdade do que com a opinião, é próprio daquele que teme). Ele fala e age abertamente, pois o pouco caso que ele faz dos outros lhe permite que se expresse com franqueza **(30)**. É por isso também que ele ama dizer a verdade, exceto em ocasiões onde ele emprega a ironia, quando se dirige à massa.

[1125a] Ele é incapaz de viver em função do outro, senão de um amigo, pois no primeiro é escravidão, que é o que faz os bajuladores serem sempre servis, e as pessoas comuns, bajuladoras. Ele também não se inclina à admiração, pois nada é grande para ele. Não ter rancor é apenas uma marca da magnanimidade de não conservar o ressentimento, sobretudo pelas ofensas que foram sofridas, **(5)** mas é melhor desdenhá-las. Ele também não ama as fofocas; ele não fala nem de si mesmo nem dos outros, pois ele não tem preocupação nem com o elogio de si mesmo, nem com a censura dos outros, e ele não é amigo de elogios, nem da vituperação, mesmo quando se trata de seus inimigos, que só recebem seu desdém. Nas necessidades da vida **(10)** ou em circunstâncias insignificantes, ele é o homem que menos se lamenta, e o menos suplicante, pois só os que muito se preocupam agem assim nessas ocasiões. Sua natureza o incita a possuir coisas belas e inúteis mais do que coisas úteis e vantajosas, pois isso está mais de acordo com um espírito livre.

Além disso, um passo lento é geralmente visto como a marca de um homem magnânimo, assim como uma voz grave e uma entonação pausada, pois a agitação não convém a quem se **(15)** preocupa com poucas coisas, nem a excitação a quem pensa que não tem nada de importância. Ao contrário, uma voz aguda e um passo precipitado são o efeito de um temperamento agitado e apressado.

Tal é então o caráter do homem magnânimo. Aquele que fica aquém é um homem humilde, e aquele que cai em excesso, pretencioso. Esses dois últimos não são vistos como pessoas com vícios (eles não fazem qualquer mal), mas somente como pessoas que estão no caminho errado. Com efeito, o homem humilde, sendo completamente digno de grandes **(20)** bens, se priva a si mesmo dos benefícios que ele merece, e dá a impressão de existir nele alguma coisa má, pelo fato de não se julgar digno a si e mesmo indigno de todas as coisas boas. E ele parece também desconhecer a si mesmo, pois de outra forma ele cobiçaria as coisa de que ele é digno, já que essas são coisas boas. Estes homens, todavia, são tidos como tolos, mas eles são modestos. Mas essa opinião que eles têm deles mesmos **(25)**, parece somente reforçar a sua inferioridade, pois cada classe de homens, com efeito, tende aos bens que correspondem ao seu mérito; ora, as pessoas humildes se abstêm de toda ação e de toda ocupação virtuosa, pensando que eles são indignos delas, e se comportam da mesma maneira em relação aos bens exteriores.

Os pretenciosos, ao contrário, são os tolos que ignoram a si mesmos, e não se percebem disso (pois eles empreendem tarefas honrosas das quais não são dignos, e assim suas **(30)** deficiências se manifestam). Eles querem se distinguir com ornamentos, afetações e outras coisas desse tipo, desejando que os dons que a fortuna lhes proporcionou apareçam publicamente, e eles denunciam isso em suas falas, acreditando serem merecedores de honras por causa delas. A humildade, todavia, se opõe mais à magnanimidade do que à pretensão, pois ela é ao mesmo tempo mais difundida e maldosa.

A magnanimidade tem então relação com a honra de ordem elevada, como já foi dito.

Parece **[1125b]** também existir, no domínio da honra, assim como nós indicamos em nossa primeira parte, uma virtude que aparece como vizinha da magnanimidade, assim como a liberalidade é vizinha da magnificência. Essas duas virtudes, de fato, se mantêm fora da grandeza, mas nós as colocamos na posição que convém no que diz respeito aos objetos de média ou pequena importância. Do mesmo modo que no obter e gastar riquezas existe um meio-termo, assim como um excesso e uma deficiência, a honra também pode ser mais desejada do que realmente convém, ou menos do que convém, ou da fonte e da maneira convenientes. De fato, nós censuramos ao mesmo tempo, por um lado os ambiciosos, por cobiçarem a honra mais do que realmente convém, e de onde não convém; e, por outro lado, o homem sem ambição, e que se mostra indiferente à honra que lhe é dada, mesmo quando é por ações nobres. Mas, em outros momentos, nós elogiamos, o ambicioso por ser um homem pleno de ardor e amar as coisas nobres, e o homem sem ambição por seu senso da medida e moderação, assim como nós notamos nos primeiros estudos.

Como a expressão "gostar de tal ou tal coisa" é tomada em diversos sentidos, e que nós não aplicamos o termo "ambicioso" sempre para a mesma coisa, "amor à honra" é uma expressão elogiosa quando nós temos em vista aquele que ama a honra mais do que a maioria dos homens e tem um sentido pejorativo, ao contrário, quando nós pensamos naquele que ama a honra mais do que é devido. E como o meio-termo não tem um nome especial, os dois extremos parecem disputar um lugar, como se ele estivesse vago.

Mas onde existe o excesso e a deficiência, existe também o meio. Ora, não se pode cobiçar a honra mais e menos do que se deveria; **(20)** assim, é possível então desejá-la como é conveniente, e é esta a disposição do caráter que é objeto de nossos elogios, disposição que constitui um meio-termo no que diz respeito à honra, desprovido de designação especial. Comparada à ambição, o meio-termo aparece como falta de ambição, e comparada à falta de ambição, ambição; enfim, comparada a uma e à outra, ele é, em um sentido, as duas ao mesmo tempo. Isto **(25)** parece igualmente ser o caso para as outras virtudes, mas, para essa espécie, os extremos parecem somente opostos uns ao outro, porque que o meio-termo não recebeu um nome.

A calma é um meio-termo em relação aos sentimentos de cólera, mas o estado intermediário, não tendo um nome, e os extremos se encontrando quase no mesmo caso, nós aplicamos o termo "calma" ao meio-termo, embora a calma incline-se mais para o lado da deficiência, que é desprovida de nome. Mas o excesso poderia ser chamado um tipo **(30)** de irascibilidade, pois a paixão em questão é uma cólera, mesmo que as causas que a produzem sejam múltiplas e diversas.

Os homens que estão em cólera com as coisas que é preciso, e com as pessoas que a merecem, e que, além disso, é do modo que convém, no momento e no tempo que é preciso, tais homens são objeto de elogio. Esses homens serão, portanto, calmos, se é verdade que o termo "calmo" é para nós um elogio (pois o termo calmo significa aquele que permanece imperturbável e não é conduzido pela paixão, mas somente se irrita **[1126a]** da maneira, por razões e durante o tempo que a regra justa prescreve; ele parece, todavia, vagar mais no sentido da falta, pois o homem calmo não se deixa levar pela vingança, mas sobretudo pela indulgência).

A deficiência, por outro lado, quer seja um tipo de indiferença à cólera, quer outra coisa, é censurável, pois aqueles que não se irritam com as coisas que devem ser vistas como irritantes, são considerados tolos, assim como aqueles que não se irritam da maneira que é preciso, nem quando é preciso, nem com as pessoas que é preciso. Tais homens dão a impressão de serem insensíveis e, como não se irritam, pensa-se que são incapazes de se defender; ora, suportar ser ultrajado ou insultar seus amigos com indiferença é próprio de escravos.

O excesso, por sua vez, acontece de todos os modos de que falamos, (pois se pode estar em cólera com pessoas ou coisas que não merecem, mais do que é preciso, ou mais rapidamente, ou por tempo mais longo), se bem que todos esses traços não se encontram em uma mesma pessoa, o que seria, aliás, uma impossibilidade, pois o mal destrói a si mesmo, e quando é completo, é intolerável.

De qualquer maneira os irascíveis se encolerizam sem aviso contra pessoas e coisas que não merecem, e mais do que convém. Mas sua cólera aparece rapidamente vazia, e é ai o lado mais belo dessas pessoas. Isso faz com que eles não reduzam a sua cólera, mas reajam abertamente por causa de sua vivacidade, e em seguida sua cólera cai por terra.

As pessoas muito coléricas, por causa do excesso, são levadas pela cólera contra todos e em toda ocasião, e daí vem o seu nome. As pessoas amargas, por outro lado, são difíceis de aplacar e permanecem muito tempo em cólera, pois elas a reprimem, mas a calma renasce uma vez que elas se vingam, pois a vingança faz cessar sua cólera, fazendo suceder nelas, em lugar da dor, o prazer. Mas se não revidam, continuam a portar o fardo de seu ressentimento, pois se a cólera não se manifesta, ninguém tenta apaziguá-las, e assimilar em si mesmo sua própria cólera é uma coisa que leva tempo. Pessoas assim são as mais insuportáveis a elas mesmas e a seus caros amigos. Enfim, nós qualificamos como caráteres difíceis aqueles que se encolerizam com coisas que não valem a pena, mais do que é conveniente e por muito tempo, e que não mudam os sentimentos enquanto não se vingam.

Para a calma, nós damos como oposto mais o excesso do que a deficiência, porque o excesso é mais comum (o desejo de se vingar é um sentimento mais natural ao homem), e também porque os caráteres difíceis são mais difíceis em se adaptar.

O que nós indicamos em nossas análises precedentes torna-se mais evidente pelo que vamos dizer agora, a saber, que não é fácil determinar como, com quais pessoas, por quais motivos e durante quanto tempo se deve estar em cólera, e até que ponto preciso, agindo assim, cessa razão e começa a culpa.

Com efeito, uma ligeira transgressão do limite permitido não é censurável, quer se produza do lado do mais ou do lado do menos; assim, às vezes, nós elogiamos aqueles que tendem à deficiência, e os qualificamos de **[1126b]** bem-humorados, e, por outro lado, nós elogiamos os caráteres difíceis por sua virilidade e aptidão ao comando de outras pessoas. Portanto, não é fácil definir quanto e de que maneira é preciso ultrapassar o justo limite sem incorrer à censura, pois isso está no domínio individual e na percepção. Mas o que é menos claro, é o elogio que merece o meio-termo, segundo o qual nós nos encolerizamos com as pessoas que é preciso, por coisas que valem a pena, da maneira que convém, e assim por diante, e que, por outro lado, o excesso e a deficiência são igualmente censuráveis e, nesse caso, censura leve, se presentes em pequeno grau, e mais acentuada, se a cólera é maior. É evidente, então, que é do meio-termo que devemos nos aproximar. Quanto às disposições relativas à cólera, elas foram estudadas de modo suficiente.

Nas relações diárias, na vida em sociedade e no comércio de palavras e atos algumas são consideradas como pessoas que, para ser agradáveis, se comprazem com tudo aprovar e jamais opõem resistência, julgando que para elas é um dever evitar qualquer contrariedade ao seu redor. E aqueles que, contrários aos precedentes, relevam as dificuldades de todas as coisas, sem se preocupar em causar dor ao outro, são qualificados de grosseiros e argutos. É evidente que as disposições das quais nós acabamos de falar são censuráveis, e que a posição intermediária entre estes estados é, ao contrário, digna de elogio, pois é ela que nos fará acolher, e semelhantemente incitar, o que é preciso e do modo que é preciso. Mas nenhum nome foi atribuído a essa disposição, embora ela tenha a maior semelhança com a amizade, pois aquele que corresponde a essa disposição intermediária é esse tipo de homens que nós ouvimos ser designado pela expressão de bom amigo, e acrescente-se aí a afeição. Todavia, essa disposição difere da amizade naquilo que é isenta de paixão e de afeição para aqueles com os quais tratamos, pois não é por amor ou por ódio que se acolhem todas as coisas como se deve, mas porque é constituído desse modo. De fato, se se tratasse de desconhecidos ou de pessoas conhecidas, de familiares ou de estranhos, agir-se-ia da mesma maneira, exceto em adaptar-se à diversidade do caso, pois não se poderia ter a mesma solicitude para os familiares ou estranhos, nem também tratar igualmente as dores que podem ser causadas por elas.

Nós dissemos, em termos gerais, que o homem desse tipo se comportará em suas relações com o outro como ele deve se comportar; mas referindo-se ao que é honroso e que não visa a causar dor ou prazer, já que se entende que se trata aqui de prazeres e de dores que se produzem na vida em sociedade; e nos casos onde é desonroso ou prejudicial para o homem de que nós falamos contribuir para o prazer, ele se recusará com indignação e preferirá causar a dor. Por outro lado, se a aprovação quanto ao ato de outro traz desonra ou uma culpa qualquer, portanto sua oposição só pode lhe causar uma dor passageira, ele não concordará, mas se oporá a tal ato.

E, em suas relações sociais, ele tratará de modo diferente as pessoas de nível elevado e as pessoas comuns, assim como **[1127a]** as pessoas que são mais ou menos suas conhecidas (ele terá igual respeito pelas outras distinções, dando a cada classe de indivíduos o que lhe é devido). E se ele considera preferível para si proporcionar o prazer e evitar causar o sofrimento, de fato ele se guiará pelas consequências, se elas forem mais fortes, isto é, pela honra e pela conveniência. E para oferecer um grande prazer no futuro, ele causará uma dor ligeira no presente.

Tal é então o homem que ocupa o meio-termo, todavia sem possuir uma designação especial. Daqueles que causam prazer aos outros, aquele que visa unicamente a agradar sem perseguir nenhum outro fim, são obsequiosos, e aquele que age assim pela vantagem que ele tira, seja em dinheiro, seja pelo que o dinheiro pode comprar, estes são bajuladores. Aquele que, ao contrário, se opõe em toda ocasião é, como nós dissemos, um homem grosseiro e arguto. E os extremos parecem ser opostos um ao outro, pelo fato que o meio-termo não possui um nome.

Em uma esfera igual, encontra-se ainda o meio-termo, oposto ao mesmo tempo à pretensão, que também não recebeu um nome. Mas não é ruim aprofundar também as disposições desse gênero, pois nós conheceremos melhor os fatos no que diz respeito aos caráteres após ter passado em vista cada uma de suas manifestações, e adquiriremos, além disso, a convicção de que as virtudes são os meios-termos, se virmos que é assim em todos os casos.

Na vida em sociedade, os homens que têm em vista causar prazer ou dor àqueles com quem convivem, já foram estudados. Falemos agora daqueles que buscam a verdade ou a mentira tanto em seus discursos quanto em seus atos, assim como em suas pretensões. De um modo geral, o pretencioso é um homem que se atribui qualidades suscetíveis de atrair reputação, mesmo não as possuindo, ou ainda qualidades maiores do que elas de fato são; de maneira inversa, o reticente recusa as qualidades que ele possui e as atenua; enfim, aquele que se mantém no meio--termo é ao mesmo tempo sincero em **(25)** sua vida e em suas palavras, e reconhece a existência de suas próprias qualidades, sem nada acrescentar ou retirar.

A sinceridade e a falsidade podem, ambas, serem praticadas quer em vista de um fim determinado, quer sem qualquer fim. Mas em todo homem, o verdadeiro caráter se revela em como ele fala, age e na maneira que vive todas as vezes que ele não age em vista de um fim. E em si mesma, a falsidade é uma **(30)** coisa baixa e censurável, e a verdade é algo nobre e digno de elogio. Assim, o homem sincero, que se mantém em meio a dois opostos, merece o elogio, enquanto o homem falso, tanto em um sentido como em outro, é um ser censurável, mas mais particularmente o pretencioso. Tratemos então do homem verdadeiro e do homem falso, começando pelo primeiro.

Nós não falamos aqui de boa fé nos contratos, nem nas questões que se relacionam à justiça e à injustiça (pois essas coisas devem **[1127b]** revelar outra virtude); nós falamos do caso onde nenhuma consideração desse tipo ocorre, um homem é verídico em suas palavras e em sua vida por que tal é a disposição habitual de seu caráter. Pode-se pensar que um homem assim é um homem de bem, pois aquele que ama a verdade e se mostra sincero mesmo nas coisas sem importância será, **(5)** por mais forte razão ainda, sincero nos casos onde se apresenta uma questão de justiça. Ele evitará, então, a falsidade como uma ação vergonhosa, pois já se desviava dela pelo o que ela é em si mesma, e um homem assim merece elogios. Ele terá mais tendência a permanecer acima da verdade, e essa é uma atitude que, evidentemente, é de melhor tom, uma vez que os exageros são desagradáveis.

Quanto ao homem que tem pretensões que ultrapassam a realidade de seus próprios méritos, não tendo nenhum fim em vista, ele aparece como um ser desprezível (de outro modo ele não se comprazeria em mentir), mas ele dá, no entanto, a impressão de ser mais fútil do que mau. Suponhamos agora que ele agisse para um fim determinado; se é em vista da glória ou da honra, não existem censuras (é precisamente o caso do pretencioso), mas se é em vista do dinheiro ou de um interesse pecuniário, sua conduta é então mais vergonhosa. Por outro lado, não é a simples potencialidade que faz o pretencioso, mas a escolha deliberada, pois é em razão da disposição de seu caráter que ele é um homem de tal natureza. As mesmas distinções no que diz respeito ao mentiroso, um é mentiroso porque ama a mentira pela mentira, outro pelo desejo da glória e do ganho. Ora, aqueles que são pretenciosos em vista de adquirir a reputação atribuem a si mesmos qualidades que podem suscitar elogios ou louvores, mas aqueles que buscam o benefício material, afirmam qualidades das quais quem está a sua volta se aproveita, e que, além disso, a ausência passa facilmente despercebida, como por exemplo, o talento de um adivinho, de um sábio ou de um médico. É por isso que as qualidades desse tipo são aquelas que a maioria dos pretenciosos se dá, e fazem objeto de suas jactâncias, pois se acha neles o que nós acabamos de descrever.

Os homens reticentes, que só falam de si mesmos atenuando a verdade, parecem mais simpáticos (pois se julga que eles não falam em vista do ganho, mas que eles fogem da ostentação). E também aqui as qualidades que eles declaram não possuir, segundo a maneira de fazer de Sócrates, são as que trazem boa reputação. Aqueles que negam possuir qualidades sem importância ou qualidade que manifestadamente possuem, são chamados impostores, e são por isso desprezíveis (às vezes isso possui uma aparência de pretensão, como a vestimenta dos Lacedemônios, pois o excesso, assim como a deficiência, possuem algo de pretencioso). Mas aqueles que usam com moderação a reticência e subestimam as qualidades não muito aparentes, aparecem como homens distintos. Enfim, o pretencioso parece ser oposto do homem sincero, pois ele é pior que o reticente.

Como existem também momentos de repouso em uma existência, e uma forma desse repouso consiste no lazer acompanhado de divertimento, nesse domínio parece existir igualmente um certo bom gosto **[1128a]** nas relações sociais, que determina quais tipos de propósito é nosso dever manter e como expressá-los. Existirá a respeito disso uma diferença segundo a qualidade dos interlocutores aos quais nós nos dirigimos, e nessas questões também pode existir o excesso e a deficiência em relação ao meio-termo.

Aqueles que exageram no que diz respeito à zombaria são considerados como palhaços vulgares, levados pelo desejo de serem jocosos a qualquer preço, e visando mais a provocar o riso do que observar o decoro em seus discursos, nem evitam causar um mal-estar com suas brincadeiras. Aqueles que, ao contrário, não podem nem proferir a menor zombaria nem suportar os que fazem são tidos por grosseiros e mal-humorados. Quanto àqueles que agradam com bom gosto, eles são aqueles a quem chamamos espirituosos ou, se se deseja, pessoas com o espírito em alerta, pois tais traços parecem ser movimentos do caráter, e nós julgamos o caráter dos homens como nós julgamos seu corpo, por seus movimentos.

Mas como o gosto pela zombaria é mais generalizado, e a maioria das pessoas se revela nas brincadeiras mais do que deveriam, mesmo os palhaços são chamados espirituosos, e se passam por pessoas de bom tom; mas o que dissemos anteriormente manifesta que eles são diferentes dos espirituosos.

A disposição de caráter que ocupa o meio-termo é marcada ainda pelo tato. É próprio de um homem de tato dizer e escutar somente as coisas que estão de acordo com a natureza do homem virtuoso e livre, pois existem certas coisas que convêm a um homem deste tipo dizer ou ouvir pelo hábito da zombaria, e a zombaria **(20)** de um homem livre é diferente daquela do homem de uma natureza servil, assim como um homem bem educado difere de um homem sem educação. É possível dar-se conta dessa diferença comparando as comédias antigas e as novas: para os antigos autores cômicos, era a obscenidade que fazia rir, **(25)** enquanto que, para os novos autores, são sobretudo as sutilezas, e no que dizem, ambos diferem muito.

Nessas condições, devemos definir o zombador bem educado, dizendo que suas zombarias não são jamais impróprias ao julgamento de um homem livre, ou devemos dizer que é porque ele evita entristecer aquele que o escuta, ou mesmo que ele se esforça em regozijar? Mas essa última definição não leva a algo bem vago, visto que o que ama e o que detesta varia com os indivíduos? Tal será também a natureza das zombarias que o zombador de bom tom escutará, pois as brincadeiras que ele suporta ouvir são também aquelas que ele acha bom que ele mesmo faça. Ele não lançará, então, **(30)** ultrajes que são proibidos pelo legislador. Assim, então, o homem livre e bem-educado se comportará como nós indicamos, sendo de alguma forma a sua própria lei.

Tal é então o caráter daquele que se mantém no meio-termo, que é chamado homem de tato ou homem espirituoso. O troçador, por outro lado, é aquele que é escravo de seu gosto pela zombaria, **(35)** não poupando nem ele nem os outros, quando se trata de fazer rir, e tendo propósitos que um homem bem-educado jamais teria, os quais ele mesmo não gostaria **[1128b]** de escutar. Quanto ao grosseiro, ele é absolutamente impróprio às conversas desse tipo, pois não contribui em nada e critica tudo, e, no entanto, o lazer e a diversão são considerados um elemento essencial da existência.

Nós mencionamos assim três modos de observar o meio-termo no que diz respeito à vida **(5)**, e todos têm relação recíproca com as palavras e as ações. Eles, no entanto, se diferem por um relacionar-se com verdade, e os dois outros com o prazer. Desses dois últimos, o primeiro se manifesta nos gracejos, e o segundo nas relações sociais em geral.

No que diz respeito à modéstia, não convém falar dela como uma virtude, pois ela parece mais a uma afeição do que a uma disposição de caráter. Da mesma maneira, ela é definida como um tipo de temor da desonra, e ela produz efeitos semelhantes àqueles que provocam o temor ao perigo: enrubesce-se, com efeito, quando se tem vergonha, e torna-se pálido quando se teme por sua vida. Tanto em um caso como em outro, parece tratar-se de alguma coisa corporal, que é comumente admitido mais como uma afeição do que uma disposição de caráter.

A afeição em questão não convém a todas as idades, mas somente à juventude. Nós pensamos que os jovens se envergonham porque vivem sob o domínio da paixão, e por isso eles cometem muitos erros, cuja vergonha pode contê-los; e nós elogiamos os jovens quando eles são modestos, enquanto não se elogiaria jamais uma pessoa mais velha pela mesma razão, pois nós pensamos que ela tem o dever de não fazer nada que possa causar vergonha. Um homem virtuoso, de fato, jamais sente vergonha, se é verdade que ela surge junto com as ações más, (já que não se deve praticar tais ações, e mesmo admitindo que algumas dentre elas sejam vergonhosas em si mesmas, e que outras sejam somente aos olhos da opinião, essa distinção não importa em nada aqui, pois tanto umas quanto as outras devem ser evitadas, e por consequência nós não experimentamos a vergonha); e a vergonha é própria de um homem mau, e ela deve-se ao fato de que ele é de uma natureza capaz de realizar alguma ação vergonhosa.

É absurdo alguém pensar ser bom, de tal maneira que sinta vergonha se uma ação desse tipo é cometida, e pensar que por causa disto se é um homem bom, pois é pelas ações voluntárias que a vergonha é sentida, e o homem bom jamais cometerá voluntariamente ações más. A vergonha pode, entretanto, ser um ato de virtude, **(30)** se um homem bom, que tenha cometido um ato vil, experimentasse em seguida a vergonha; mas isso não se pode produzir no domínio da virtude. E se a impudência, ou dito de outra forma, o fato de não ter vergonha para realizar ações vergonhosas, é uma coisa vil, dela resulta que sentir vergonha quando se realiza más ações seja um ato virtuoso. Nem mesmo a continência é uma virtude, mas é uma mistura **(35)** de virtude e vício. Nós mostraremos isso na sequência. Agora, falemos da justiça.

LIVRO V

[1129a] Deve-se observar, a respeito da justiça e da injustiça, com que tipo de ações elas se relacionam e em que sentido a justiça é um meio-termo, e entre os extremos, o ato justo é um meio-termo. O nosso exame será de acordo com a mesma investigação do que já foi dito.

Vemos que todos compreendem a justiça como uma disposição de caráter pela qual os homens praticam coisas que são justas, e pela qual agem de maneira justa e desejam coisas justas; do mesmo modo também em relação à injustiça, pela qual agem de maneira injusta e desejam coisas injustas. Por isso nós também, em linhas gerais, tomaremos isso como correto. De fato, o que ocorre em relação às ciências e às potências não é o mesmo que em relação às disposições de caráter. Pois uma potência ou uma ciência parecem ser a mesma coisa e se relacionam com os contrários, mas uma disposição de caráter, que é um de dois contrários, não resulta em contrários. Por exemplo, a partir da saúde não são produzidas coisas contrárias à saúde, mas apenas coisas saudáveis, pois nós dizemos que alguém caminha de modo saudável quando caminha como se fosse saudável.

Assim, muitas vezes a disposição contrária é identificada a partir da coisa contrária, e muitas vezes as disposições são reconhecidas por aqueles que as manifestam, pois se o bom estado do corpo é reconhecido, o mal estado também é reconhecido; o bom estado é reconhecido a partir das coisas saudáveis, e as coisas saudáveis a partir delas. Assim, se o bom estado é a rigidez da carne, é necessário também que o mal estado seja a flacidez da carne, e o saudável o que torna rígida a carne. E segue-se que, de modo geral, se um dos dois for dito de várias maneiras, **(25)** o outro também será dito de muitas maneiras, por exemplo, se o "justo" é dito de várias maneiras, o "injusto" também o será.

Parece que os termos justiça e injustiça são ditos de muitas maneiras, mas, pelo fato de serem muito próximos, a ambiguidade deles passa despercebida, mas onde os significados se afastam muito uns dos outros, por comparação, a ambiguidade é mais evidente, (pois a diferença é grande, segundo forma), como, por exemplo, quando se diz "*kleís*" (*chave*), **(30)** que é o mesmo tanto para o pescoço dos animais quanto para a fechadura da porta. Tomemos, como ponto de partida, em quantos sentidos o "injusto" é dito. Parece que o homem que transgride a lei, assim como o ganancioso e o ímprobo, são ambos injustos, de modo que é evidente que o que segue a lei e o homem honesto, são justos. O "justo", então, é o que respeita a lei e é probo, e o injusto é o que não respeita a lei é ímprobo.

[1129b] E, uma vez que o homem injusto é o que tem mais que o devido, ele será injusto em relação aos bens, mas não todos os bens, mas aqueles que dizem respeito à prosperidade e ao infortúnio, os quais geralmente são considerados sempre bens, mas não são sempre para uma pessoa em particular. Ora, estas são as coisas que os homens almejam e perseguem, **(5)** embora eles não devessem fazer isso. Deveriam, primeiramente, fazer preces para que as coisas boas em absoluto sejam boas para eles, e escolher essas coisas que são boas.

O homem injusto não escolhe sempre o maior, mas também o menor, em relação às coisas que são más em absoluto; mas, como o menor mal parece ser, de algum modo, um bem, e é para o bem que se dirige a ganância, ele parece, **(10)** por isso, ser um homem ganancioso. E ele é também iníquo, pois ela engloba as outras e é comum a elas.

E visto que o que transgride a lei era injusto, o que segue a lei é justo, é evidente que todas as ações legítimas são, de algum modo, justas, pois as ações legítimas são definidas por quem é hábil em legislar, e cada uma delas, afirmamos, é justa. Nas disposições que tocam todos os assuntos, as leis visam à vantagem comum, **(15)** visando ou ao bem de todos, ou dos melhores, ou dos que detêm o poder, ou algo desse tipo, tal que, de certo modo, chamamos ações justas as que produzem e conservam a felicidade com as suas partes, pela comunidade política. **(20)** Mas as leis prescrevem fazer ações de coragem, por exemplo, não deixar o posto, nem fugir, nem abandonar as armas; e também as ações do homem temperante, por exemplo, não cometer adultério, nem ser insolente; e as ações do homem calmo, por exemplo, não ferir nem difamar; e de modo semelhante no que diz respeito às outras virtudes e vícios, incitando certos atos e proibindo outros; a lei estabelecida corretamente faz isto corretamente, enquanto as leis estabelecidas no calor do momento não o fazem.

Assim, **(25)** essa espécie de justiça é uma virtude completa, não em absoluto, mas em relação ao outro. Por isso também a justiça parece ser às vezes a mais forte dentre as virtudes, e nem a "*estrela da noite*", nem a "*estrela da manhã*"[16] são assim admiráveis. Digamos, tal como citado no provérbio: "*Na justiça se encontra, em suma, toda a virtude*"[17] e ela **(30)** é a virtude mais perfeita, porque é o uso da virtude completa. Ela é completa porque aquele que a possui é capaz também de fazer uso da virtude ao outro, e não somente a si próprio; de fato, muitos são capazes de fazer uso da virtude em assuntos particulares, **[1130a]** naqueles que, em relação ao outro, são incapazes. E por isso parece ser verdadeiro o dito de Bias, "o poder revelará o homem", pois quem comanda está em relação com os outros e torna-se membro da sociedade.

---

[16] Eurípedes, fragmento 486 de *Melanipa*.
[17] Teógnis, *Elegias*, 147.

E por isso mesmo a justiça, única dentre as virtudes, parece ser o "*bem de um outro*",[18] porque ela está em relação **(5)** ao outro, fazendo coisas úteis ao outro, quer ao arconte, quer ao companheiro. Assim, o pior dos homens é o que faz uso da maldade tanto contra a si próprio quanto contra os amigos, e o melhor não é o que faz uso da virtude para si mesmo, mas para o outro, e esta é uma tarefa difícil.

Assim, a justiça não é uma parte da virtude, mas **(10)** é a virtude inteira, e a injustiça, pelo contrário, não é uma parte do vício, mas o vício inteiro. O que difere a virtude e essa injustiça é evidente a partir do que foi dito: elas são de mesma qualidade, mas sua essência é diferente; o que é em relação ao outro é justiça, como uma disposição de caráter e em si mesmo, é virtude.

Mas nós procuramos a justiça como uma parte da virtude, pois, como afirmamos, existe **(15)** tal justiça. E de modo semelhante a respeito da parte da injustiça. Existe um indício de que aquele que mostra por seus atos as outras formas de maldade comete injustiça, mas não ganânciosamente (por exemplo, o homem que joga o seu escudo por covardia, que fala duramente por mau humor, ou não contribuiu com o dinheiro **(20)** a um amigo por mesquinhez). E o ganancioso, por outro lado, muitas vezes não mostra nenhum destes vícios, nem todos juntos, mas sem dúvida mostra certo tipo de maldade (que de fato condenamos), e de injustiça. Existe, portanto, outra espécie de injustiça, como parte de uma inteira, e um sentido de "injusto" que é uma parte do injusto em sentido abrangente de "contrário à lei".

Por outro lado, se aquele que comete adultério visando ao lucro **(25)** e ganha dinheiro com isso, **(25)**, e o outro age assim por apetite, perde dinheiro e sofre com seu ato, este pareceria ser mais intemperante do que ganancioso, e

---

[18] Platão, *República*, 343.

o primeiro é injusto, mas não é intemperante. É evidente que ele é injusto por lucrar com seu ato. E ainda todos os outros atos injustos tornam-se sempre referência a um certo tipo maldade, por exemplo, se cometeu adultério, por intemperança, se deixou para trás o companheiro, por covardia; se golpeou, por raiva; mas se tira proveito de sua ação, essa não tem nenhuma relação com a maldade, mas com a injustiça. De modo que é claro que existe uma espécie de injustiça, além de toda outra, que é uma parte e tem o mesmo nome, porque a definição está no mesmo gênero. **[1130b]** De fato, ambas possuem nelas o poder em relação ao outro, mas uma no tocante à honra, ao dinheiro ou à salvação — ou se déssemos qualquer nome que abarque essas coisas — e seu motivo é o prazer originado do ganho, enquanto a outra a respeito de todas as outras coisas relativas ao homem bom.

É evidente que existem diversas espécies de justiça, e uma delas se distingue da virtude, no sentido mais abrangente do termo. O que ela é, e qual a sua qualidade, é o que se deve compreender.

O injusto foi dividido em ilegítimo e ímprobo, e o justo, em legítimo e probo. O ilegítimo corresponde à injustiça que foi dita anteriormente. E visto que o ilegítimo e o ímprobo não são o mesmo, mas diferentes, como uma parte em relação ao todo, (pois todo ímprobo é ilegítimo, mas o ilegítimo não é de todo ímprobo), e o injusto e a injustiça, no sentido de improbidade, não são a mesma coisa, mas diferem-se dos primeiros, como a parte do todo. Assim, a injustiça é uma parte da injustiça em um sentido abrangente, e semelhantemente também a justiça da justiça. Portanto, deve-se falar da justiça e da injustiça particulares e do justo e do injusto da mesma maneira.

Quanto à justiça que corresponde à virtude completa, e à injustiça correspondente, sendo uma delas o uso da virtude completa, e a outra, a do vício completo, podemos deixá-las de lado. Quanto ao justo e ao injusto que lhes correspondem, é evidente que **(20)** se deve distingui-los, pois muitas das ações legítimas são prescritas a partir da virtude completa. De fato, a lei prescreve todas as virtudes e proíbe qualquer vício **(25)**. E as coisas capazes de produzir a virtude completa são as ações que foram ordenadas pela lei visando à educação e ao bem comum. Quanto à educação de cada indivíduo, educação que torna um homem bom em si, isso será examinado mais tarde, se acaso é da política ou de outra arte, pois talvez não seja a mesma coisa ser um homem bom e ser um bom cidadão em qualquer cidade-estado.

(30) Da justiça particular e do justo que lhe corresponde, existe uma espécie que se manifesta nas distribuições das honras, do dinheiro, ou das outras coisas que são divididas aos que participam da comunidade política (pois nelas é possível ser tanto ímprobo quanto probo, um diferente do outro); a outra espécie é a que tem um papel corretivo nas **[1131a]** transações entre os indivíduos. E existem duas partes, pois dentre as transações umas são voluntárias e outras involuntárias: as voluntárias são, por exemplo, as compras e vendas, um empréstimo para consumo, as penhoras, um empréstimo para uso, um depósito, uma locação (e são chamadas voluntárias porque o princípio **(5)** de suas transações é voluntário); quanto aos atos involuntários, as ações são clandestinas, por exemplo, o furto, o adultério, o envenenamento, o proxenetismo, o aliciamento de escravos, o assassinato por traição, o falso testemunho; e outras são as ações violentas, por exemplo: os insultos, o sequestro, o assassinato, o roubo, a mutilação, a difamação e o ultraje.

(10) E visto que tanto o homem injusto quanto o ato injusto são ímprobos ou iníquos, é evidente que existe também algum meio-termo entre esses dois tipos de desigualdade. Ora, esse meio-termo é a equidade, pois em toda espécie de ação que admite o mais e o menos, existe também o igual. Então, se o injusto **(15)** é iníquo, o justo é equitativo, e isso é, sem dúvida, uma opinião unânime. E visto que o igual é intermediário, o justo será o meio-termo.

Ora, a igualdade supõe ao menos dois termos. Resulta disso que, necessariamente, não somente o justo é ao mesmo tempo intermediário, igual, e também relativo, isto é, justo para algumas pessoas, mas também, enquanto intermediário, ele está entre certos extremos (que são o maior e o menor), e enquanto igual, ele supõe duas coisas que são iguais, enquanto que o justo supõe algumas pessoas, para as quais ele é justo. O justo implica então necessariamente ao menos quatro termos: as pessoas para as quais ele é de fato justo, e que são duas, e as coisas **(20)** nas quais ele se manifesta, que são igualmente duas. E será a mesma igualdade para as pessoas e para as coisas, pois a relação que existe entre esses últimos, a saber, as coisas envolvidas, é também aquela que existe entre as pessoas. Se, com efeito, as pessoas não são iguais, elas não terão partes iguais; mas as contestações e as queixas nascem quando, sendo iguais, as pessoas recebem partes **(25)** desiguais, ou quando as pessoas desiguais recebem partes iguais. Isso ainda pode ser mostrado pelo fato de que as distribuições levam em conta o mérito das pessoas. Todos os homens reconhecem, de fato, que a justiça na distribuição deve se basear em algum tipo de mérito, mesmo que todos não designem o mesmo tipo mérito; os democratas o relacionam a uma condição livre, os partidários da oligarquia, com a riqueza, ou com nobreza da raça, e os defensores da aristocracia, com a excelência.

O justo é, **(30)** por consequência, um tipo de proporção (pois a proporção não é somente uma propriedade de um número formado de unidades abstratas, mas do número em geral); a proporção, de fato, é uma igualdade de relações e supõe ao menos quatro termos (que a proporção descontínua implica quatro termos, isso é evidente, mas não ocorre o mesmo quanto à proporção contínua, já que ele emprega um único termo como se existissem dois, e ela o menciona duas vezes **[1131b]**, por exemplo, a linha A está para a linha B assim como a linha B o é para a linha C; a linha B é então mencionada duas vezes, e, por ser colocada em duas posições, existem quatro termos proporcionais). E o justo, então, implica ao menos quatro termos, e a relação entre o primeiro par de termos é o mesmo, que é aquela que existe entre o segundo par, pois a divisão se efetua de uma maneira semelhante entre as pessoas e as coisas. Assim como termo A está para B, o termo C está para D; por inversão, assim como A é para C, B está para D; e, por consequência, também a relação é a mesma para o total em relação ao total. Ora, combinação é efetuada pela distribuição das partes, e se os termos estão dessa maneira juntos, a combinação é efetuada em acordo com a justiça. Assim, a combinação do termo A com o termo C, e do B com o D, constitui o justo na distribuição, e o justo é um meio-termo, e o injusto, o que vai contra a proporção, já que a proporção é intermediária, e o justo é proporcional. Os matemáticos designam a proporção desse tipo de geométrica, pois a proporção geométrica é aquela na qual o total está para o total na mesma relação que cada um dos dois termos ao termo correspondente. Mas a proporção da justiça distributiva não é uma proporção contínua, pois não pode existir um termo numericamente único para uma pessoa e para uma coisa.

Assim, o justo é proporcional, e o injusto o que está fora da proporção. O injusto pode então ser quer o muito, quer o pouco, e é ai que é produzido efetivamente, já que aquele que comete uma injustiça tem o excesso, e aquele que sofre uma injustiça tem muito pouco do que é bom. Quando se trata do mal, é o inverso, pois o menor mal, comparado ao mal maior, afigura-se ao bem, já que o mal menor é preferível ao mal maior. Ora, o que é digno de escolha é um bem, e o que é mais preferível, um bem maior ainda.

Tem-se então uma primeira espécie de justo. A outra, única que resta, é a justiça corretiva, que intervém nas transações, sejam elas voluntárias ou involuntárias. Essa forma de justo possui um caráter específico, diferente do precedente, pois a justiça que distribui os bens públicos é exercida sempre segundo a proporção de que nós falamos (visto que a distribuição é efetuada a partir das riquezas **(30)** comuns, ela seguirá a mesma proporção que presidiu as respectivas relações dos membros da comunidade, e a injustiça, oposta a essa forma de justiça, e o que está fora de tal proporção). Ao contrário, a justiça nas transações privadas **[1132a]** é completamente um tipo de igualdade, e a injustiça um tipo de desigualdade; entretanto, não segundo essa proporção, mas segundo a proporção aritmética. Não importa, de fato, que seja um homem bom que tenha despojado um homem desonesto, ou um desonesto um homem bom, ou ainda que um adultério tenha sido cometido por um homem bom ou por um homem mau: a lei apenas **(5)** tem relação com o caráter distintivo do erro causado, e trata as partes com igualdade, se perguntando somente se uma a cometeu e a outra sofreu, ou se uma é autora e a outra vítima de uma falta. Por consequência, essa injustiça da qual falamos, consistindo numa espécie de desigualdade, o juiz se esforça para estabelecer nela a igualdade, pois quando um foi ferido e o outro é o autor desse ferimento, ou quando um matou e o outro foi morto, o sentimento e a ação foram divididos em partes desiguais, mas o juiz se esforça, por meio do castigo, em estabelecer a igualdade, levando uma parte do ganho do **(10)** acusado. O termo "ganho", para os casos desse tipo, é aplicado indistintamente, mesmo se ele não é apropriado em algumas situações, por exemplo, para a pessoa que causou um ferimento, o termo "perda" é o mais apropriado para a vítima, mas, de todo modo, quando o estrago sofrido foi avaliado, pode-se falar de perda e ganho.

(15) Por consequência, o igual é intermediário entre o maior e o menor, mas o ganho e a perda são respectivamente maior e menor em sentidos opostos, maior quantidade de bem e menor mal, é ganho, o contrário, perda; e o intermediário entre os dois nós dissemos que é o igual, que identificamos com o justo; por consequência a justiça corretiva será o intermediário entre uma perda e um ganho.

É por isso também que no caso de uma contestação, recorre-se ao juiz. Ir diante do juiz é ir diante da justiça, pois o juiz tende a ser como a justiça viva, e procura-se no juiz um meio-termo (em algumas regiões os juízes são chamados de mediadores), pensando que, ao obter o que é o meio-termo, obter-se-á o que é justo. Assim, o justo é um tipo de meio-termo, se é verdade que o juiz também o é.

O juiz, então, restaura a igualdade. Ele é, nesse contexto, como uma linha dividida em dois segmentos desiguais: ao segmento mais longo, o juiz remove essa parte que excede a metade da linha inteira e a junta ao segmento mais curto; e quando o total foi dividido em duas metades é então que os litigantes declaram que eles obtêm aquilo que lhes é próprio, isto é, quando eles receberam o igual. E o igual é o meio-termo entre o que é maior e o que é menor, segundo a proporção aritmética. É por essa razão também que recebe o nome de justo (*díkaion*), porque ele é uma divisão em duas partes iguais (*díkha*), e é como se dissesse *díkaion*, e o juiz (*dikastés*) é um homem que divide em dois (*dikhastés*). Quando, de fato, duas coisas iguais são removidas para se acrescentar à outra, essa coisa supera a primeira duas vezes, já que, se o que foi removido de uma não **[1132b]** fosse acrescido à outra, a diferença seria de um só; essa segunda coisa, então, excede o meio-termo apenas em uma parte, e o meio-termo excede a primeira, da qual foi tomada alguma coisa. Esse processo nos permitirá assim conhecer ao mesmo tempo qual porção do que tem mais é preciso remover, e qual porção é preciso acrescentar ao que tem menos; e a esse acrescentaremos a quantidade cujo intermediário o ultrapasse, e removeremos do que é maior a quantidade cujo meio-termo ultrapassou. Sejam as linhas AA', BB', CC' iguais entre elas; da linha AA', admitimos que se subtraia o segmento AE, e que se acrescente à linha CC' o seguimento CD, de modo que toda a linha DCC' ultrapasse a linha EA' pelos seguimentos CD e CF; por conseguinte, a linha DCC' ultrapassa BB' pelo seguimento CD.

As denominações em questão, a saber, a perda e o ganho, provêm da noção de trocas voluntárias. Nesse domínio, de fato, ter mais que a parte que nos cabe chama-se ganhar, e ter menos do que se tinha no início, perder (e é o que se passa na compra, na venda e em todas as transações onde a lei dá liberdade aos que contratam). Quando, ao contrário, as transações não trazem consigo nem o enriquecimento nem o empobrecimento, mas apenas exatamente o que eles já tinham, eles dizem que eles têm aquilo que lhes é próprio, e não há nem perda, nem ganho.

Assim, o justo é o meio-termo entre um tipo de ganho e um tipo de perda nas transações não voluntárias, e ele consiste em possuir depois uma quantidade igual a que se tinha antes.

Na opinião de alguns, é a reciprocidade que constitui pura e simplesmente a justiça. Tal era a doutrina dos pitagóricos, que definiam a justiça simplesmente como sendo a reciprocidade. Mas a reciprocidade não coincide nem com a justiça distributiva, nem mesmo com a justiça corretiva, se bem que se queira normalmente dar esse sentido à justiça de Radamanto —

"Se alguém sofrer o mesmo que fez aos outros,
a justiça será, então, imparcial".

De fato, frequentemente a reciprocidade e a justiça corretiva estão em desacordo, por exemplo, se um homem investido de uma magistratura bate em um indivíduo, este, por sua vez, não deve revidar, mas se um indivíduo bate em um magistrado, este não deve apenas revidar, mas receber uma punição. Além disso, entre o ato voluntário e o ato involuntário existe uma grande diferença, mas, nas relações de troca, a justiça sob a forma de reciprocidade não é o que assegura a coesão dos homens, pois a reciprocidade é baseada em uma proporção, e não em uma igualdade estrita, e é essa reciprocidade que faz com que a cidade subsista. Os homens procuram responder o mal com o mal, (caso contrário eles se consideram em estado **[1133a]** de escravidão), e respondendo o bem com o bem, (caso contrário nenhuma troca acontece, enquanto que é pela troca que se faz a coesão dos cidadãos). E é por isso que um Templo das Graças é levantado em praça pública, para lembrar a ideia de retribuição, que é efetivamente um caráter próprio da graça, visto que é um dever não somente de servir por servir aquele que se mostrou amável para nós, mais ainda tomar a iniciativa em lhe fazer o mesmo.

Ora, a reciprocidade, eu compreendo que ela seja proporcional, e é realizada pela conjunção cruzada, seja, por exemplo, A um arquiteto, B um sapateiro, C uma casa e D um sapato; é preciso fazer de modo que o arquiteto receba do sapateiro o produto do trabalho deste, e lhe dê em troca seu próprio trabalho. Se, antes de tudo, se estabeleceu a igualdade proporcional dos produtos e em sequência ocorreu a troca recíproca, a solução será obtida; se não for assim, a troca não será igual e nem se manterá, visto que nada impede que o trabalho de um não tenha um valor superior ao do outro, e é aí que uma igualdade se torna indispensável.

E acontece o mesmo em outras artes, pois elas desapareceriam se o que o elemento passivo sofre não fosse o que o elemento ativo produzisse ao mesmo tempo em quantidade e em qualidade. De fato, não é entre dois médicos que nasce uma comunidade de interesses, mas entre um médico, por exemplo, e um agricultor e, de uma maneira geral, entre pessoas diferentes e desiguais, o que é preciso então equalizar. É por isso que todas as coisas que são objetos de transação devem ser de algum modo comensuráveis entre elas, e é com esse fim que o dinheiro é introduzido, tornando-se um tipo de meio-termo, pois ele mede todas as coisas e, por consequência, também o excesso e a deficiência (por exemplo, quantos sapatos equivalem a uma casa ou a tal quantidade de alimentos). Deve-se então haver entre um arquiteto e um sapateiro a mesma relação que entre um número determinado de sapatos e uma casa (ou tal quantidade de alimentos), caso contrário não haverá nem troca nem comunidade de interesses. E essa relação só poderá **(25)** ser estabelecida se entre os bens existir certa igualdade. É então indispensável que todos os bens sejam medidos por um único padrão, como dissemos acima. E esse padrão não é outro, na verdade, do que a procura, que une todas as coisas (pois se os homens não tivessem desejo de nada, ou se suas necessidades não fossem iguais, não existiria mais troca, ou as trocas seriam diferentes); mas o dinheiro se tornou **(30)** um tipo de substituto da procura, e isso por convenção, e é, aliás, por essa razão que o dinheiro (*nómisma*) recebe esse nome, porque ele existe, não por natureza, mas em virtude da lei (*nómos*), e está em nosso poder mudá-lo ou torná-lo inutilizável.

Então, existirá reciprocidade quando as proporções forem igualadas, de tal modo que a relação entre o agricultor e o sapateiro seja a mesma que entre a obra do sapateiro e a do agricultor. Mas não se deve **[1133b]** colocá-los em proporção uma vez que eles já efetuaram a troca (de outro modo, um dos dois extremos teria dois excedentes ao mesmo tempo), mas quando eles ainda estão em posse de seus bens. É somente desse último modo que eles estão em estado de igualdade e em comunidade de interesses, pois então a igualdade em questão pode se realizar para eles.

Chamemos um cultivador A, certa quantidade de alimento C, um sapateiro B, e o trabalho deste último D, que **(5)** igualamos a C. Se, ao contrário, não houvesse a possibilidade de a reciprocidade ser estabelecida da maneira que nós acabamos de dizer, não existiria comunidade de interesses. De qualquer maneira, é a procura que constitui o laço dessa comunidade de interesses, é uma coisa que claramente resulta do fato de que, na ausência de toda necessidade recíproca, seja da parte dos dois contratantes, seja somente de um deles, nenhuma troca acontece, como é o caso se alguém deseja algo que possuímos, um vinho, por exemplo, enquanto que as facilidades de exportação somente existem para o trigo. Assim se deve realizar uma equalização.

Mas para as trocas eventuais, na hipótese de que nós não temos necessidade de nada no momento, o dinheiro é para nós um tipo de penhor que assegura que a troca será possível quando tal coisa venha a ser necessária. O dinheiro, é verdade, está submisso às mesmas flutuações que os outros bens (pois ele não tem sempre igual valor para a compra); todavia, ele tende a ter uma maior estabilidade. Por isso, todos os bens devem ser previamente estimados em dinheiro, pois desse modo existirá a possibilidade de troca, e, por consequência, a comunidade de interesses entre os homens. O dinheiro, portanto, tendo um papel de medida, torna as coisas comensuráveis entre elas e as leva assim à igualdade, pois não poderia existir nem comunidade de interesses sem troca, nem troca sem igualdade, nem, enfim, igualdade sem comensurabilidade. Se, então, não é possível tornar as coisas muito diferentes comensuráveis entre elas, ao menos, no que diz respeito à procura, pode-se alcançar de modo suficiente, já que tudo se mede em dinheiro.

Chamemos, por exemplo, uma casa A, dez minas B, e uma cama C. O termo A é a metade de B, se a casa vale cinco minas; a cama C é a décima parte de B, e se vê em sequência quantas camas equivalem a uma casa, a saber, cinco. Que tenha existido assim a troca antes da criação do dinheiro, isso é evidente, já que não existe qualquer diferença entre trocar cinco camas por uma casa ou pagar o valor em dinheiro de cinco camas.

Determinamos assim a natureza do justo e do injusto. Das distinções que estabelecemos, resulta claramente que a ação justa é intermediária entre a injustiça cometida e a injustiça sofrida, uma consistindo em ter mais, e a outra menos. A justiça, por sua vez, é um tipo de meio-termo, não do mesmo modo que as outras virtudes, mas no sentido em que ela surge do meio-termo, enquanto que a injustiça surge dos extremos. E a **[1134a]** justiça é uma disposição segundo a qual o homem justo é definido como aquele que está apto a realizar, por escolha deliberada, o que é justo, e quando se trata de efetuar uma divisão, seja entre ele mesmo e outra pessoa, seja entre duas **(5)** outras pessoas, não é homem para atribuir a si mesmo, no bem desejado, uma parte maior para si e uma menor ao seu próximo (ou o inverso, se se trata do que não convém), mas dá a cada um a parte proporcionalmente igual e que lhe convém, e que age da mesma maneira quando a partilha se faz entre terceiros. A injustiça, por outro lado, tem igual relação ao que é injusto, e consiste em um excesso ou uma deficiência desproporcional do que é vantajoso ou prejudicial. É por isso que a injustiça é um excesso e uma deficiência, no sentido que ela é geradora de excesso e **(10)** deficiência — no nosso caso, ela conduz ao excesso do que é vantajoso por natureza, e, no caso de outra pessoa, deficiência do que é prejudicial; se se trata de uma distribuição entre terceiros, o resultado de seu conjunto é o mesmo que no caso precedente, mas a proporção pode ser ultrapassada indiferentemente em um sentido ou em outro. E o ato injusto tem dois lados, do lado menor existe a injustiça sofrida, e do lado maior, a injustiça cometida.

Sobre a justiça e a injustiça e a natureza de cada uma delas **(15)**, isso é tudo que tínhamos para dizer, assim como para o justo e o injusto em geral.

Mas dado que se pode cometer uma injustiça sem ser, no entanto, injusto, quais tipos de atos injustos devem ser realizados para tornar o ser injusto em relação a cada forma de injustiça (por exemplo, um ladrão, um adúltero ou um bandido)? Não diremos que a diferença não tem nada com a natureza do ato. Um homem, de fato, **(20)** poderia ter relações com uma mulher, sabendo quem é, sem que o princípio de seu ato fosse não uma escolha deliberada, mas a paixão. Ele age injustamente, mas não é um homem injusto; do mesmo modo que um homem não é um ladrão, mesmo que tenha roubado, nem um adúltero, mesmo se tiver cometido um adultério, e assim por diante.

(25) A relação entre reciprocidade e justiça já foi estudada anteriormente, mas não devemos esquecer que o objeto de nossa investigação não é somente o justo no sentido absoluto, mas ainda a justiça política. Essa forma de justiça é aquela que se encontra entre as pessoas que vivem em comum e têm em vista de uma existência que baste a si mesma, homens livres e iguais, quer a igualdade seja proporcional, quer seja aritmética, de tal modo que, para aqueles que não preenchem essa condição não existe em suas relações recíprocas a justiça política propriamente dita, mas somente um tipo de justiça em um sentido metafórico. A justiça **(30)**, de fato, somente existe entre aqueles cujas relações mútuas são sancionadas pela lei, e a lei para os homens entre os quais a injustiça pode ser encontrada, já que a justiça legal é uma discriminação do justo e do injusto. Entre os homens, então, onde pode existir injustiça, ações injustas podem também ser cometidas entre eles (se bem que onde existe ação injusta não existe **(35)** sempre injustiça), e essas ações consistem em atribuir a si mesmo uma parte maior de coisas em si mesmas boas e uma parte mais fraca de coisas em si mesmas más. É essa a razão pela qual nós não deixamos um homem governar, mas que seja a lei, porque um homem só o faz em seu interesse e **[1134b]** se torna um tirano; mas o papel daquele que exerce autoridade é preservar a justiça, e preservando a justiça, preservar também a igualdade. E já que se compreende que não existe nada mais que sua parte, se ele é justo (pois não atribui a si mesmo uma parte maior de coisas boas em si mesmas, a menos que **(5)** tal parte seja proporcional ao seu mérito, é também para o outro que ele trabalha, é o que explica a máxima de que a justiça é o "bem dos outros", como dissemos anteriormente), deve-se então atribuir-lhe um salário sob a forma de honras e privilégios. Quanto àqueles para quem tais vantagens são insuficientes, tornam-se tiranos.

A justiça de um amo ou aquela do pai não é a mesma que a justiça entre cidadãos, ela apenas lhe é semelhante. De fato, não existe injustiça no sentido absoluto do termo em relação às coisas que nos pertencem, mas o servo, assim como uma criança, até que ele atinja certa idade e se torne independente É, por assim dizer, uma parte dele, e ninguém escolheria deliberadamente ferir a si mesmo nem, por consequência, mostrar-se injusto contra si mesmo. Portanto, não é em questão desse tipo que se manifesta a justiça ou a injustiça no sentido político. Como dissemos, elas dependem da lei e somente existem para aqueles que vivem naturalmente sob a lei, a saber, como nós dissemos novamente, aqueles que têm uma parte igual no direito de governar e de ser governado. Por isso, a justiça que diz respeito à esposa se aproxima mais da justiça propriamente dita do que aquela que diz respeito aos filhos e aos servos, pois se trata da justiça doméstica, mas essa é diferente da forma política da justiça.

A justiça política é de duas espécies, uma natural e outra legal. É natural aquela que tem em todos os lugares a mesma força e não depende de tal ou tal opinião; a legal é aquela que na origem pode ser indiferentemente determinada, mas uma vez estabelecida, se impõe (por exemplo, que o resgate de um prisioneiro seja de uma mina, ou que se sacrifique uma cabra e não duas ovelhas) e, além disso, todas as disposições legislativas sobre casos particulares como, por exemplo, os sacrifícios oferecidos em honra dos Brásidas[19] e as prescrições tomadas sob a forma de decreto.

Alguns são da opinião de que toda justiça pertence a essa última categoria, porque eles dizem que as coisas

---

[19] Tucídides, *História da Guerra do Peloponeso*, V, 11.

existem por natureza e são imutáveis e em todo lugar têm a mesma força (como é o caso do fogo, que queima igualmente aqui e na Pérsia), enquanto as coisas justas estão visivelmente sujeitas a variações. Mas isso não é verdadeiro de uma maneira absoluta, mas somente em certo sentido. Certamente, entre os deuses, tal asserção não pode ser verdadeira de modo algum, se bem que para nós existe algo que é justo por natureza e, no entanto, passível de mudança; entretanto, pode-se distinguir o que é natural e o que não é natural.

(30) Percebe-se, evidentemente, que as coisas possuem a possibilidade de serem diferentes daquilo que realmente são, o são por natureza, e aquelas que não o são por natureza, são por lei e por convenção, estando umas e outras do mesmo modo sujeitas à mudança. E, em outros domínios, a mesma distinção se aplicará: por exemplo, a mão direita é, por natureza, mais forte, mas sempre se é possível tornar-se ambidestro.

As coisas justas que dependem da convenção e da conveniência **[1135a]** são semelhantes às unidades de medidas, pois as medidas de capacidade para o vinho e para o trigo não são iguais em todos os lugares, mas são maiores onde são compradas, e menores onde são vendidas. Semelhantemente, as coisas justas que não o são por natureza, mas por vontade humana, não são as mesmas em todos os lugares, já que as formas de governo também não são as mesmas, embora exista apenas uma forma de governo que seja a melhor em todos os lugares.

(5) As diferentes prescrições jurídicas e legais estão, no que diz respeito às ações que elas determinam, na mesma relação que o universal com os casos particulares, pois as ações realizadas são muitas, ao passo que cada uma dessas prescrições é uma, sendo universal.

Existe uma diferença entre a ação injusta e o que é injusto, e entre a ação justa e o que é justo, pois uma coisa é injusta por natureza ou **(10)** por uma prescrição da lei, e essa mesma coisa, uma vez feita, é uma ação injusta, enquanto que antes de ser feita, ela não é ainda uma ação injusta, ela é somente algo de injusto. O mesmo ocorre com uma ação justa (embora as expressões "ação justa" e "ato de justiça" sejam usadas na correção do ato de injustiça).

Quanto às diferentes prescrições jurídicas e legais, assim como a natureza e o número de suas espécies e os tipos de coisas com as quais elas se relacionam, tudo isto deverá ser examinado posteriormente.

Sendo as ações descritas como justas e injustas, um homem age justa ou injustamente quando as comete voluntariamente. Mas quando é involuntariamente, a ação não é nem justa nem injusta, senão por acidente, pois são realizados então atos cuja qualidade de justos ou injustos é puramente acidental. A justiça ou a injustiça de uma ação é então determinada por seu caráter voluntário ou involuntário; quando ela é voluntária, é objeto de censura, e ela se torna também, ao mesmo tempo, uma ação injusta, de modo que haverá coisas injustas, mas que não são ainda um ato injusto, se não se acrescenta nele a qualificação de voluntário. Compreendo por voluntário, como foi dito anteriormente, tudo o que, entre as coisas que estão em poder do agente, é realizado com conhecimento de causa, isto é, sem ignorar nem a pessoa que sofreu a ação, nem o instrumento empregado, nem o fim a atingir (por exemplo, em quem se está batendo, com qual objeto e com qual finalidade), e cada uma dessas determinações não devem ser acidentais ou forçadas (se, por exemplo, tomando a mão de uma pessoa, a gente se sirva dela para bater em outra; a pessoa cuja mão pertence não age voluntariamente, já que a ação não dependia dela).

Pode acontecer ainda que a pessoa atingida seja, por exemplo, o pai do agente, e este, sabendo que bateu em um homem ou em uma das pessoas presentes, ignora, entretanto, que é seu próprio pai; e uma distinção desse gênero pode igualmente ser feita no que diz respeito ao fim a ser atingido, e para todas as modalidades de ação. Portanto, o ato feito em ignorância, ou mesmo feito com conhecimento de causa, mas que não depende de nós, ou que resulta de um constrangimento, tal ato é involuntário (existem, na verdade, muitos processos naturais que realizamos ou sofremos **[1135b]** conscientemente, dos quais nenhum é nem voluntário nem involuntário, como, por exemplo, o envelhecer e o morrer).

Mas nos atos justos ou injustos, a justiça ou a injustiça podem ser alguma coisa de acidental: se um homem restituiu um depósito involuntariamente ou por medo, não se deve dizer que foi feito um ato de justiça, nem que ele agiu justamente, senão por acidente. Da mesma maneira ainda, aquele que sob o constrangimento e contra sua vontade não restituiu o valor do depósito confiado, deve-se dizer dele que é por acidente que ele agiu injustamente e realizou uma ação injusta.

Os atos voluntários se dividem em atos que são feitos por escolha e em atos que não são feitos por escolha: são atos feitos por escolha aqueles que são realizados após a deliberação, e não são feitos por escolha aqueles que são realizados sem serem precedidos de uma deliberação. Existem, portanto, três tipos de atos prejudiciais nas relações com outras pessoas. Os erros acompanhados de ignorância são faltas quando a vítima, ou o ato, ou o instrumento, ou o fim a ser atingido são outros do que o agente supunha (ou ele não pensava em atingir ninguém, ou que não ia atingir com tal arma, ou não ia atingir tal pessoa, ou que não tinha em vista de tal fim), mas o acontecimento se dirigiu em um sentido ao qual não se esperava (por exemplo, não havia a intenção de machucar, mas somente de incitar, ou ainda não era a pessoa ou não era o instrumento que se acreditava). Então, quando o dano ocorreu, como era razoável de se esperar, é um infortúnio; e quando se devia prever racionalmente, mas agiu sem maldade, é um engano (e um engano é cometido quando o princípio da ignorância reside nele, e um infortúnio quando a causa vem de fora). Quando o ato é feito em plena consciência, mas sem deliberação prévia, é um ato injusto, por exemplo, tudo que é feito com cólera, ou por qualquer outra destas paixões que são necessárias, ou que são consequência da natureza humana (pois no momento em que praticam esses atos nocivos e errados, os homens agem injustamente, e suas ações são ações injustas, se bem que eles não sejam nem injustos nem perversos, pois o dano não é causado por vício). Mas quando o ato procede de uma escolha deliberada, é um homem injusto e mau.

Daí vem que os atos realizados com cólera são considerados como sendo feitos sem premeditação, pois não é aquele que age com cólera que é o verdadeiro autor do dano, mas antes aquele que provocou a sua cólera. Além disso, não se discute a questão de saber se se produziu ou não um ato prejudicial, mas se ele foi causado justamente (já que é a imagem de uma injustiça que provocou a cólera): o fato em si não é posto em discussão (como é o caso quando se trata de contratos, onde uma das duas partes é desonesta, a menos que seu ato seja realmente devido a um esquecimento), mas estando completamente de acordo sobre a coisa, os interessados discutem o ponto de saber qual dos dois tem ao seu lado a justiça (enquanto que aquele que deliberadamente errou não ignora esse ponto), de modo que um acredita que é vítima de uma injustiça, e o outro o contesta.

[1136a] Se, ao contrário, é por deliberação que um homem prejudica o outro, ele age injustamente, e os atos injustos que ele comete implicam que aquele que age assim é um homem injusto, quando o seu ato viola a proporção ou a igualdade. Semelhantemente, um homem é justo quando, por escolha, realiza um ato justo, mas ele realiza um ato justo se somente ele o faz voluntariamente.

Dentre as ações involuntárias, enfim, umas são perdoáveis e outras são imperdoáveis. De fato, não somente os erros feitos em ignorância, mas por ignorância, são perdoáveis, enquanto aqueles que não são devidos à ignorância, mas que, sendo feitos completamente em ignorância, tem por causa uma paixão que não é nem natural nem humana, não são perdoáveis.

Poder-se-ia colocar a questão de saber se nossas determinações de injustiça sofrida e de injustiça cometida são suficientes, e, em primeiro lugar, se as coisas se comportam como diz Eurípides nesta estranha fala:

Eu matei minha mãe; tal é, em resumo, meu propósito,
Foi por vosso consentimento ou não consentiu nem um nem outro?[20]

É verdadeiramente possível sofrer voluntariamente a injustiça ou, ao contrário, sofrer a injustiça sempre involuntariamente, do mesmo modo que todo ato injusto é sempre voluntário? Além disso, sofrer a injustiça é sempre voluntário, ou sempre involuntário, ou em alguns casos é voluntário e, em outros, involuntário? A mesma questão no que diz respeito ao fato de ser tratado com justiça, todo ato justo é sempre voluntário, de modo que é razoável supor semelhante oposição nos dois casos, isto é, entre ser tratado injustamente e ser tratado justamente, de um lado, e ser voluntário ou involuntário, por outro lado. No entanto, poderia parecer estranho sustentar que mesmo o fato de ser tratado justamente é sempre voluntário, pois às vezes se é tratado com justiça contra a sua vontade.

Em seguida, poder-se-ia também colocar a seguinte questão: o homem que sofreu uma injustiça é sempre tratado injustamente, ou praticar uma ação injusta é o

[20] Fragmento 68 de Alcméon, Nauck.

mesmo que sofrê-la? De fato, tanto como agente quanto como paciente é possível ser injusto por acidente, e do mesmo modo, como é evidente, da injustiça. Praticar o que é injusto, de fato, não é a mesma coisa que agir injustamente, e sofrer o que é injusto também não é o mesmo que ser tratado injustamente; e, da mesma maneira, o fato de agir **(30)** injustamente e de ser tratado justamente, pois é impossível ser tratado injustamente se o outro não age injustamente, ou ser tratado justamente se o outro não age justamente.

Mas se agir justamente consiste pura e simplesmente em prejudicar voluntariamente alguém, e se voluntariamente tem o sentido de ter plena consciência da pessoa lesada, do instrumento, e da maneira pela qual se age, e se o homem incontinente causou voluntariamente danos a sim mesmo, resultará que, ao mesmo tempo, ele será voluntariamente tratado de maneira injusta, e que lhe será possível agir contra ele mesmo injustamente (é aí, aliás, uma das questões que nós temos que nos colocar **[1136b]**, se alguém pode agir injustamente contra si mesmo).

Um homem, por sua incontinência, poderia sofrer voluntariamente um prejuízo da parte de outra pessoa que age voluntariamente, de modo que se poderia voluntariamente ser tratado injustamente. Ou nossa definição não está incorreta, e para "fazer mal a alguém, tendo plena consciência da pessoa lesada, e do instrumento, e da maneira", não se deve acrescentar "contrariamente ao desejo da pessoa à qual se age"? Uma vez admitido isso, um homem pode seguramente sofrer voluntariamente um prejuízo e suportar o que é injusto, mas ele não pode jamais consentir em ser tratado injustamente, pois ninguém deseja isso, nem mesmo o homem incontinente. Mas ele age contrariamente ao seu próprio desejo, já que ninguém deseja o que ele não acredita ser bom para ele, mas o homem incontinente faz coisas que ele mesmo pensa não serem aquelas que ele deve fazer. Aliás, aquele que dá o que lhe pertence como, segundo Homero, Glauco deu a Diomedes,

> "*Armaduras de ouro por armaduras de bronze,*
> *e o valor de cem bois pelo valor nove*"

não é injustamente tratado; pois, se o dar depende dele, ser tratado injustamente não depende, pois para isso é preciso que haja uma outra pessoa que o trate injustamente. Vê-se, então, que não é possível sofrer voluntariamente uma injustiça.

Das questões que nos propomos discutir, ainda restam duas para serem examinadas: afinal, aquele que atribui a uma pessoa a parte que excede o seu mérito comete uma injustiça, ou é a aquele que ficou com tal parte? Pode-se fazer com que ele aja contra si mesmo injustamente?

Se se reconhece a possibilidade da primeira alternativa, isto é, é o distribuidor de partes que comete a injustiça, e não aquele que recebe a parte maior, então, quando um homem, consciente e voluntariamente, atribui a outro uma parte maior que a ele próprio, esse homem comete um ato injusto contra si próprio, (que é justamente o que fazem os homens honestos, já que o homem virtuoso é inclinado a tomar menos que o devido). Mas essa explicação não é também, em sua simplicidade, inexata? Pode ocorrer, de fato, que o homem em questão possua mais que a sua parte de outro bem qualquer, por exemplo, mais que a sua parte em honra ou da virtude propriamente dita. Há ainda uma solução: é aplicar a nossa definição da ação injusta. O homem de que nós falamos, de fato, não sofre nada de contrário à sua própria vontade e, por consequência, ele não sofre uma injustiça, pelo fato de receber a menor parte; mas, se necessário, ele sofre apenas um dano.

No entanto, é evidente que o distribuidor das partes comete uma injustiça, enquanto que aquele que recebe a parte excessiva não comete injustiça. De fato, não é aquele que sofre uma injustiça que age injustamente, mas sim aquele que comete voluntariamente o ato injusto, isto é, aquele de onde a ação se origina, origem que se acha naquele que distribui e não **(30)** naquele que recebe. Além disso, o termo "fazer" comporta inúmeras acepções e que, em um sentido, pode-se dizer que os objetos inanimados, ou uma mão, ou um escravo que executa uma ordem, se pode dizer que matam alguém, aquele que recebe uma parte excessiva não age injustamente, embora ele faça o que é injusto.

Além disso, se o distribuidor das partes decidiu em ignorância, ele não age injustamente no sentido que se fala de justiça legal, e sua decisão não é menos injusta nesse sentido, mas é, entretanto, injusta em outro sentido **[1137a]** (já que a justiça legal é diferente da primeira justiça); mas se ele decidiu sabendo, ele julgou de uma maneira injusta, ele toma para si mesmo uma parte excessiva, seja a de gratidão, seja a de vingança. Assim, o homem que julgou injustamente, pelas razões acima, obtém mais do que o devido, mesmo na hipótese de ele ter tido uma participação no butim. Não importa se ele recebeu algo diferente do que ele distribui, pois, por exemplo, quando ele concede terras tendo em vista o butim, não é a terra, mas o dinheiro que ele recebe.

(5) Os homens imaginam que está em seu poder agir injustamente e que, por consequência, é fácil ser justo. Mas isso não é exato. Ter relação com a mulher de seu vizinho, agredir o seu próximo, gastar dinheiro, é seguramente algo fácil e está em nosso poder, mas fazer tudo isso em virtude de tal disposição de caráter, não é nem fácil, nem depende de nós. Semelhantemente, acredita-se que o conhecimento do justo e do injusto não requer **(10)** uma sabedoria profunda, sob o pretexto de que não é fácil compreender o sentido das diversas prescrições da lei (embora, na realidade, os atos prescritos pela lei sejam somente justos por acidente). Mas saber de qual maneira se deve realizar uma ação, de qual maneira dever ser efetuada uma distribuição para ser justo, esse é um estudo que pede mais trabalho do que conhecer o que é bom para a saúde. E mesmo nesse último domínio, embora seja fácil saber o que o mel, o vinho, o heléboro, o cautério, e o uso da faca tem tal efeito, o saber como, a quem e a qual momento se deve administrá-los para produzir a saúde, é uma questão tão importante quanto ser médico.

E pela mesma razão que os homens pensam também que o homem justo não está menos apto que o homem injusto para cometer a injustiça, porque o homem justo não é em nada menos capaz, se ele não for realmente mais capaz de realizar alguma das ações injustas de que nós falamos; o homem justo, de fato, é capaz de ter relação com a mulher do próximo, ou de bater em alguém, ou o homem corajoso também é capaz de lançar seu escudo, de dar meia volta e de fugir em qualquer direção. Mas, na realidade, se mostrar covarde ou injusto não consiste em realizar tais ações, senão por acidente, mas de realizá-las em razão de certa disposição de caráter, assim como exercer a medicina e a arte de curar não consiste em empregar a faca ou poções, mas a maneira de como fazê-lo.

As ações justas só existem entre os seres que participam das coisas boas em si mesmas, e admitem nelas tanto o excesso quanto a deficiência. Existe, de fato, seres para os quais o excesso de tais coisas não existe (sem dúvida, o caso dos deuses); outros, ao contrário, são incapazes de tirar qualquer proveito de uma pequena porção desses bens, e são aqueles que são irremediavelmente viciosos e a quem tudo é prejudicial; outros, por fim, somente tiram vantagem até um certo ponto. E é por essa razão que a justiça é algo puramente humano.

Nós vamos em seguida tratar da equidade e do equitativo, e mostrar suas respectivas relações com a justiça e com o justo. De fato, para examinar com atenção, parece que a justiça e a equidade não são nem idênticas, nem genericamente diferentes, tanto que nós louvamos o que é equitativo **[1137b]** e o homem equitativo em si mesmo, (a ponto de, por louvor, aplicarmos o termo equitativo em relação a outras virtudes, significando pelo mais equitativo algo que é simplesmente melhor); por outro lado, seguindo o mesmo raciocínio, nos parece estranho que o equitativo, que parece não se identificar com o justo, seja digno de elogio; se o justo e o equitativo não são idênticos, um não é bom, mas se ambos são bons, eles são idênticos.

(5) O problema que a noção de equitativo levanta é mais ou menos o resultado dessas diversas afirmações, que são, de certa maneira, todas corretas, e não se opõem umas as outras. De fato, o equitativo, sendo superior a certa espécie de justiça, é ele mesmo justo, e não como pertencente a um gênero diferente que ele é superior ao justo. Existe uma identidade do justo e do equitativo, e embora ambos sejam bons, o equitativo é superior.

O que causa dificuldade é que o equitativo, sendo justo, não é justo segundo a lei, mas um corretivo da justiça legal. A razão disso é que a lei é sempre universal, e há casos onde não é possível fazer uma afirmação que seja exata. Nesses assuntos, então, onde se deve necessariamente se limitar às generalidades **(10)** e onde é impossível de fazer isso corretamente, a lei não leva em conta os casos mais frequentes, sem ignorar os erros que isso possa ter. E nem por isso tal procedimento é incorreto, pois o erro não está na lei, nem no legislador, mas se mantém na natureza das coisas, já que por sua própria essência as questões de ordem prática são assim por natureza. Quando, por consequência, a lei estabelece uma regra geral, e, além disso, ocorre **(20)** um caso fora da regra geral, é correto (já que o legislador falhou e errou por excesso de simplicidade) corrigir a omissão e se fazer intérprete disso que disse o próprio legislador se ele estivesse presente nesse momento, e de que ele teria incluído em sua lei se ele tivesse conhecido o caso em questão.

Por isso **(25)** que o equitativo é justo e superior a uma espécie de justiça, não superior à justiça absoluta, mas somente ao erro que surge devido ao caráter absoluto da regra. Tal é a natureza do equitativo, ser um corretor da lei, quando a lei deixou de decidir por causa de sua universalidade. De fato, a razão pela qual tudo não é definido pela lei é que existem casos para os quais é impossível estabelecer uma lei, de tal modo que um decreto é indispensável. De fato, quando algo é indeterminado, a regra também é indeterminada, ao modo da régua de chumbo utilizada nas construções em Lesbos; a régua se adapta aos contornos da pedra e não é rígida, assim o decreto é adaptado aos fatos.

Vê-se assim claramente o que é o equitativo, que ele é justo e é superior a certo tipo de justiça. Dai resulta nitidamente também a natureza do homem equitativo, que é aquele que tende a escolher e a realizar ações equitativas e não se mantém rigorosamente aos seus direitos, mas que tende a pegar menos **[1138a]** que o devido, mesmo que a lei esteja ao seu lado; e essa disposição de caráter é a equidade, que é uma forma especial de justiça e não uma disposição de caráter inteiramente distinta.

Mas é possível ou não cometer uma injustiça contra si mesmo? A resposta para essa questão resulta claramente do que nós dissemos.

De fato, entre as ações justas figuram as ações conformes a alguma virtude, qualquer que ela seja, e que são prescritas pela lei, (por exemplo, a lei não permite expressamente o suicídio, e o que não é expressamente permitido pela lei, ela o proíbe). Além disso, quando, contrariamente à lei, um homem causa danos a outro (exceto em casos de represálias), e isso voluntariamente, ele age injustamente, e agir voluntariamente é conhecer ao mesmo tempo a pessoa que é prejudicada, e o instrumento do qual se serve; ora, aquele que, em um acesso de raiva, violentamente se apunhala, realiza essa ação contrariando a regra correta, e isso a lei não permite; ele comete, portanto, uma injustiça. Mas contra quem? Certamente contra a cidade, e não contra si mesmo, pois sofre voluntariamente, ao passo que ninguém sofre voluntariamente uma injustiça. Tal é também a razão pela qual a cidade infringe uma pena ao suicida, infligindo-lhe certa perda de direitos por ter agido injustamente contra a cidade.

Além disso, no sentido daquele que age injustamente, no qual o homem que assim age é somente injusto e não é de uma perversidade total, não é possível de cometer uma injustiça contra si mesmo (esse é um caso distinto do precedente, porque, no sentido do termo, o homem injusto é perverso da mesma maneira que o covarde, e não como possuindo a perversidade total, de modo que sua ação injusta também não manifeste uma perversidade total. De fato, se isso fosse possível, a mesma coisa poderia ser ao mesmo tempo subtraída e acrescentada a uma mesma coisa, o que é impossível, já que o justo e o injusto implicam necessariamente sempre mais de uma pessoa. Além disso, uma ação injusta não é somente voluntária e o resultado de uma livre escolha, mas também lhe pertence a iniciativa (pois o homem que, tendo sofrido um mal, retribui o mal pelo mal, não é visto como quem age injustamente); ora, quando se comete um dano contra si mesmo, sofre e pratica as mesmas coisas, e isso ao mesmo tempo. Além disso, isso seria admitir que se possa sofrer voluntariamente a injustiça. Acrescentemos a isso que não se age jamais injustamente sem realizar atos específicos de injustiça; ora, não se pode jamais cometer adultério com sua própria esposa, nem invadir a sua própria casa, nem roubar seus próprios bens.

De uma maneira geral, a questão de saber se se pode agir injustamente contra si mesmo se resolve à luz da distinção que nós colocamos em relação à possiblidade de sofrer voluntariamente a injustiça.

É evidente que as duas coisas são igualmente más, a saber, sofrer uma injustiça e cometer uma injustiça, já que, no primeiro caso, tem-se menos, e no segundo, mais do que o meio-termo que tem aqui o papel do saudável na medicina e do bom estado corporal na ginástica. No entanto, o pior dos dois é cometer a injustiça, pois cometer a injustiça é acompanhado do vício e provoca a nossa desaprovação — vício que, além disso, é de uma espécie completa e irrestrita, ou quase (quase, pois uma ação injusta cometida voluntariamente nem sempre é acompanhada de vício), enquanto que sofrer uma injustiça é independente do vício e da injustiça na vítima. Assim, **[1138b]** sofrer uma injustiça é em si um mal menor, embora por acidente nada impeça que não seja um mal maior. Mas a ciência não se interessa pelo acidental: ela considera que uma pleurisia é uma doença mais grave que uma torção; no entanto, em alguns casos uma torção pode tornar-se mais grave que uma pleurisia, se, por exemplo, a torção provoca uma queda que o faz cair na mão do inimigo ou causa a morte.

Por extensão de sentido e por certa analogia, há uma espécie de justiça, não entre um homem e ele mesmo, mas entre certas partes dele mesmo; isso não é, aliás, qualquer justiça, mas aquela que existe entre o senhor e o escravo, ou entre o marido e a mulher. De fato, nas discussões sobre essas questões, estabeleceu-se uma distinção entre a parte racional da alma e a parte irracional, fixando sua atenção sobre essas diversas partes que se pensa que um homem pode ser injusto contra si mesmo, porque essas partes podem ser afetadas em um sentido contrário aos seus respectivos desejos. Assim, pode-se ter entre elas certa forma de justiça, semelhante àquela que existe entre o governante e o governado. Em relação à justiça e às outras virtudes morais, tomemo-las definidas da maneira que indicamos.

LIVRO VI

[1138b] E visto que, de fato, foi dito mais acima que se deve escolher o meio-termo, e não o excesso ou a falta, e que o meio-termo existe segundo o que enuncia a razão correta, analisemos agora esse último ponto.

De todas as disposições de caráter das quais falamos, assim como em outras questões, existe um determinado fim para o qual, tendo os olhos fixos, visa o homem que possui a razão correta, ora intensificando, ora relaxando seu esforço; e existe um princípio que determina os meios-termos, que dizemos ser um estado intermediário entre o excesso e a falta, pelo fato de estarem em conformidade com a razão correta. Mas tal maneira de se exprimir, por mais verdadeira que seja, não é clara. De fato, em tudo que é objeto da ciência, pode-se dizer verdadeiramente que não devemos empregar ou diminuir o nosso esforço, nem de mais nem de menos, mas de modo mediano, e isso como pede a razão correta; a simples possessão dessa verdade não acrescenta em nada em nosso conhecimento, por exemplo, quais tipos de remédio são convenientes aplicar em nosso corpo, se alguém dissesse que esses são todos aqueles que a medicina prescreve e do modo indicado por aquele que a possui. Por isso, no que diz respeito às disposições da alma, é necessário não somente estabelecer a verdade do que foi dito, mas ainda determinar qual é a natureza da razão correta, e seu princípio de determinação.

Nós dividimos as virtudes da alma **[1139a]** e dissemos que existem as virtudes do caráter e as do intelecto. Nós já tratamos detalhadamente as virtudes morais e, quanto às restantes, falemos da mesma maneira, dizendo algo a respeito da alma.

Anteriormente dissemos que havia duas partes da alma, a saber, a parte racional e a parte irracional. **(5)** Agora precisamos estabelecer uma mesma divisão para a parte racional. Tomemos como base que as partes racionais são duas, uma pela qual contemplamos esses tipos de seres cujos princípios podem ser diferentes do que eles realmente são, e outra pela qual nós conhecemos as coisas contingentes; quando, de fato, os objetos diferem em gênero, as partes da alma adaptadas **(10)** naturalmente ao conhecimento uns dos outros devem também diferir em gênero, se é verdade que é por certa semelhança e afinidade entre o sujeito e o objeto que se encontra o conhecimento. Chamemos uma delas de parte científica, e a outra de calculativa, pois deliberar e calcular são o mesmo, mas ninguém delibera sobre coisas que podem ser diferentes do que elas realmente são, de modo que a parte calculativa **(15)** é somente uma parte da parte racional da alma. É preciso, por consequência, saber qual é a melhor disposição para cada uma dessas duas partes, pois aí reside a virtude de cada uma, e a virtude de uma coisa é relativa ao seu próprio funcionamento.

Ora, existem na alma três fatores predominantes que determinam a ação e a verdade: sensação, intelecto e desejo. Desses fatores, a sensação não é princípio de nenhuma ação, fato evidente **(20)**, por exemplo, nos animais, que possuem a sensação, mas não agem de maneira refletida.

A afirmação e a negação estão no pensamento e correspondem à busca e à aversão no domínio do desejo; por consequência, já que a virtude moral é uma disposição de caráter capaz de escolha, e que a escolha é um desejo deliberativo, é preciso, portanto, que a razão seja verdadeira e o desejo correto, **(25)**, se a escolha é realmente boa, e que exista identidade entre o que a regra afirma e o que o desejo busca.

Esse pensamento e essa verdade são de ordem prática; quanto ao pensamento contemplativo, que não é nem prático nem produtivo, seu estado bom e mau consiste no verdadeiro e no falso (já que tudo isso é função da parte intelectiva) enquanto a parte do intelecto prático, seu bom estado consiste na verdade que corresponde ao desejo, ao desejo correto.

O princípio da ação é assim uma escolha — ponto de partida do movimento, e não o fim para que ele tende — e o princípio da escolha é o desejo e a razão dirigida para algum fim. É por isso que a escolha não pode existir nem sem o intelecto e pensamento, nem sem uma disposição moral, pois as boas e as más ações não existem sem pensamento e sem caráter.

O pensamento por si mesmo, entretanto, não imprime nenhum movimento, mas somente por causa de uma ação prática. **[1139b]** Esse último governa igualmente o intelecto produtivo, já que na produção qualquer pessoa age sempre em vista de um fim; a coisa produzida não é um fim em um sentido absoluto, mas é alguma coisa relativa e produção de uma coisa determinada. Ao contrário, na ação, isso que se faz é um fim no sentido absoluto, pois a boa ação é um fim, e o desejo tem esse fim por objeto.

Também se pode indiferentemente dizer que a escolha ou é um intelecto que deseja ou um desejo que raciocina, e o princípio de tal ação é um homem. O passado não pode jamais ser objeto de escolha, e ninguém, por exemplo, escolheu ter saqueado Troia; a deliberação, de fato, incide não sobre o passado, mas sobre o futuro e o contingente, enquanto que o passado não pode deixar de ter ocorrido. Assim, Agatão teria razão em dizer:

> "*Pois existe uma única coisa de que deus é privado*
> *É fazer que o que foi jamais tenha sido*"

Assim, as duas partes intelectuais da alma têm por função a verdade. É por isso que as disposições que permitem a cada uma delas atingir a verdade e as respectivas virtudes constituem o grau mais elevado.

Retomemos então desde o início, e tratemos novamente dessas disposições. **(15)** Admitamos que os estados pelos quais a alma enuncia o que é verdadeiro, sob uma forma afirmativa ou negativa, são de número de cinco: esses são a arte, o conhecimento científico, a sabedoria prática, a sabedoria filosófica, e a razão intuitiva (pois pelo julgamento e pela opinião pode ocorrer que nós sejamos induzidos ao erro).

A natureza do conhecimento científico, se empregarmos esse termo em seu sentido rigoroso, e negligenciarmos as meras analogias, **(20)** resulta claramente das seguintes considerações. Nós concebemos que as coisas de que temos ciência não podem ser de outra forma que elas realmente são. Para as coisas que podem ser de outra maneira, desde que elas tenham saído do campo de nosso conhecimento, nós não vemos mais se elas existem ou não. O objeto do conhecimento científico existe então necessariamente, e ele é eterno, pois coisas que existem por uma necessidade absoluta são todas eternas.

(25) Além disso, considera-se que toda ciência é suscetível de ser ensinada, e que seu objeto pode ser aprendido. Mas todo ensinamento dado vem de conhecimentos preexistentes, como nós estabelecemos também nos *Analíticos*,[21] já que ele procede seja por indução, seja por silogismo. A indução, portanto, é também princípio universal, enquanto que o silogismo procede a partir dos universais. Existem, **(30)** por consequência, princípios que servem de ponto de partida para o silogismo

[21] Aristóteles, *Segundos Analíticos*, 71a 1.

e princípios em que não existe silogismo possível e que, por consequência, são obtidos por indução.

Assim, o conhecimento científico é uma disposição capaz de demonstrar, acrescentando a essa definição todas as outras características que mencionamos nos *Analíticos*,[22] pois um homem tem conhecimento científico quando tem sua convicção estabelecida de certa maneira, e que os princípios lhe são familiares, pois se os princípios não lhe são mais conhecidos que a conclusão, ele terá somente o conhecimento por acidente. Tal é então o modo que podemos definir o conhecimento científico.

[1140a] Dentre as coisas que admitem variação, compreendem as que são fabricadas e as que são realizadas. Produção e ação são distintas (sobre a natureza delas, nós podemos confiar nos discursos exotéricos), de modo que a disposição para agir, acompanhada de razão, é diferente da disposição para produzir acompanhada de razão. Por isso, elas não são uma parte uma da outra, pois nem a ação é uma produção, nem a produção uma ação. E já que a arquitetura é uma arte, e é essencialmente uma capacidade de produzir, acompanhada de razão, e que não existe nenhuma arte que não seja uma capacidade de tal tipo, nem nenhuma capacidade desse gênero que não seja uma arte, existirá identidade entre arte e disposição para produzir acompanhada de razão verdadeira.

Toda arte diz respeito sempre a uma geração, a um aplicar-se em inventar e considerar, de modo a dar existência a alguma coisa que é suscetível de existir ou não, mas cujo princípio de existência reside em quem produz, e não no que é produzido. De fato, a arte não diz respeito nem às coisas que existem ou vêm a ser por necessidade, nem também à natureza, (pois essas têm o princípio em si mesmas). Mas, visto que produção e ação são diferentes,

---

[22] Idem, 71b 9-23.

é necessário que a arte surja da produção e não da ação; e em um sentido, o acaso e a arte relacionam-se aos mesmos objetos, assim como disse Agatão: "*A arte ama o acaso, e o acaso, a arte*". **(20)** Assim a arte, tal como foi dito, é uma disposição acompanhada da razão verdadeira, capaz de produzir, e a falta de arte, ao contrário, é uma disposição também relacionada com o produzir, mas acompanhada da razão falsa; tanto em um caso como em outro, ela diz respeito ao contingente.

Um modo que poderíamos apreender a natureza da sabedoria prática é considerar **(25)** quais são as pessoas que a possuem. Parece que é próprio de um homem dotado de sabedoria prática ser capaz de deliberar corretamente sobre o que é bom e vantajoso para si mesmo, não de uma parte, (como, por exemplo, quais tipos de coisas são favoráveis para a saúde ou para o vigor do corpo), mas de uma maneira geral, quais tipos de coisas, por exemplo, conduzem para uma vida feliz. Uma prova é que também atribuímos a sabedoria prática a um homem, sob determinado aspecto, quando ele calculou bem, **(30)** tendo em vista atingir um fim digno de nota, que não se inclui entre aqueles que são objeto da arte.

Resulta disso que, também em um sentido geral, possui sabedoria prática aquele que é capaz de deliberação. Mas ninguém delibera sobre coisas que não podem ser de outro modo do que elas realmente são, nem sobre aquelas que são impossíveis realizar; por consequência, como o conhecimento científico é acompanhado de demonstração, mas que as coisas cujos princípios podem ser outros do que eles realmente são não admitem demonstração **(35)** (pois todas são igualmente suscetíveis de serem outras do que elas realmente são), **[1140b]** e se não é possível deliberar a respeito das coisas que necessariamente existem, a sabedoria prática não poderia ser nem uma ciência, nem uma arte; uma ciência, porque o objeto da ação pode ser outro do que ele realmente é; uma arte, porque o gênero da ação é outro que aquele da produção. Resta, então, que ela **(5)** seja uma capacidade acompanhada de razão verdadeira, capaz de agir em relação às coisas que são boas e más para o ser humano. Enquanto que a produção, de fato, tem um fim outro do que ela mesma, não poderia ser assim para a ação, pois a boa prática é ela mesma um fim. É por isso que pensamos que Péricles e as pessoas como ele são dotados de sabedoria prática, pois eles possuem a capacidade de ver as coisas boas por si mesmas e o que é bom para os homens, **(10)** e tais são também, pensamos, as pessoas que se dispõem para a administração de uma casa ou de uma cidade. Por isso, é também o nome pelo qual nós designamos a temperança (*sophrosyne*) para significar que ela preserva a sabedoria (*sózusa ten phrônesis*), e o que ela preserva é o julgamento quanto ao nosso bem, pois o prazer e a dor não se destroem e não distorcem absolutamente qualquer julgamento, por exemplo, o julgamento de que o triângulo **(15)** tem ou não seus ângulos iguais a dois ângulos retos, mas somente os julgamentos relacionados à ação. De fato, os princípios de nossas ações consistem no fim para o qual tendem nossos atos; mas ao homem corrompido pelo prazer ou pela dor, o princípio não se mostra de modo imediato, e ele é incapaz de ver, por isso, qual fim ele deve escolher e realizar aquilo que escolhe, pois o vício é destrutivo **(20)** do princípio. A sabedoria prática deve, então, ser necessariamente uma capacidade acompanhada de razão verdadeira, capaz de agir no que diz respeito aos bens humanos. Além disso, existe uma virtude na arte, mas não na sabedoria prática; na arte, é preferível o homem que erra voluntariamente, enquanto que na sabedoria prática, assim como em relação às outras virtudes, é o inverso que ocorre.

É evidente então que a sabedoria prática é uma virtude **(25)** e não uma arte. Das duas partes da alma dotadas de razão, a faculdade de opinar seria a virtude de uma das duas, pois a opinião se relaciona ao que admite variação, do mesmo modo que a sabedoria prática. Mas ela não é apenas uma disposição acompanhada de razão, prova disso é que o esquecimento pode atingir tal disposição, mas não a sabedoria prática. **(30)**

Visto que a conhecimento científico consiste em um julgamento sobre as coisas universais e necessárias, e que existem princípios de onde decorrem tanto as conclusões quanto o conhecimento científico (já que a ciência é acompanhada de raciocínio), disso resulta que o princípio que decorre da ciência não poderia ser ele mesmo objeto nem de ciência nem de arte, nem **(35)** de sabedoria prática, pois o objeto da ciência é demonstrável, **[1141a]** e, por outro lado, a arte e a sabedoria prática parecem ter uma relação com as coisas que podem ser de outro modo do que elas realmente são. Mas a sabedoria filosófica também não tem esses princípios por objeto, já que é próprio do filósofo buscar a demonstração para algumas coisas.

Se, então, as disposições que nos permitem atingir a verdade e evitar todo erro nas coisas que não podem ser de outro modo do que elas realmente são, ou naquelas que podem ser de outra maneira, **(5)** são o conhecimento científico, a sabedoria prática, a sabedoria filosófica e a razão intuitiva, e não se pode tratar de nenhuma das três (isto é, da sabedoria prática, do conhecimento científico ou da sabedoria filosófica), resta que seja a razão intuitiva que apreende os primeiros princípios.

O termo sabedoria, nas artes, é aplicado para aqueles que atingem o mais exato domínio **(10)**, por exemplo, a Fídias, como escultor e a Policleto, como estatuário; e nesse sentido, então, não queremos dizer por sabedoria nada além do que a excelência em uma arte. Mas pensamos também que algumas pessoas são sábias de uma maneira geral, e não sábias em um domínio particular, nem sábias em qualquer outra coisa, assim como Homero diz no Margites: **(15)** "*A este, os deuses não fizeram nem cavadores, nem lavradores, nem sábio em qualquer outra coisa*".

É evidente, então, que a sabedoria, dentre as formas de saber, é a mais perfeita. O homem sábio deve então não somente conhecer as conclusões que surgem dos primeiros princípios, mas ainda possuir a verdade a respeito dos próprios princípios. Assim, a sabedoria será a combinação de razão intuitiva e conhecimento científico, ciência que possui a parte mais nobre **(20)** das coisas mais dignas de honra.

É absurdo, de fato, pensar que a arte política ou a sabedoria prática sejam a forma mais elevada do saber, se é verdade que o homem não é o que existe de mais excelente no mundo. Se, portanto, o que é saudável ou bom difere para os homens ou para os peixes, enquanto que o branco e o reto são sempre o mesmo, qualquer um diria que o que é sábio é sempre o mesmo, mas que o que é o objeto da sabedoria prática **(25)** é variável, pois é àquele que considera bem diversas coisas que o interessa que atribuímos de sabedoria prática, e é para ele que se colocarão essas coisas. Por isso, dizemos que alguns animais possuem sabedoria prática, aqueles que, no tocante à sua própria vida, possuem certa capacidade de prever.

É evidente também que a sabedoria prática não poderia ser identificada com a arte política, pois se **(30)** chamam de sabedoria filosófica a disposição mental que se ocupa dos interesses pessoais de um homem, existiria uma multiplicidade de sabedorias. Não existe, de fato, uma única sabedoria que se aplique ao bem de todos os seres vivos, mas existe uma sabedoria diferente para cada espécie, assim como não existe uma única arte médica para todos os seres.

E se disserem que o homem é melhor do que os outros animais, isso seria indiferente, pois existem outros seres de uma natureza muito mais divina do que o homem **[1141b]**, por exemplo, os corpos mais visíveis, dos quais o mundo é constituído.

Essas considerações mostram bem que a sabedoria filosófica é ao mesmo tempo conhecimento científico e razão intuitiva das coisas que são, por natureza, as mais elevadas. É por isso que dizemos que Anaxágoras, Tales e homens semelhantes a eles possuem sabedoria filosófica, mas não a prática, quando os vemos ignorar as coisas que lhes são úteis, e reconhecemos que eles possuem um saber extraordinário, admirável, difícil e divino, mas sem utilidade, porque não eram os bens propriamente humanos que eles procuravam.

Ora, a sabedoria prática relaciona-se às coisas humanas e às coisas que admitem deliberação, pois o homem dotado de sabedoria prática, dizemos, tem por obra principal o bem deliberar; mas ninguém delibera sobre coisas que não podem ser de outro modo do que elas realmente são, nem sobre aquelas que não possuem qualquer fim que consista em um bem realizável. O bom deliberante, no sentido absoluto, é o homem que se esforça, racionalmente, para atingir o melhor dos bens realizáveis pelo homem.

A sabedoria prática não se ocupa somente das coisas universais, mas ela deve ter também o conhecimento dos fatos particulares, pois ela é de ordem prática, e a ação se relaciona com as coisas particulares. É por isso que algumas pessoas ignorantes são mais qualificadas para a ação do que outras que sabem, e é o caso das pessoas com experiência, pois se um homem soubesse que as carnes leves são mais fáceis para digerir e saudáveis, mas ignorasse quais tipos de carnes são leves, ele não produziria a saúde, mas aquele que sabe por que a carne das aves é mais leve, será mais capaz de produzir a saúde.

Assim, sabedoria prática é de ordem da ação, de modo que deveríamos possuir as duas espécies de sabedoria e, de preferência, mais a segunda do que a primeira. Mas aqui ainda deve haver uma arte controladora.

A sabedoria política e a sabedoria prática são uma e mesma disposição de alma, mas sua essência, todavia, não é a mesma. Da sabedoria aplicada à cidade, a sabedoria prática tem sob sua dependência todas as outras, é sabedoria legislativa; a outra, enquanto se coloca sobre as coisas particulares e se relaciona com as coisas da cidade recebe o nome que é comum à precedente, política e se relaciona à ação e à deliberação, já que todo decreto deve ser tomado de forma estritamente individual. Por isso, somente desses se diz administrar a cidade, pois esses são os únicos que realizam essa difícil tarefa, assim como os trabalhadores manuais.

Parece, então, que a sabedoria prática também se identifica especialmente com aquelas formas no que diz respeito à própria pessoa, isto é, um indivíduo; e essa recebe o nome geral de sabedoria prática. Das outras espécies, uma é denominada economia doméstica, a outra legislação, e outra, enfim, política, que se subdivide em deliberativa e judiciária.

Uma das formas de conhecimento será seguramente saber que é próprio a si mesmo, mas esse conhecimento é muito diferente das outras espécies. **[1142a]** Parece que aquele que conhece seus próprios interesses e com eles se ocupa, é um homem dotado de sabedoria prática, enquanto os políticos são considerados intrometidos. De onde os versos de Eurípides:

Mas como serei eu sábio se, sendo parte do numeroso exército,
Obteria sem esforço um quinhão tal?
Pois as pessoas miram alto e querem mais que os outros.[23]

Aqueles que pensam assim procuram somente seu próprio bem, e eles acreditam que é um dever agir assim. Essa opinião faz nascer a ideia de que pessoas assim possuem sabedoria prática; talvez, entretanto, a busca do bem por cada um não ocorra sem economia doméstica nem sem alguma forma de governo. Além disso, o modo que

---

[23] Eurípedes, *Filoctetes*, fragmentos 787 e 782.2.

se deve administrar seus próprios assuntos não parece ser claro e deve ser analisado.

O que nós dissemos é, aliás, confirmado pelo fato de que os jovens podem tornar-se geômetras, matemáticos ou sábios em disciplinas desse gênero, enquanto que não parece existir um homem jovem dotado de sabedoria prática. A causa disso é que tal sabedoria tem relação não só com os universais, mas também com os particulares, que se tornam familiares **(15)** somente por experiência — experiência que o jovem não possui — pois é pela força do tempo que se adquire experiência. Poder-se-ia mesmo se perguntar por que um menino pode tornar-se um matemático, mas não um filósofo ou um físico. Não seria porque os objetos da matemática existem somente por abstração, enquanto que os outros têm seus primeiros princípios derivados da experiência e que, nesse ultimo caso, os jovens não têm nenhuma convicção **(20)** e se contentam com as palavras, enquanto que as noções matemáticas, ao contrário, são bem claras? Acrescentemos que o erro na deliberação pode ser tanto sobre um universal, quanto sobre o particular, e pode-se sustentar, por exemplo, que toda água é insalubre, ou que tal água é pesada.

Que a sabedoria prática não é conhecimento científico, isso é uma coisa manifesta. Ela se ocupa, de fato, sobre o que há de mais particular, como já foi dito **(25)**, pois a ação a ser realizada é ela mesma particular. Ela, portanto, se opõe à razão intuitiva, pois a razão intuitiva apreende as premissas ou definições pelas quais não se pode dar qualquer razão, enquanto que a sabedoria prática se relaciona com o que existe de mais individual, o qual não é objeto do conhecimento científico, mas da percepção, e não da percepção das qualidades sensíveis, mas uma percepção daquela natureza pela qual nós percebemos que tal figura particular é um triangulo, pois nessa direção e na premissa maior existe um limite. Mas isso é antes **(30)** percepção do que sabedoria prática, embora seja de outra espécie, e não a das qualidades peculiares a cada sentido.

A investigação e a deliberação são diferentes, pois a deliberação é uma investigação que se aplica a certa coisa. Nós devemos também apreender qual é a natureza da boa deliberação, se ela é uma forma de conhecimento científico ou opinião, habilidade em conjecturar ou algum gênero diferente.

Ora, ela não é conhecimento científico, pois os homens não procuram as coisas que conhecem, **[1142b]** enquanto que a boa deliberação é uma forma de investigação, e aquele que delibera investiga e calcula. Mas ela nem é o fazer conjecturas, pois fazer conjecturas ocorre sem raciocínio, e de maneira rápida, enquanto que a deliberação exige muito tempo, e se diz que é preciso executar com rapidez aquilo que se delibera, mas deliberação em si deve ser lenta. Do mesmo modo, a vivacidade intelectual é uma coisa diferente da boa deliberação, visto que a vivacidade intelectual é um tipo de conjectura.

A boa deliberação não é também uma forma qualquer de opinião. Mas, já que aquele que delibera mal se engana, e aquele que delibera bem delibera corretamente, é evidente que a boa deliberação é um tipo de correção, não do conhecimento científico, nem da opinião, pois não existe conhecimento correto, e muito menos errado, e opinião correta é verdade; além disso, tudo que é objeto de opinião já está determinado.

Mas a boa deliberação não ocorre também sem raciocínio. Resta, então, que ela seja correção do raciocínio, pois ele não é ainda uma asserção, já que a opinião não é uma investigação, mas já é alguma asserção; e o homem que delibera, quer delibere bem, quer delibere mal, busca alguma coisa e calcula.

Mas a boa deliberação é uma deliberação correta. Por isso, nós devemos, então, primeiramente, investigar o que ela é e de que se ocupa. E visto que existe mais de uma espécie de correção, é evidente que a boa deliberação não se trata de qualquer correção. De fato, o homem incontinente ou mal, se for hábil, atingirá o que ele se propõe com a ajuda do cálculo, de modo que terá **(20)** deliberado corretamente, mas o que alcançará é um grande mal; ora, ter deliberado bem parece ser uma coisa boa, pois esse tipo de deliberação correta é uma boa deliberação, que tende a atingir um bem.

Mas é possível atingir o mesmo bem e alcançar o que é preciso ser feito por um falso silogismo, se servindo não do meio que convém, sendo a premissa menor falsa, de modo que isso não é a boa deliberação, essa disposição que se atinge o que é preciso **(25)**, mas não pela via correta. Pode-se também chegar ao fim por uma deliberação de longa duração, enquanto que outro o atingirá mais rapidamente; no primeiro caso, não é ainda uma boa deliberação, que é a correção em relação ao que é conveniente, ou seja, correção quanto ao fim a atingir, a maneira e o tempo na deliberação.

Além disso, pode-se deliberar bem, seja no sentido absoluto, seja em relação a um fim determinado. A boa deliberação no sentido absoluto é, portanto, aquela que leva a um resultado correto em relação ao fim tomado absolutamente, enquanto que a boa deliberação, em um sentido determinado, **(30)** é aquela que só leva a um resultado correto em relação a um fim em si mesmo determinado.

Se, então, os homens dotados de sabedoria prática têm por característica o fato de ter deliberado bem, a boa deliberação será a correção no que diz respeito ao que é útil para a realização de um fim, utilidade cuja verdadeira concepção é a sabedoria prática em si.

Também a inteligência e a perspicácia, **[1143a]** que nós dissemos das pessoas que são inteligentes e perspicazes, não são absolutamente o mesmo que conhecimento científico e a opinião (pois todos seriam inteligentes), e nem com qualquer das ciências particulares, por exemplo, a medicina, ciência das coisas relativas à saúde, ou a geometria, ciência das grandezas. De fato, não se relaciona nem com as coisas eternas e imutáveis, nem com nada que devem, mas somente sobre as coisas que podem ser objeto de dúvida e deliberação. Assim, ela tem por objetos os mesmos que a sabedoria prática, se bem que a inteligência e a sabedoria prática não sejam idênticas. A sabedoria prática é, de fato, diretiva (pois ela tem por fim determinar o que é nosso dever fazer ou não fazer), enquanto que a inteligência é somente judicativa. De fato, existe identidade entre inteligência e perspicácia, e entre um homem inteligente e um homem perspicaz.

A inteligência não consiste nem em possuir a sabedoria prática, nem em adquiri-la. Mas do mesmo modo que aprender se chama compreender, quando é exercido através de conhecimento, assim, o termo conhecer é aplicado ao exercício da faculdade da opinião, quando se trata de julgar sobre o que outra pessoa enuncia em questões que se relacionam com a sabedoria prática, e por julgamento eu compreendo o julgar "corretamente", pois é a mesma coisa que "bem". E o emprego do termo "inteligência" para designar a qualidade das pessoas perspicazes veio da inteligência no sentido de aprender, pois nós tomamos frequentemente aprender no sentido de compreender.

O que é chamado, enfim, discernimento, qualidade segundo a qual nós dizemos que as pessoas possuem um bom julgamento ou que possuem discernimento, é a discriminação correta do que é equitativo. Prova disto é o fato de que nós dizemos que o homem equitativo é, sobretudo, um homem de discernimento, e identificamos a equidade com o discernimento no que diz respeito aos fatos. E o discernimento é o que aprecia corretamente o que é equitativo; e o discernir corretamente é julgar conforme a verdade.

Todas as disposições que investigamos convergem em direção à mesma coisa. De fato, nos atribuímos discernimento, inteligência, sabedoria prática e razão intuitiva indiferentemente aos mesmos indivíduos, quando dizemos que eles alcançaram a idade da razão, e que eles são dotados de sabedoria prática e inteligentes. De fato, todas estas faculdades se relacionam às coisas imediatas e particulares, e ser um homem inteligente ou de discernimento bom e humano **(30)** consiste em se capaz de julgar as coisas que entram no domínio da sabedoria prática, enquanto as equidades são comuns a todas as pessoas de bem em suas relações com o outro.

Ora, todas as ações que devemos realizar incluem-se entre as ações particulares e imediatas, pois o homem dotado de sabedoria prática **(30)** deve conhecer os fatos particulares, e também a inteligência e o discernimento, que se relacionam com as coisas a serem realizadas, que são as coisas imediatas. A razão intuitiva aplica-se também às coisas particulares e imediatas nos dois sentidos, **[1143b]** já que tanto os primeiros termos quanto os últimos são objetos da razão intuitiva e não do raciocínio, e a razão intuitiva nas demonstrações apreende os termos imutáveis e primeiros, e nos raciocínios de ordem prática ela apreende o fato último e variável, isto é, a premissa menor. E esses fatos variáveis são princípios para atingir o fim, já que os casos particulares servem de ponto de partida para atingir as coisas universais. Nós devemos, **(5)** porém, ter uma percepção dos casos particulares, e essa percepção é razão intuitiva.

É por isso que se pensa que essas disposições são qualidades naturais e, mesmo que ninguém seja naturalmente um filósofo, ele possui naturalmente discernimento, inteligência e razão intuitiva. Prova disto é que aceitamos que essas disposições acompanham diferentes idades da vida, e que tal idade determinada traz com ela razão intuitiva e discernimento, **(10)** convencidos de que a natureza é a causa disso. Por isso a razão intuitiva é ao mesmo tempo princípio e fim, coisas que são ao mesmo tempo origem e objeto das demonstrações. Por consequência, as falas e as opiniões indemonstradas das pessoas com experiência, dos mais velhos e das pessoas dotadas de sabedoria prática são também dignas de atenção, pois elas se apoiam sobre demonstrações, pois a experiência lhes deu uma visão que lhes permite ver corretamente as coisas.

(15) Nós então estabelecemos qual é a natureza da sabedoria prática e da sabedoria filosófica, e com quais objetos elas se relacionam, e mostramos que cada uma delas é virtude de uma parte diferente da alma.

Mas pode-se perguntar qual é a utilidade dessas disposições da alma. A sabedoria teórica, de fato, não estuda nenhum dos meios que podem tornar um homem feliz, já que ela não **(20)** diz respeito ao devir. A sabedoria prática, por outro lado, preenche bem esse papel, mas em vista de que ela nos é necessária? A sabedoria prática, sem dúvida, tem por objeto as coisas justas, belas e boas para o homem, mas essas são coisas que um **(25)** homem bom realiza naturalmente. Nossa ação não é facilitada em nada pelo conhecimento que temos dessas coisas, se é verdade que as virtudes são disposições de caráter, e menos ainda nos serve o conhecimento das coisas saudáveis ou das coisas em bom estado, tomando expressões também não no sentido de produtoras de saúde, mas como um resultado do estado da saúde, pois não nos tornamos mais aptos a agir pelo simples fato de conhecer a medicina ou a ginástica.

Mas se, por outro lado, dissemos que um homem deve possuir sabedoria prática, não para conhecer as virtudes morais, mas a fim de **(30)** tonar-se virtuoso, então, para aqueles que já o são, a prudência não poderia servir de nada. Além disso, ela não servirá muito para aqueles que não são virtuosos, pois pouco importará que essas pessoas possuam em si mesmas a sabedoria prática, ou que sigam somente os conselhos dos outros que a possuem. Bastará fazer o que fazemos no que diz respeito a nossa saúde, pois, embora desejemos ter saúde, não aprendemos assim a arte da medicina.

Acrescentemos a isso que se pode achar estranho que a sabedoria prática, sendo inferior à sabedoria filosófica, tenha uma autoridade superior a esta, visto que a arte que produz uma coisa qualquer governa e rege tudo o que diz respeito a essa coisa.

Tais são então as questões que acabamos de discutir, pois até aqui só colocamos os problemas. **[1144a]** Primeiramente, sustentamos que a sabedoria prática e a sabedoria filosófica são necessariamente desejáveis em si mesmas, uma vez que são as respectivas virtudes de cada uma das duas partes da alma, e isso mesmo se nem uma nem outra produzem nada.

Em segundo lugar, essas virtudes produzem alguma coisa, não como a medicina produz a saúde, mas como a saúde produz a saúde; é desse modo que a sabedoria filosófica produz a felicidade, pois sendo uma parte da virtude total, é pela simples possessão e pelo seu exercício que ela torna o homem feliz.

Além disso, a própria alma do homem só é completa quando está em conformidade com a sabedoria prática, assim como com a virtude moral; a virtude moral, com efeito, assegura a exatidão do fim que perseguimos, e a sabedoria prática, aquela dos meios para alcançar esse fim. Quanto à quarta parte da alma, a nutritiva, ela não possui nenhuma virtude desse tipo, pois sua ação ou sua inação não está de nenhuma maneira em seu poder.

Finalmente, devemos examinar o fato de que a sabedoria prática não nos torna em nada mais aptos a praticar as ações nobres e justas, e precisamos retomar um pouco mais acima, partindo do seguinte princípio: assim como dizemos que alguns homens realizam ações justas não são ainda homens justos, aqueles que fazem, por exemplo, o que é prescrito pelas leis, seja contra a vontade, seja por ignorância ou seja por outro motivo, mas não no interesse da própria ação (embora eles façam o que é preciso fazer, e tudo o que o homem virtuoso é capaz de fazer), parece que, para ser um homem bom, é necessário ter uma certa disposição quando pratica cada uma dessas ações, isto é, eles devem ser feitos por uma escolha deliberada, e em vista das próprias ações que são realizadas.

Ora, a virtude assegura a exatidão da escolha, mas realizar os atos que tendem naturalmente para a realização do fim que escolhemos é uma coisa que não surge mais da virtude, mas de outra faculdade. Precisamos, então, insistir sobre esse ponto e falar mais claramente.

Existe uma faculdade chamada habilidade, e essa é capaz de fazer coisas que tendem ao fim que propomos e atingi-las. Se o fim é nobre, a habilidade será digna de elogio, mas se for mau, ela é somente astúcia, e é por isso que chamamos hábeis os homens dotados de sabedoria prática, assim como também os astutos. A sabedoria prática não é a faculdade de que falamos, mas não existe sem ela. Mas tal disposição não se realiza por esse olho da alma sem a ajuda da virtude, como dissemos, e isto é, aliás, evidente. É por isso que os silogismos relacionados à ação se iniciam desta maneira: "já que o fim, isto é, o bem supremo, e de tal natureza" (embora esse poder, seja ele qual for, pode ser considerado como quisermos). Mas esse bem supremo somente se manifesta aos olhos do homem bom, pois a maldade falseia o espírito e nos induz ao erro sobre os princípios da ação. A consequência evidente é a impossibilidade de se possuir sabedoria prática sem ser virtuoso.

[1144b] Examinemos então, novamente, a natureza da virtude. O caso da virtude é, de fato, análogo ao da sabedoria prática em relação à habilidade. Sem que exista a esse respeito identidade, existe ao menos semelhança, e a virtude natural mantém uma relação de mesmo tipo com a virtude em seu sentido estrito. Todos admitem, de fato, que cada tipo de caráter pertence por natureza aos que o manifestam (pois somos justos, ou inclinados à temperança, ou bravos, e assim por diante, desde o momento de nosso nascimento). No entanto, procuramos outra coisa, a saber, o bem em sentido estrito, e queremos que tais qualidades existam em nós de outra maneira. De fato, mesmo as crianças e os animais possuem as disposições naturais, mas, por não serem **(10)** acompanhadas de razão, essas disposições nos aparecem como nocivas. De todo modo, apenas percebemos os desvios para os quais ela pode nos conduzir, assim como acontece a um corpo vigoroso, mas que privado da visão, pode cair pesadamente quando ele se move, porque não enxerga, mas após adquirir a razão, haverá uma mudança em seu modo de agir e em sua disposição, e a disposição que havia até aqui somente como semelhança com a virtude será então virtude no sentido estrito.

(15) Por consequência, do mesmo modo que para a parte que opina se distinguem dois tipos, a habilidade e a sabedoria prática, na parte moral também haverá dois tipos, a virtude natural e a virtude propriamente dita, e dessas duas virtudes a virtude propriamente dita não é produzida sem ser acompanhada de sabedoria prática. É por isso que alguns afirmam que todas as virtudes são formas de sabedoria prática, e Sócrates, no seu método de investigação, tinha razão em um sentido e em outro não: ao pensar que todas as virtudes **(20)** eram formas de sabedoria prática, ele cometia um erro, mas dizendo que elas não podiam existir sem a sabedoria prática, ele tinha razão. Prova disso é que todos, ainda hoje, definem a virtude após ter indicado a disposição de caráter e as coisas que ela tem por objeto, e acrescentam que ela é uma disposição conforme a razão correta, e a razão correta é aquela conforme a sabedoria prática.

Parece, portanto, que todos os homens pressentem que essa disposição que está de acordo com a sabedoria prática é virtude **(25)**. Mas é preciso ir um pouco mais adiante.

Não é somente a disposição conforme a razão correta que é virtude, mas é preciso ainda que a disposição esteja intimamente ligada à razão correta; ora, nesse domínio, a sabedoria prática é uma razão correta. Assim, então, Sócrates pensava que as virtudes fossem as regras ou os princípios conforme a razão (visto que eles são todos, segundo ele, formas de conhecimento científico), enquanto que em nossa opinião, as virtudes estão intimamente ligadas a um princípio racional.

(30) Assim, vê-se claramente, depois do que foi dito, que não é possível ser um homem bom no sentido estrito, sem a sabedoria prática, nem possuir tal virtude sem a virtude moral. Mas, além disso, poder-se-ia dessa forma refutar o argumento dialético que tenderia a estabelecer que as virtudes existem separadamente umas das outras, sob o pretexto de que o mesmo homem não é naturalmente o mais apto para praticá-las, de modo que ele já terá adquirido uma e **(35)** não terá adquirido ainda a outra. Isto é seguramente possível para o que diz respeito às virtudes naturais. Por outro lado, é impossível no que diz respeito àquelas que qualificamos o homem bom propriamente dito **[1145a]**, pois ao lhe atribuirmos uma única virtude, a sabedoria prática, todas as outras lhe serão dadas. E é claro que, mesmo que a sabedoria prática não tenha uma relação prática, não se teria necessidade dela, porque ela é virtude daquela parte da alma da qual ela pertence; e a escolha também não será mais correta sem a sabedoria prática, menos ainda sem a virtude moral, pois a virtude moral, pois uma é ordenada ao fim, e a outra **(5)** nos faz realizar ações que conduzem ao fim.

Não é menos verdade que a sabedoria prática não detém a supremacia sobre a sabedoria filosófica, isto é, sobre a melhor parte da alma, assim com a medicina não tem supremacia sobre a saúde, pois não faz uso dela, mas oferece **(10)** os meios de produzi-la; ela formula então as prescrições em vista da saúde, mas não a ela. Além disso, poder-se-ia dizer também que a política governa os deuses, sob o pretexto de que suas prescrições aplicam-se a todos os assuntos da cidade.

Após ter dito estas coisas, precisamos estabelecer, tomando outro ponto de partida, que a respeito das disposições de caráter, três espécies devem ser evitadas: o vício, a incontinência e a brutalidade. Os contrários aos dois primeiros são evidentes; um, chamamos virtude, o outro, continência; quanto à brutalidade, seria mais adequado chamá-la de virtude sobre-humana, o tipo de virtude teórica e divina, como Homero representou Príamo ao qualificar Heitor como perfeitamente bom:

> *"Ele não parecia ser filho de um mortal, mas um ser originado de um deus."*[24]

Por isso, como se diz, se os homens se tornam deuses pelo excesso de virtude, é evidente que uma virtude desse tipo seria uma disposição contrária à brutalidade; e assim como um bruto não tem nem vício nem virtude, um deus também não terá; seu estado é mais elevado do que a virtude, e o do bruto é completamente diferente do vício. Visto que é raro um homem ser divino, no sentido que os Lacedemônios se acostumaram a chamar quando eles admiram profundamente alguém — um homem divino, eles dizem — assim também a brutalidade é rara entre os homens, existindo sobretudo entre os bárbaros, mas às vezes também ela surge de doenças ou de deformidades; e nós chamamos por esse termo ultrajante os homens que

[24] Homero, *Ilíada*, canto XXV, v. 258.

excedem os outros em vício. Mas é preciso, mais tarde, fazer uma menção a respeito de tal disposição **(35)**; o vício, por sua vez, já foi estudado mais acima.

Nós devemos então falar da incontinência e da frouxidão — ou efeminação — assim como de seus contrários, a continência e a fortaleza. **[1145b]** Nenhuma dessas duas espécies de disposições deve ser concebida como idêntica à virtude ou ao vício, nem, no entanto, como sendo de uma espécie diferente. Devemos, como nas outras questões, colocar diante de nós os fatos tal como eles aparecem, e após termos explorado os problemas, chegar assim a provar a verdade de todas as opiniões que dizem respeito a essas afecções da alma da melhor maneira possível **(5)**, ou ao menos das opiniões que são mais importantes, pois se as objeções levantadas forem resolvidas somente por deixar subsistir opiniões comuns, nossa tese terá preenchido sua função.

Geralmente se está de acordo com os seguintes pontos: a continência, assim como a fortaleza, faz parte das coisas virtuosas e elogiáveis e, por outro lado, a incontinência, assim como a frouxidão, inclui-se entre as más e censuráveis; o homem continente **(10)** se confunde com aquele que se mantém firme ao seu raciocínio, e o homem incontinente é aquele que está inclinado a abandoná-lo; o homem incontinente, além disso, sabendo que o que ele faz é mal, o faz por paixão, enquanto que o homem continente, sabendo que seus apetites são maus, recusa-se a segui-los, por conta do princípio racional.

O homem temperante é sempre continente e forte, enquanto que o homem continente e forte só é temperante com alguns sentimentos e outros não; uns identificam o homem incontinente com o intemperante, e o intemperante com o homem incontinente, confundindo-os, enquanto outros os distinguem. Quanto ao homem dotado de sabedoria prática, afirma-se que ele não pode ser incontinente, enquanto que alguns homens, ao contrário, por serem assim, são hábeis em demasia, **(15)**, e por isso são incontinentes. Além disso, se diz que existem homens incontinentes mesmo no que diz respeito à cólera, à honra e ao ganho. Essas são as posições que comumente são colocadas.

Mas pode-se ainda perguntar como um homem que julga com exatidão se mostre incontinente. Essa conduta é incompatível com o conhecimento, pois alguns dizem que isso seria estranho, assim como Sócrates pensava, que alguma coisa que resida em alguém pudesse se sobrepor ao conhecimento e arrastá-lo em todas as direções como a um escravo. Sócrates, de fato, **(20)** combatia esse modo de pensar, afirmando não existir a incontinência, já que ninguém, segundo ele, exercendo seu julgamento age contrariamente ao que ele acredita e seria somente por ignorância que ele agiria assim.

Ora, essa opinião está visivelmente em desacordo com os fatos, e devemos investigar **(30)** sobre essa atitude. Se alguém age dessa maneira por ignorância, é preciso ver qual tipo de ignorância está em jogo, pois é evidente que o homem que age de modo incontinente não pensa, antes de se entregar a esse sentimento, que ele deveria agir assim.

Mas alguns aceitam a doutrina de Sócrates somente em alguns pontos, e rejeitam outros. Que não existe nada mais forte do que o conhecimento, eles estão de acordo, mas que o homem nunca aja contrariamente ao que lhe é apresentado como sendo melhor, isso eles recusam admiti-lo, e por isso afirmam que o homem incontinente, quando está a serviço de seus prazeres, não possui conhecimento, mas somente uma opinião. Nós respondemos que **(35)** se é uma opinião e não um conhecimento, se não é uma convicção forte, mas apenas uma convicção fraca, semelhante àquela do homem que hesita entre duas partes, **[1146a]** podemos apenas nos mostrar indulgentes face àqueles que não se mantêm firmes em suas opiniões diante de apetites poderosos; e, no entanto, o vício não encontra em nós qualquer indulgência, e nenhum outro estado digno de censura.

Quando, então, a sabedoria prática se opõe à resistência? De fato, ela é a mais forte de todas as disposições de que falamos. Mas isso é absurdo; o mesmo homem não seria ao mesmo tempo dotado de sabedoria prática e incontinência, mas ninguém poderia afirmar que é próprio de tal homem cometer voluntariamente as ações mais vis. Além disso, mostramos mais acima que o homem dotado de tal sabedoria é aquele que está apto a agir, (já que é um homem que se ocupa de fatos particulares), e que possui outras virtudes.

Ademais, se a continência implica a posse de apetites poderosos e maus, o homem temperante não será continente, nem o homem continente será temperante, pois é próprio do homem temperante não ter nem apetites excessivos nem apetites maus. Mas o homem continente deve ter isso, pois se os apetites são bons, a disposição de caráter que o impede de segui-los será má, e, desse modo, a continência não será sempre boa; se, ao contrário, os apetites são fracos sem serem maus, não haverá nada de glorioso em vencê-los, nem se eles são maus e fracos, também não há nada de notável.

Além disso, se a continência torna as pessoas capazes de permanecerem firmes em toda e qualquer opinião, ela é má (por exemplo, onde ela persiste em sustentar uma opinião falsa); e se a incontinência, por outro lado, leva o homem a se livrar de toda e qualquer opinião, haverá uma intemperança virtuosa, da qual Neoptólemo, no *Filoctetes* de Sófocles é um exemplo digno de louvor, de fato, por não cumprir o que Odisseu lhe persuadiu a fazer, por causa de sua repugnância à mentira.

Ademais, existe outra aporia proveniente desse argumento sofístico. Pelo fato de os sofistas quererem cercar seu adversário com proposições contrárias às opiniões comuns, de modo a mostrar sua habilidade em caso de sucesso, o silogismo que resulta disso leva a uma aporia (o pensamento, de fato, está preso quando, de um lado, ele não se sustenta, e a conclusão não satisfaz, e que, por outro lado, ele é incapaz de ir além, porque ele não pode refutar o argumento que lhe é colocado). Ora, de um desses silogismos deriva que a loucura combinada com a incontinência é uma virtude, pois graças à incontinência uma pessoa faz o contrário do que julga certo fazer, mas, por outro lado, o que ela julga ser bom lhe parece mau e não deve ser feito, e assim ela fará o que é bom, e não o que é mau.

Além disso, o homem que, por convicção, realiza e busca o que é agradável, e o escolhe livremente, pode ser considerado como melhor do que aquele que age da mesma maneira, não por cálculo, mas por incontinência. É mais fácil, de fato, curar o primeiro, pelo fato que se pode persuadi-lo a mudar de convicção. Mas ao contrário, ao incontinente, pode-se aplicar o provérbio que diz: "*quando a água vos engasga, o que é preciso beber por cima?*". Se tal pessoa tivesse a convicção de que ele deveria fazer isso que ele faz, uma vez modificada a sua convicção, **[1146b]** ele cessaria de fazê-lo, mas, na realidade, estando convencido dela, ele não faz disso coisas menos diferentes.

Enfim, se a incontinência se relaciona a todos os tipos de objetos, e do mesmo modo a continência, que homem é pura e simplesmente incontinente? Ninguém, de fato, tem todas as formas de incontinência e, no entanto, nós dizemos que alguns são incontinentes de uma maneira absoluta.

As aporias se apresentam então sob as diferentes formas que nós acabamos de indicar: alguns desses pontos devem ser refutados, e outros deixados de lado, pois resolver a aporia é descobrir o verdadeiro.

Em primeiro lugar, é preciso examinar se o homem incontinente age conscientemente ou não, e se age assim, em qual sentido; em seguida, quais tipos de objetos pertencem ao homem incontinente e ao homem continente (se se trata de todas as espécies de prazer e sofrimento, ou somente de algumas espécies determinadas), e se o homem continente é idêntico ao homem forte ou se é diferente; e, do mesmo modo, no que diz respeito a outras questões de mesma espécie que o presente estudo.

Um ponto de partida para nosso exame é saber se o homem continente, assim como o homem incontinente é diferenciado por seus objetos ou por sua maneira de se comportar, ou de outro modo, se o homem incontinente é incontinente simplesmente em relação a tais ou tais objetos, ou se não é mais por que ele se comporta de tal maneira, ou ainda por estas duas razões ao mesmo tempo. Em seguida, nos perguntaremos se a incontinência e a continência se estendem a todas as coisas, ou somente a uma parte delas.

O homem, de fato, que é incontinente em seu sentido absoluto não é assim em relação a qualquer objeto, mas somente em relação às coisas onde ele se revela um homem intemperante. Ele também não é caracterizado pelo fato de simplesmente ter relação com essas coisas (pois sua disposição se confundiria com a do homem intemperante), mas pelo fato de relacionar-se com elas de uma certa maneira. O homem intemperante, de fato, é conduzido para satisfazer seus apetites por uma escolha deliberada, pensando que seu dever é sempre perseguir o prazer; o homem incontinente, por outro lado, não tem qualquer pensamento desse tipo, embora persiga o prazer.

A doutrina segundo a qual agimos por intemperança contra uma opinião verdadeira e não contra o conhecimento não apresenta qualquer interesse para o nosso raciocínio, pois alguns dentre aqueles que professam uma opinião não têm qualquer hesitação, mas creem possuir um conhecimento exato. Então, se o que se afirma é que, graças à fraqueza de sua convicção, que aqueles que têm uma simples opinião são levados a agir contra sua concepção do bem são aqueles que possuem o conhecimento, não existirá nenhuma diferença entre conhecimento e opinião, já que alguns homens não estão menos convencidos de **(30)** que eles têm opiniões diferentes das coisas de que conhecem. Pode-se ver isso pelo exemplo de Heráclito. Mas, já que o termo "ter conhecimento" é ambíguo (pois aquele que possui conhecimento, mas não o utiliza, e aquele que o utiliza, são chamados um e outro, "ter conhecimento"), existirá uma diferença entre o homem que, possuindo o conhecimento, mas não o exercendo, faz o que ele não deve fazer, e outro que faz o mesmo possuindo o conhecimento e o exercendo; esse último caso parece inexplicável, mas não o primeiro.

(35) Além disso, já que existem duas premissas, nada **[1147a]** impede que um homem em posse das duas premissas não agisse de modo contrário ao conhecimento que ele tem, visto que ele utiliza a premissa universal e não a premissa particular, pois o que é objeto da ação são os atos particulares. Existe também uma distinção para estabelecer o termo universal; **(5)** um universal é predicável do agente em si, e o outro do objeto. Por exemplo, "os alimentos secos são bons para todos os homens", e, "eu sou um homem", ou, "tal espécie de alimento é seco". Mas o homem incontinente não possui, ou não usa o conhecimento de que tal alimento é assim. Portanto, entre esses dois modos de saber, existirá uma diferença considerável, de modo que não será em nada surpreendente saber um desses modos e agir com incontinência, enquanto que conhecer de uma outra maneira, agindo sem incontinência será extraordinário.

Ademais, **(10)** a posse do conhecimento tem outro sentido além daquele de que falamos, que pode ser encontrado no homem que, mesmo em posse do conhecimento, não o utiliza; nós observamos uma diferença de disposição de caráter, de modo que se pode ter ou não conhecimento, como no caso do homem que dorme, ou do louco, ou do que bebeu vinho. Ora, essa é a condição daqueles que estão sob a influência das paixões **(15)**, já que os acessos de cólera, dos apetites sexuais ou quaisquer outras paixões desse tipo, alteram evidentemente o estado corporal, e mesmo em certos casos a loucura é produzida. É claro, por consequência, que se considera que o homem incontinente se encontra em um estado semelhante ao dos que dormem, ou dos loucos, ou dos **(20)** embriagados. O fato desses homens falarem uma língua própria do conhecimento não é de modo algum um sinal de que eles o possuem, pois mesmo aqueles que se acham nos estados afetivos que nós indicamos repetem mecanicamente demonstrações de geometria ou os versos de Empédocles,[24] e aqueles que começaram a aprender uma ciência, podem recitar suas fórmulas, embora não as conheça, pois, para isso, o conhecimento, de fato, deve fazer parte de sua natureza, e isso leva tempo. Por consequência, em comparação com a linguagem dos atores em cena, devemos supor que aquela que os homens em estado de incontinência empregam é a mesma.

Além disso, **(25)** no que diz respeito aos fatos, podemos considerar as peculiaridades da natureza humana. A premissa do silogismo é universal, e a outra tem relação com os fatos particulares, onde se depara com algo que está no domínio da percepção. Ora, quando as duas premissas geram uma só proposição, só é preciso que, em um dos casos, a alma afirme essa conclusão, e que no caso das premissas relativas à produção, a ação siga imediatamente. Sejam, por exemplo, as premissas: "é preciso experimentar **(30)** tudo o que é doce" e "isto é doce" (no sentido de ser uma das coisas doces em particular). É preciso necessariamente que o homem capaz de agir e que não encontra qualquer impedimento, realize também a ação. Então, quando, por um lado, reside em seu espírito a opinião universal que nos proíbe de experimentar, e que, por outro lado, está presente também a opinião de que "tudo o que é doce é agradável"

[24] Filósofo pré-socrático da região da Sicília.

e que "isto é doce" (esta última premissa determinando o ato), e que o apetite se encontra presentemente em nós, então, se a primeira opinião universal **(35)** nos incita a evitar o objeto, por outro lado, o apetite nos conduz a ele (já que ele é capaz de por em movimento cada parte do nosso corpo); por consequência, o homem incontinente pode agir sob a influência de uma regra em algum tipo ou de uma opinião **[1147b]** que é contrária em si mesma, mas somente por acidente, (pois o apetite é que é realmente contrário, e não a opinião), à regra correta. Outra consequência é a razão pela qual não se pode falar que os animais **(5)** são incontinentes, pois eles não possuem julgamento sobre os universais, mas que eles têm somente imagem e lembrança das coisas particulares.

Quanto a dizer como a ignorância do homem incontinente pode desaparecer e esse pode retornar ao estado de saber, a explicação é a mesma que para um homem ébrio ou que dorme, e não deve ser atribuída para o estado que tratamos; devemos nos informar a esse respeito junto daqueles que são versados no conhecimento da natureza.

Mas sendo a segunda premissa uma opinião sobre **(10)** um objeto perceptível e que determina nossas ações, um homem que está sob o domínio das paixões, ou não possui tal premissa, ou somente a possui como nós dissemos, em que ter conhecimento não quer dizer somente falar mecanicamente, da maneira que o homem ébrio recita os versos de Empédocles. E pelo fato que esse último termo não é um universal, nem é considerado como sendo objeto de conhecimento científico **(15)** semelhante a um universal, parece que é levado logicamente à conclusão que Sócrates procurou estabelecer, que não é na presença daquilo que é considerado conhecimento em sentido próprio que se produz a afecção da incontinência, nem tampouco o conhecimento verdadeiro é arrastado pela paixão, mas é quando está presente o conhecimento perceptível.

Se a incontinência pode ou não ser acompanhada de conhecimento, e de como é possível agir de modo incontinente, essa é uma questão que já foi tratada de modo suficiente.

Examinemos agora **(20)** se é possível ser pura e simplesmente incontinente, ou deve-se sempre sê-lo em relação a certas coisas particulares e, sendo assim, com quais tipos de objetos elas se relacionam.

Que os prazeres e as dores fazem parte tanto dos homens continentes quanto dos homens fortes, assim como dos homens incontinentes e dos homens dados à frouxidão, isso é evidente. Ora, entre as coisas que proporcionam prazer, umas são necessárias, outras são desejáveis **(25)** em si mesmas, mas suscetíveis ao excesso. São necessários os prazeres corporais (quero dizer, aquelas que referem à nutrição e às necessidades sexuais, e, em outros termos, essas funções que colocamos como sendo aquelas que constituem a intemperança e a temperança); as outras causas dos prazeres não são necessárias, mas são desejáveis em si mesmas (por exemplo, a vitória, a honra, a riqueza e outros prazeres **(30)** do mesmo tipo).

Isso posto, os homens que se excedem no que diz respeito ao segundo grupo de prazeres, contrariamente à regra correta que está neles, não os chamamos de incontinentes no sentido absoluto, mas dizemos que eles são incontinentes com relação ao dinheiro, à honra, ao lucro ou à cólera, e não simplesmente incontinentes, visto que eles são diferentes dos homens incontinentes propriamente ditos, e que eles **(35)** só recebem esse nome por analogia (como no caso de **[1148a]** *Anthropos*, vencedor dos Jogos Olímpicos; a definição geral de homem diferia um pouco da noção que lhe é própria, mas ela era, no entanto, outra). Essa é uma prova de que censuramos a incontinência não somente em relação a algum prazer físico, mas também como um tipo de vício, ao passo que não censuramos nenhum homem incontinente em relação a outras coisas.

Mas entre os homens cuja incontinência tem relação aos prazeres corporais, (prazeres que, nós dissemos, são objeto dos homens temperantes e dos intemperantes), aquele que, ao mesmo tempo, busca os prazeres excessivos e evita os sofrimentos (como a fome, a sede, o calor, o frio e todas as sensações dolorosas referentes ao tato e ao paladar), e isso não por escolha, mas contrariamente à sua escolha e à sua razão, a esses denominamos incontinentes, não com a especificação que ele é incontinente em tal coisa, como a cólera, por exemplo, mas incontinente no sentido absoluto do termo. E uma prova é que se fala em frouxos ou efeminados, somente o que diz respeito aos prazeres e nunca no que diz respeito aos outros. E é por essa razão que colocamos no mesmo grupo o incontinente e o intemperante, o continente e o temperante, excluindo todos os outros, pois os mesmos prazeres e as mesmas dores são, de alguma maneira, objetos de sua atividade. Mas, mesmo que se interessem pelos mesmos objetos, seu comportamento em relação a esses objetos não é o mesmo, uns agindo por escolha, outros, independentemente de qualquer escolha.

Assim, daríamos o nome de intemperante ao homem que, sem apetite, ou com pouco apetite, persegue os prazeres excessivos e evita as dores moderadas, ainda mais aquele que age da mesma maneira, e isso sob apetites violentos, pois o que faria o primeiro se um apetite fosse de tal maneira, e a privação dos prazeres necessários causasse nele uma tristeza violenta?

Entre os apetites e os prazeres, uns pertencem à classe de coisas nobres e boas (pois algumas coisas agradáveis são dignas de escolha, enquanto outras são seus contrários, e outras, enfim, são intermediárias, conforme nossas distinções anteriores); essas são riqueza, o lucro, a vitória e a honra. E no que diz respeito a essas coisas, àquelas que são de mesmo tipo e às que são intermediárias, não é questão de ser afetado por elas, ou desejá-las, ou amá-las que torna o homem censurável, mas é por amá-las em excesso. (É por isso que todos aqueles que, violando a razão correta, ou se deixam dominar por uma das coisas naturalmente nobres ou boas, ou as procuram mais, por exemplo, aqueles que se preocupam mais **(30)** com a honra do que com seus pais ou filhos; de fato, essas coisas são bens, e aqueles que se ocupam delas são dignos de louvor. Mas, quando existe um excesso, se, por exemplo, como Níobe,[26] **[1148b]** alguém lutasse contra os próprios deuses, ou se alguém tivesse por seu pai uma afeição semelhante àquela de Sátiros, denominado "o filial", cujo exagero nesta questão era ultrapassado pela loucura). Dessa maneira, não existe maldade no que diz respeito a esses objetos, pela razão que nós indicamos, a saber, que cada um deles é naturalmente digno de escolha em si mesmo, se bem que o excesso seja aqui condenável e deva ser evitado **(5)**. Do mesmo modo, não poderia existir incontinência a respeito disso, pois a incontinência não é somente uma coisa que se deva evitar, mas também uma coisa que faz parte das ações censuráveis; todavia, por semelhança, o termo incontinência é empregado acrescendo a ele uma especificação em cada caso, como um mau médico é qualificado ou um mau ator, que não se poderia chamar mau em sentido próprio. Assim, mesmo que nesses exemplos nós não empregamos o termo mau sem especificação, porque a insuficiência do médico ou do ator não é um vício, mas apenas lhe parece por analogia, é claro que, no outro **(10)** caso igualmente, só deve ser considerado como sendo verdadeiramente incontinência ou continência aquela que se relaciona com os mesmos objetos que a temperança e a intemperança, e que nós só aplicamos à cólera por analogia; é por isso que, ao acrescentar uma especificação, dizemos "*incontinente em relação à cólera*", e do mesmo modo dizemos "*incontinente em relação à honra e ao lucro*".

---

[26] Personagem da mitologia grega.

Algumas coisas **(15)** são agradáveis por natureza, umas de modo absoluto, e outras em relação à determinada classe de animais ou de homens. Outras coisas, por outro lado, não são agradáveis por natureza, mas se tornam, seja como consequência de uma deformidade, seja pelo hábito, e outras, enfim, são por uma natureza genuinamente má.

Assim é possível, para cada uma dessas espécies de prazeres, observar disposições de caráter correspondentes ao primeiro **(20)**. Entendo por isso as disposições bestiais, como no exemplo da mulher que, como dizem, abria de cima a baixo o ventre das mulheres grávidas e devorava seu feto, ou ainda como algumas tribos selvagens às margens do Mar Negro, que se comprazem comendo carnes cruas ou humanas, ou trocando seus filhos mutualmente para se servirem em seus festins, ou, enfim, como se diz a respeito a Fálaris.[27]

Esses são os estados de brutalidade, mas outros têm por origem **(25)** a doença (ou às vezes a loucura, como no caso do homem que ofereceu sua mãe em sacrifício aos deuses e a devorou, ou aquele do escravo que devorou o fígado de seu companheiro); outros, ainda, são propensões mórbidas que resultam do hábito, como, por exemplo, arrancar os cabelos, roer as unhas, ou mesmo comer carvão e terra, sem esquecer a **(30)** pederastia. Essas práticas são resultado, em alguns casos, de disposições naturais, e, em outras, do hábito, como no caso daqueles que foram abusados em sua infância.

Entre aqueles que a natureza é a causa, não se poderia chamá-los de incontinentes, e também não seriam qualificadas assim as mulheres, sob o pretexto que na cópula seu papel é passivo, e o mesmo ocorre para aqueles que estão em um estado mórbido por efeito do hábito.

---

[27] Tirano da cidade de Agrigento, na região da Sicília, célebre por suas crueldades, entre elas o canibalismo.

A posse dessas diversas disposições se situa fora dos limites **[1140a]** do vício, como é também o caso da bestialidade, e para os homens que as possuem, tornar seu senhor ou ser escravo delas não constituem a continência ou a incontinência propriamente ditas, mas apenas o que é chamado por esse nome por analogia, assim como o homem que se comporta desse modo na cólera deve ser chamado incontinente em relação a esse sentimento, e não incontinente em sentido absoluto.

De fato, o excesso de loucura ou de covardia, de intemperança ou irascibilidade são traços tanto de brutalidade quanto de morbidez. Os homens que por natureza temem tudo, mesmo com um barulho de um rato, são covardes de uma maneira irracional, ao passo que aquele que possuía fobia de um roedor, estava enfermo. Entre os insensatos, aqueles que são naturalmente privados de razão e vivem somente através dos sentidos, como algumas tribos afastadas, são semelhantes aos bestiais, enquanto aqueles que perderam a razão por conta de doenças, como a epilepsia, ou por excesso de loucura, são seres mórbidos.

Com inclinações desse tipo, pode-se fazer com que às vezes se tenha apenas uma disposição a seguir, sem se deixar escravizar por ela; se, por exemplo, Fálaris tivesse reprimido seu desejo de devorar uma criança ou de entregar-se aos prazeres sexuais contra a natureza; mas é possível igualmente ser dominado por essas inclinações e não apenas em tê-las. O mesmo ocorre, então, no caso da maldade, que está no plano humano, e é chamada simplesmente de maldade, mas não é chamada maldade em sentido absoluto, se lhe acrescenta a qualificação "brutal" ou "mórbida" e, do mesmo modo que é evidente que no caso da incontinência, existe aquela que é bestial e aquela que é mórbida, mas somente a intemperança em sentido absoluto é aquela que corresponde à incontinência propriamente humana.

Assim, então, a incontinência e a continência possuem os mesmo objetos que a intemperança e a temperança e, por outro lado, a incontinência, que possui outros objetos é de uma espécie diferente, e é chamada apenas assim por extensão de sentido e não de modo absoluto.

Vamos agora considerar se a incontinência que se relaciona à cólera é menos vergonhosa do que a incontinência relativa aos apetites. A cólera, de fato, parece se prestar até certo ponto à razão, mas ela a ouve de maneira contrária, como os serviçais apressados que saem correndo antes de ter escutado até o fim o que lhes foi pedido, e depois se enganam na execução da ordem, ou ainda como os cães, que antes de observar se é um amigo, ao menor barulho já se põe a latir. Da mesma maneira a cólera, por seu calor e sua impetuosidade, ao ouvir uma ordem não a ouve e se lança para satisfazer uma vingança. Quando a razão ou a imaginação, de fato, apresentam-se para nós como um insulto ou uma marca de desdém, a cólera explode então bruscamente, concluído que nosso dever é revidar a um insulto de tal tipo; o apetite, ao contrário, uma vez que a razão ou a percepção somente disseram que é uma coisa agradável **[1149b]**, vai regozijar-se dele. Por consequência, a cólera obedece à razão, enquanto o apetite não obedece. A censura é então maior nesse último caso, já que os homens incontinentes com relação à cólera são vencidos pela razão, enquanto o outro é vencido pelo apetite, e não pela razão.

Além disso, os que seguem seus desejos naturais são perdoados mais facilmente, já que, mesmo no caso dos apetites, eles são perdoados mais facilmente quando são comuns a todos os homens. Ora, a cólera e a irascibilidade são mais naturais do que os apetites que possuem como objetos os prazeres excessivos e que não possuem nada de necessário. Demos como exemplo o homem que, respondendo à acusação de ter batido em seu pai, dizia: "Mas ele também havia batido em seu pai, e este, por sua vez, **(10)** no pai de seu pai" e, mostrando seu filho, diz: "Este aqui também fará isso quando ele se tornar um homem, pois isso é de nossa família". Ou a história do homem que, sendo arrastado por seu filho, pedia-lhe para que parasse à porta, pois ele mesmo só havia arrastado seu pai até esse ponto.

Por outro lado, é mais injusto quem mais usa de manobras pérfidas. Ora, o homem violento não possui qualquer **(15)** perfídia, nem tampouco a cólera, que age com o rosto descoberto; o apetite, ao contrário, é como o que dizem de Afrodite, "*filha de Chipre, artesã de astúcias*", e Homero, ao descrever o cinturão bordado da deusa:

> *"Ali estão os sussurros de amor,*
> *que de tão sutis roubam a razão dos mais sábios"*.[28]

Por consequência, se essa espécie de incontinência é a mais criminosa, ela é também mais vergonhosa do que aquela que é relativa à cólera, pois ela é a incontinência propriamente dita, e também um vício.

Além disso, **(20)** ninguém comete um ultraje com um sentimento de aflição, mas, por outro lado, todo homem que age sob o efeito da cólera age sentindo a dor, enquanto aquele que comete um ultraje o faz em companhia do prazer. Se, então, os atos contra os quais uma vítima se encoleriza são mais injustos que outros, a incontinência causada pelo apetite é também mais injusta do que a intemperança da cólera, pois não existe qualquer ultraje na cólera.

Da mesma maneira, a incontinência relativa ao apetite **(25)** é mais desonrosa do que aquela relativa à cólera, e é evidente que tanto a continência quanto a incontinência são relativas aos apetites e prazeres do corpo. Mas é preciso estabelecer distinções entre esses apetites e prazeres, pois,

---

[28] Homero, *Ilíada*. Canto XIV, versos 214 e ss.

como havíamos dito no princípio, alguns deles são próprios dos seres humanos e são naturais tanto em gênero quanto em grandeza, e outros possuem um caráter bestial, e outros se devem às deformidades ou doenças. Ora, é somente aos prazeres que nomeamos em primeiro lugar que a temperança e a intemperança se relacionam, e é por isso que não dissemos que os animais são temperantes ou intemperantes, senão por extensão de sentido, e somente no caso onde em alguma espécie de animais supera a outra em lascívia, em instintos destrutivos ou em voracidade (os animais, de fato, não têm nem faculdade de escolher, nem possuem raciocínio e são aberrações da natureza, assim como os loucos entre os homens).

[1150a] A bestialidade é um mal menor do que o vício, embora mais forte, não que a parte superior tenha sido depravada, como no homem, mas ela é totalmente ausente. Por consequência, é como se, ao compararmos algo inanimado com algo animado, se perguntasse qual dos dois tem como objeto a maldade, pois a maldade de uma coisa que não tem nela um princípio de ação é sempre menos prejudicial, (e o intelecto é um princípio desse tipo). É como se fosse comparada a injustiça com um homem injusto, (cada um desses dois termos é em um sentido pior do que o outro), pois um homem mau pode causar mais males do que uma fera.

No que diz respeito aos prazeres e às dores que se originam do tato e do paladar, assim como os apetites e suas aversões correspondentes, todas as coisas que nós definimos mais acima são objetos da temperança e da intemperança, e é possível se comportar de dois modos: ou sucumbimos às tentações que dominam a maioria dos homens, ou, ao contrário, triunfamos naquelas onde a maioria dos homens sucumbe. Dessas duas disposições, aquela relativa aos prazeres é incontinência e continência, e aquela relativa às dores, é frouxidão e fortaleza.

A disposição da maioria dos homens se mantém no meio delas, mesmo que eles se inclinem mais para as disposições piores.

Visto que entre os prazeres uns são necessários e outros não, os primeiros, sendo necessários somente até certo ponto, enquanto que nem o excesso que lhes diz respeito, nem a falta, são submetidos a essa necessidade, e pode-se dizer isso tanto dos apetites quanto das dores, nessas condições, o homem que persegue os prazeres que ultrapassam a medida, ou que persegue o excesso dos prazeres necessários, e isso por escolha, e que os persegue por si mesmos, e não em vista de um resultado diferente do prazer, é um homem intemperante, pois esse homem é incapaz de se arrepender e é incurável, já que para quem é incapaz de se arrepender não existe remédio.

Os homens que são deficientes na busca do prazer são o oposto dos intemperantes, e aqueles que ocupam a posição intermediária são homens temperantes. Do mesmo modo existe um homem que evita as dores do corpo, não porque ele está sob o domínio da paixão, mas por escolha. (daqueles que agem sem escolha, uns são levados pelo prazer, outros porque eles querem fugir da dor que provém de um apetite), o que mantém uma diferença entre eles. Mas todos consideram pior o homem que, sem nenhum apetite, ou sentindo apenas um fraco apetite, comete uma ação vergonhosa, ele é pior do que aquele que é levado por apetites violentos, e também pior o homem que, não estando sob o efeito da cólera, fere alguém, do que o homem que ferisse sob o efeito da cólera; o que não faria o primeiro, se ele estivesse sob o domínio da paixão? É por isso que os homens intemperantes são piores do que os incontinentes.

Dos estados descritos acima, o último é sobretudo uma espécie de frouxidão, e o outro é a intemperança. O homem incontinente é o oposto do homem continente, e o homem forte é o oposto do homem frouxo, pois a força consiste em resistir, e a continência consiste em controlar suas paixões, e resistir e controlar são noções diferentes, assim como não perder é diferente de obter a vitória; e é por isso que a continência é uma coisa preferível à força.

[1150b] Assim, o homem privado de força, no que diz respeito às tentações, onde a maioria dos homens se resiste, ele é um homem frouxo e efeminado, pois a efeminação é um tipo de frouxidão, o qual deixa arrastar o seu manto no chão a fim de evitar o cansaço, ou finge estar doente, se julgando semelhante a um infeliz, enquanto aquele que ele imita, é ele próprio infeliz.

O mesmo pode ser dito para a continência e para a incontinência. De fato, não é surpreendente que um homem sucumba por causa dos prazeres ou dos sofrimentos excessivos, mas é até desculpável se ele sucumbiu resistindo a elas, a exemplo de Filoctetes no *Teodectes*, quando ele foi picado por uma serpente, ou de Cercíon, no Álope de Caricino, ou ainda daqueles que, tentando reprimir seu riso, desatam a rir, infortúnio que aconteceu com Xenofanto. Mas o que é surpreendente é que em relação aos prazeres ou às dores, a maioria das pessoas é capaz de resistir, e um homem não consiga manter-se bom, quando essa fraqueza não é devida à hereditariedade ou a uma doença, como é o caso da frouxidão hereditária dos reis citas, ou ainda aquela que distingue o sexo feminino do masculino.

O homem apaixonado pelo divertimento é considerado igualmente como um homem intemperante, mas na verdade existe nele a frouxidão, pois a diversão é um relaxamento, visto que é uma pausa, e é na classe daqueles que se inclinam ao excesso a esse respeito que entra o amante da diversão.

Entre os tipos de incontinência, uma é a impetuosidade, e a outra é a indolência. Alguns homens, de fato, após deliberarem, não persistem no resultado de sua deliberação, e isso por causa de suas emoções; para outros, ao contrário, é graças à sua falta de deliberação que eles são levados por suas emoções. Outros, de fato, prevendo o que vai lhes acontecer, despertam em si mesmos a faculdade de raciocinar, não sucumbindo às emoções, quer sejam agradáveis ou dolorosas, semelhantes nisso àqueles que, tendo tomado iniciativa de produzir riso, não são eles mesmos produtores de riso **(25)**. Esses são, sobretudo, os homens de humor vivo e os homens de temperamento forte, que estão sujeitos à incontinência sob a forma da impetuosidade. Os primeiros, por sua vivacidade, e os segundos, por sua violência, não têm paciência para esperar a razão, inclinados que estão em seguir sua imaginação.

O homem intemperante, tal como dissemos, não está sujeito ao arrependimento, pois ele é fiel quanto à sua escolha, enquanto que **(30)** o homem intemperante é sempre suscetível a se arrepender do que faz. É por isso que a posição adotada no enunciado que demos para o problema não é exato; ao contrário, é o homem intemperante que é incurável, e o homem incontinente, curável. De fato, a maldade é semelhante a essas doenças, como a hidropisia e a tísica, enquanto que a incontinência se assemelha à epilepsia, a maldade sendo um mal contínuo e a incontinência **(35)** um mal intermitente. Efetivamente, a incontinência e o vício são de um tipo completamente diferente: o vício é inconsciente de si mesmo, **[1151a]** enquanto que a incontinência não é.

Entre os homens incontinentes, os impulsivos valem mais que aqueles que possuem o princípio racional, mas não o obedecem, pois estes sucumbem sob uma paixão menos opressora e, além disso, não agem sem deliberação, como fazem os impulsivos. O homem incontinente, de fato, é semelhante àqueles que se embriagam rapidamente e com uma pequena quantidade de vinho, **(5)** menor do que a necessária para a maioria das pessoas. É evidente, então, que a incontinência não é um vício, embora ela talvez o seja em determinado sentido, pois a incontinência age de modo contrário à escolha, e o vício de acordo com ela. No entanto, existe semelhança ao menos em suas respectivas ações, e como dizia Demódoco sobre Milésios, "*os Milésios* não são desprovidos de inteligência, *mas eles agem como os insensatos*". Do mesmo modo, os homens incontinentes não são injustos, mas eles cometem ações injustas.

Uma vez que o homem incontinente é constituído de tal sorte que ele persegue, sem acreditar por que razão ele o faz, os prazeres corporais excessivos e contrários à regra correta, o homem intemperante está convencido de que ele deve agir assim, e isso porque ele é constituído de modo a perseguir esses prazeres. Resulta disso que é o primeiro que se deixar persuadir a mudar de conduta, enquanto que para o segundo isso não é possível. De fato, a virtude e o vício conservam e destroem o primeiro princípio, e quanto à prática, a causa final é o primeiro princípio, como as hipóteses matemáticas; portanto, não mais nas questões que nós tratamos aqui do que nas matemáticas, o raciocínio está apto a nos instruir dos princípios; é virtude, natural ou adquirida por hábito, que nos faz ter uma opinião correta em relação aos primeiros princípios. Assim, o homem assim descrito é um homem temperante, e seu contrário é um homem intemperante.

Mas existe um tipo de homem que, sob a influência da paixão, abandona as vias da regra justa; é um homem cuja paixão o domina a ponto de impedi-lo de agir conforme a regra justa, mas essa denominação não vai torná-lo naturalmente capaz de acreditar que seu dever é buscar os prazeres de que falamos, e esse é o homem incontinente, que é melhor que o homem intemperante, e não é vicioso, já que nele se conserva o que existe de melhor, ou seja, o primeiro princípio. Enfim, oposto ao homem incontinente existe uma outra espécie de homem, aquele que permanece firme e não se separa do princípio, sob um efeito menor da paixão. Essas considerações mostram claramente que essa última disposição de caráter é boa, e a outra não é.

O incontinente então é aquele que permanece firme em qualquer regra e em qualquer escolha, ou somente aquele que permanece firme na regra justa? Por outro lado, é incontinente aquele que não persiste em qualquer escolha e em qualquer regra, ou aquele que apenas abandona a regra, livre da falsidade e da escolha correta? Tal foi o modo como o problema foi posto anteriormente. Não seria, por acidente, relativa a uma regra ou uma escolha qualquer, mas que, em si, é somente a regra verdadeira e a escolha correta que o homem continente persiste e o incontinente não? Se, de fato, alguém escolhe ou busca tal coisa em vista de **[1151b]** outra coisa, é esta que por si é escolhida e perseguida, mas a primeira é por acidente. Ora, de um modo absoluto, tem para nós o sentido de "por si mesmo". Por consequência, em um sentido, é a qualquer opinião que o um se agarra e o outro abandona, mas falando de modo geral, é somente em relação a que é verdadeira.

Mas existem pessoas capazes de persistir em sua opinião, as quais são chamadas de opinantes, isto é, que são difíceis de convencer e que não mudam facilmente a sua convicção. Essas pessoas apresentam uma semelhança com o homem continente, assim como o pródigo se assemelha ao homem liberal, e o temerário ao homem seguro de si, mas, na verdade, eles se diferem em alguns aspectos. O homem continente, de fato, não cede à paixão e ao apetite, visto que, outras vezes, é facilmente persuadido; os outros se recusam a ceder à razão, pois se ocupam com os apetites e muitos deles são governados por seus prazeres.

Ora, entre os opinantes, distinguem-se os obstinados, os ignorantes e os grosseiros. São obstinados por causa do prazer e da dor; eles se comprazem em cantar vitória quando não são persuadidos a mudar de opinião, e se afligem quando suas opiniões são inválidas, como quando acontece para os decretos. Desse modo, eles assemelham-se mais ao homem incontinente do que ao continente.

Por outro lado, existem pessoas que não persistem em suas opiniões não por causa da incontinência, como por exemplo, Neoptólemo, no *Filoctetes* de Sófocles. É verdade que foi pelo prazer que ele não permaneceu fiel, mas era por um prazer nobre, pois dizer a verdade era para ele algo nobre, e ele só consentia em mentir por incitação de Odisseu. De fato, aquele que pratica uma ação por prazer não é sempre um homem intemperante, mau ou incontinente, mas aquele que a pratica por um prazer vergonhoso.

Visto que existe também um gênero de homem que se compraz menos do que deveria quanto aos prazeres do corpo, e que ele não permanece firme à razão, aquele que ocupa a posição **(25)** intermediária entre ele e o homem incontinente é o homem continente. De fato, o homem incontinente não se atém à razão porque ele ama muito os prazeres corporais, e esse outro de que falamos, por ele não os amar muito. O homem continente, ao contrário, se atém à razão e não muda por causa de nenhuma delas. Mas é preciso, se a continência é uma coisa boa, que as duas disposições que são contrárias sejam ambas más, e é, aliás, assim que elas parecem ser. Mas pelo fato de que **(30)** uma delas só se manifesta em um pequeno número de indivíduos, acredita-se que a continência seja o único contrário da incontinência, assim como se admite que a temperança seja o único contrário da intemperança.

Sendo dado que, por outro lado, um grande número de expressões é empregado por analogia, é por analogia também que nós acabamos de falar da continência no homem temperante, porque tanto o homem continente quanto o homem temperante são constituídos de modo a não fazer nada contrário **[1152a]** à razão correta, sob o impulso dos prazeres corporais. Mas enquanto o primeiro possui apetites ruins, o segundo não os possui, e sua natureza é tal que ele não sente prazer nas coisas que são contrárias à razão, enquanto o primeiro o sente, mas não se deixa conduzir por ele. Existe igualmente uma semelhança entre o homem incontinente e o intemperante, se bem que eles sejam, na verdade, diferentes. Ambos buscam os prazeres corporais, mas o primeiro pensa que ele não deve agir assim, e o segundo, o contrário.

Não é possível também que a mesma pessoa seja ao mesmo dotado de sabedoria prática e incontinente, pois mostramos que a sabedoria prática e o caráter virtuoso estão sempre juntos. Além disso, que a sabedoria prática não consiste apenas no conhecimento, mais ainda na capacidade de agir, capacidade essa que o homem incontinente não possui.

Nada impede, aliás, que o homem hábil seja incontinente (e é essa a razão pela qual se pensa que às vezes existem pessoas que, sendo dotadas de sabedoria prática, sejam, no entanto, incontinentes), pois se a habilidade e a sabedoria prática são diferentes da maneira que descrevemos em nossas primeiras discussões, mas que se relacionam com a razão por serem noções parecidas, elas se diferem quanto ao propósito.

Não se deve, portanto, comparar o homem incontinente àquele que sabe e contempla, mas somente àquele que está adormecido ou embriagado. E ele certamente age voluntariamente (visto que ele sabe, de certa maneira, o que ele faz e em vista de que ele faz), mas ele não é mau, porque sua escolha é imparcial, de modo que ele é apenas um pouco mau. E ele não é criminoso, pois ele não age premeditadamente.

Dos dois tipos de homens incontinentes, um não persiste no resultado de suas deliberações, e outro nem ao menos delibera. Portanto, o homem incontinente é semelhante a uma cidade que sempre aprova decretos convenientes e possui boas leis, mas que não faz nenhum uso delas, como nota Anaxândrides, "*a cidade assim o desejava, que não tem qualquer preocupação com as leis*". O homem mau, ao contrário, assemelha-se a uma cidade que se serve de suas leis, mas essas leis são más quanto ao uso.

(25) A continência e incontinência são relativas ao que ultrapassa a disposição habitual da maioria dos homens; o homem continente, de fato, mostra uma firmeza maior em suas resoluções, e o homem incontinente uma firmeza menor, firmeza que a maioria dos homens não é capaz de mostrar.

De todas as formas de incontinência, aquela dos homens de humor excitável é mais fácil de curar do que aquela dos homens que deliberam sem persistir em sua decisão, e aqueles que são incontinentes por hábito se curam mais facilmente do que aqueles que o são por natureza, pois se muda mais facilmente por hábito do que por natureza. Mesmo **(30)** o hábito é difícil de ser mudado, precisamente por esta razão, pois, segundo Eveno,[29] ele se assemelha à natureza:

> "*O hábito, meu caro, é somente um exercício de longa prática, que acaba por tornar-se uma natureza nos homens*".

Assim, nós examinamos a natureza da continência e da incontinência, **(35)** da força e da frouxidão, e mostramos como essas disposições se relacionam umas com as outras.

[1152b] O estudo do prazer e da dor é uma questão do filósofo político. É ele, de fato, o arquiteto do fim sobre o qual fixamos os olhos para denominar cada coisa boa ou má em sentido absoluto. Além disso, essa investigação é uma de nossas tarefas necessárias **(5)**, pois não somente estabelecemos que a virtude moral e o vício se relacionam com os prazeres e com as dores, mas, ainda, como a maioria dos homens diz, a felicidade não acontece sem o prazer, e é por essa razão que o homem bem-aventurado é denominado por um nome derivado de regozijar.

---

[29] Fragmento 9, Diehl.

Alguns homens acreditam que nenhum prazer é um bem, nem em si mesmo e nem por acidente, pois não existe identidade **(10)**, eles dizem, entre o bem e o prazer. Para outros, somente alguns prazeres são bons, mas a maioria deles é má. De acordo com uma terceira opinião, mesmo que se suponha que todos os prazeres sejam bons, não é possível que o prazer seja o bem supremo.

Eles dizem que o prazer não é um bem porque todo prazer é um devir, contra um estado natural, e que um devir nunca é da mesma espécie que seu fim (por exemplo, o processo de construção nunca é da mesma espécie que uma casa). Além disso, **(15)** o homem temperante evita os prazeres. O homem dotado de sabedoria prática, por sua vez, busca o que isenta de dor, não o agradável. Os prazeres, além disso, são um obstáculo ao pensamento, e quanto mais o são, são sentidos mais intensamente, como no caso do prazer sexual, onde ninguém é capaz de pensar qualquer coisa no momento que o experimenta. Ademais, não existe qualquer arte que produza o prazer. Entretanto, todo bem é produto de uma arte. Por fim, crianças e animais buscam os prazeres.

(20) Outros, porém, dizem que nem todos os prazeres são bons, pois existem os que são vergonhosos e repreensíveis e, além disso, alguns são prejudiciais, já que algumas coisas agradáveis são prejudiciais para a saúde. Tal argumento é que o bem supremo não é o prazer, e nem seu fim, mas um processo.

(25) Tais são então, as opiniões correntes. Que não resulte desses argumentos que o prazer não seja um bem, nem mesmo o bem soberano, as considerações seguintes mostrarão.

Em primeiro lugar, visto que o bem é tomado em duplo sentido (existe o bem em sentido absoluto e o bem para determinada pessoa) ocorrerá que os estados naturais e as disposições serão também chamados de bons em um duplo sentido e, por consequência, os movimentos e os processos correspondentes. Desses que são considerados como maus, uns serão maus em sentido absoluto, e os outros, maus para uma pessoa determinada e não para a outra, e alguns nem dignos de escolha, mas ao contrário, desejáveis para um indivíduo, e a outros não, mas somente em um dado momento e por pouco tempo e não para sempre. Os outros, enfim, não são prazeres, mas apenas parecem, e esses são os que acompanham a dor e tem por fim a cura, por exemplo, nas doenças.

Além disso, visto que um tipo de bem é uma atividade, e o outro tipo é uma disposição, os processos que nos restauram o nosso estado natural são agradáveis apenas por acidente. Aliás, a atividade para os apetites é aquela desta parte de nós mesmos, que permanece em seu estado natural. **[1153a]** De fato, também existem prazeres que não são acompanhados de dor ou apetite, por exemplo, a atividade contemplativa, cuja natureza não sofre qualquer falta.

E o que indica que os prazeres ligados a um processo são somente acidentais é que algumas pessoas não se comprazerem dos mesmos objetos agradáveis no momento que a sua natureza se encontra em estado normal, mas só depois que ela é restaurada; no primeiro caso, se compraz com as coisas que são agradáveis em sentido absoluto; no segundo, se compraz com os seus contrários, inclusive as substâncias ardidas e amargas, que não são agradáveis por natureza, nem absolutamente agradáveis, de modo que os prazeres que nós sentimos com elas não são também nem naturalmente, nem absolutamente agradáveis, pois tal como os objetos agradáveis são diferentes entre si, os prazeres que surgem deles também são diferentes.

Além disso, não se deve estabelecer que exista algo melhor que o prazer, uma vez que, como alguns dizem, o fim é melhor do que o processo. Os prazeres, de fato, não são processos, nem estão todos ligados a um processo. Eles são atividades e fim. Eles não se produzem quando nos tornamos algo, mas quando nós usamos nossas faculdades e, enfim, não possuem um fim diferente deles mesmos, mas somente os prazeres daqueles processos que levam à perfeição de sua natureza. E é por isso que não é certo dizer que o prazer é um processo sentido, mas é preciso antes de tudo defini-lo como uma atividade da maneira de ser que é segundo a natureza, e, no lugar de "sentido", colocar "não impedido". Por outro lado, também existem pessoas que consideram o prazer como um processo, porque ele é para eles um bem em sentido absoluto, e elas julgam de maneira equivocada que a atividade é um processo.

A opinião segundo a qual os prazeres são maus porque algumas coisas agradáveis são prejudiciais para a saúde corresponde a dizer que a saúde é má porque algumas coisas úteis para a saúde não se prestam na aquisição de dinheiro. A respeito disto, as coisas agradáveis, como também as coisas úteis para a saúde são más, mas elas não são más em si mesmas por essa razão, já que mesmo a contemplação pode, às vezes, ser prejudicial para a saúde.

Por outro lado, nem a sabedoria prática, nem qualquer disposição em geral são impedidas pelo prazer que surge delas mesmas, mas somente os prazeres estranhos, já que os prazeres oriundos do contemplar e do aprender nos farão contemplar e aprender mais.

Que o prazer não é produto de uma arte, isto é natural. Nenhuma atividade também é produto de uma arte, mas a apenas a faculdade que lhe corresponde, se bem que a arte de um perfumista e a do cozinheiro sejam consideradas como artes produtoras de prazer.

Os argumentos que se apoiam sobre o fato de que o homem temperante evita o prazer e que o homem dotado de sabedoria prática busca a vida isenta de dor e, por outro lado, que as crianças e os animais buscam o prazer são todos refutados pela mesma consideração. Nós já indicamos, de fato, como os prazeres são bons em sentido absoluto, e como alguns prazeres não são bons; ora, são estes últimos

(30) prazeres que os animais e as crianças buscam, e é a ausência da dor causada pela privação de prazeres desse tipo que o homem dotado de sabedoria prática busca, isto é, os prazeres que implicam apetite e dor, em outros termos, os prazeres corporais (cuja natureza é essa) e suas formas excessivas, dos quais se diz **(35)** que um homem é intemperante. Tal é a razão pela qual o homem temperante evita esses prazeres, pois mesmo o homem temperante tem prazeres.

Além disso, **[1153b]** todos reconhecem que a dor é um mal e deve ser evitada, pois a dor é tanto um mal em sentido absoluto quanto um mal que serve para impedir de algum modo a nossa atividade. Ora, o contrário de uma coisa que deve ser evitada, enquanto ela é evitada e é um mal, esse contrário é um bem. O prazer é então, necessariamente, um bem. Espeusipo tentava refutar esse argumento **(5)** apoiando-se na comparação de que o maior é contrário do menor e do igual, mas sua refutação não é convincente, pois ele mesmo não poderia afirmar que o prazer, em sua essência, é uma espécie de mal.

Por outro lado, nada impede que o bem supremo seja algum prazer, mesmo que alguém concorde que alguns prazeres são maus, assim como o bem soberano poderia consistir em uma **(10)** espécie de conhecimento, não obstante certas espécies de conhecimento sejam más; talvez seja preciso, se a cada uma de nossas disposições corresponda uma atividade que se exerce sem entrave, que, não sendo a felicidade outra coisa senão a atividade sem entraves do conjunto de nossas disposições, ela seja uma dentre elas, e que a atividade em questão seja a mais digna de nossa escolha, e que essa atividade seja o prazer. Assim, o bem soberano seria uma espécie de prazer, se bem que a maioria dos prazeres seja absolutamente má.

Por isso, todos os homens pensam que a vida feliz é uma vida agradável **(15)**, e eles entrelaçam o prazer e a felicidade. E nisso eles têm razão, pois nenhuma felicidade é perfeita quando ela tem um impedimento, e a felicidade está entre as atividades perfeitas. O homem feliz também necessita de bens corporais, de bens exteriores e dos dons da fortuna, de modo que sua atividade não seja impedida por esse lado. E aqueles que afirmam que o homem que é torturado, ou que sofre **(20)** os maiores infortúnios é um homem feliz se for bom, declaram, voluntariamente ou não, algo sem sentido. Pelo contrário, sob o pretexto de que eles têm necessidade da fortuna, a fortuna é às vezes identificada com a felicidade. Ora, essas coisas são diferentes, pois a fortuna em si, quando em excesso, constitui um impedimento para a felicidade, e talvez não seja mais justo dar-lhe o nome de fortuna, pois sua definição se dá por sua relação com a felicidade.

(25) E o fato de todos os seres, animais e homens, buscarem o prazer, é um sinal de que o prazer é de algum modo o bem supremo:

"Nunca se destrói inteiramente, a voz que muitos povos..."[30]

Mas como não é uma coisa nem outra, nem a mesma disposição que é a melhor para todos, ou que ao menos aparece para cada um, todos os homens não buscam também o mesmo prazer, se bem **(30)** que todos buscam o prazer. Talvez eles também busquem não o prazer que imaginam, ou que gostariam de dizer que buscam, mas um mesmo prazer para todos, pois todos os seres têm por natureza algo de divino. Mas os prazeres corporais tomaram para si o nome do prazer, porque é para eles que nós nos dirigimos com maior frequência **(35)**, e eles estão em todos. Assim, pelo fato de serem os únicos que nos são familiares, acreditamos que são os únicos que existem.

---

[30] Hesíodo. *Trabalhos e dias*. v. 763.

[1154a] É evidente também que se o prazer, ou a atividade, não é um bem, a vida do homem feliz não será uma vida agradável. Para qual fim ele teria então necessidade, se o prazer não é um bem? Ao contrário, sua vida pode ser mesmo plena de dor, pois a dor não é nem um bem nem um mal, e se o prazer também não é nem um nem outro por que então evitar a dor? Portanto, a vida do homem virtuoso também não será mais agradável do que qualquer outra, se suas atividades também não forem mais agradáveis.

Em relação aos prazeres do corpo, é preciso examinar a opinião daqueles que dizem que alguns prazeres são mais desejáveis, por exemplo, os prazeres nobres, mas que o mesmo não ocorre com os prazeres corporais e com aqueles que são objeto do homem intemperante. Se isso é assim, por que as dores são más? Pois o contrário de um mal é um bem. Não seriam bons os prazeres que são necessários, no sentido de que o que não é mau é bom? Ou esses prazeres são bons somente até certo ponto? De fato, se nas disposições e nos processos que não admitem o excesso, não existe também excesso possível ao prazer correspondente, nos estados que admitem, ao contrário, esse tipo de excesso, haverá também excesso de prazer?

Ora, os bens do corpo admitem o excesso, e é a busca desse excesso que torna o homem mau, e não a dos prazeres necessários, pois todos os homens se comprazem dele na medida conveniente, com iguarias, vinhos e os prazeres sexuais. E é absolutamente o contrário para a dor. Não somente se evita o excesso, mas se foge dela completamente. E o que é o prazer excessivo senão uma dor, exceto para o homem que busca o excesso do prazer.

Já que é preciso não apenas enunciar o verdadeiro, mas também mostrar a causa do erro contrário (pois é reforçar a crença no verdadeiro, quando, de fato, uma explicação plausível do motivo é fornecida para aquela que aparece como verdadeira, mas na verdade não o é, e isso torna mais forte a crença no **(25)** verdadeiro), nós devemos indicar por que os prazeres do corpo aparecem como mais desejáveis do que outros. A primeira razão é que o prazer afasta a dor, pois o excesso de dor leva os homens a buscar, tal como um remédio, o prazer em si mesmo excessivo e, de uma maneira geral, **(30)** o prazer corporal. E esses prazeres que curam são em si mesmos de uma grande intensidade (e é por isso que são buscados), porque eles aparecem em contraste com a dor oposta. A opinião, então, segundo a qual o prazer não é um bem se mantém também por dois fatos que nós indicamos, a saber, que alguns prazeres são ações que surgem de uma natureza má (quer seja de nascença, como entre os animais, ou pelo efeito do hábito, como os prazeres dos homens maus), enquanto os outros agem como remédio supõem uma deficiência **[1154b]**, e que é preferível estar em boa saúde a estar recuperando a saúde. Mas esses prazeres que curam surgem durante os processos que visam a um estado perfeito e são então, bons por acidente.

Além disso, os prazeres corporais são perseguidos em razão de sua intensidade, por pessoas que não são capazes de experimentar outros prazeres (esforçam-se para sentir sede, para assim sentir prazer em saciá-la). Quando esses prazeres não geram nenhum prejuízo **(5)**, não há nada a dizer, mas se eles são prejudiciais, isso é um mal. O fato é que essas pessoas não possuem outras fontes de prazer, e o estado que não é nem agradável nem doloroso é para muitos deles algo difícil de suportar, em razão de sua constituição natural. O animal vive, de fato, em um estado de perpétuo esforço, tal como dizem os fisiologistas, segundo os quais a visão e a audição são algo de doloroso, mas que, após algum tempo, eles dizem, nós nos acostumamos a isso.

Do mesmo modo, os jovens, por causa do seu crescimento, estão em um estado semelhante ao daquele que bebe vinho **(10)**, pois a juventude é agradável; por outro lado, as pessoas de humor naturalmente excitável possuem uma perpétua necessidade de tratamento médico, pois o seu corpo vive em um contínuo estado de irritação devido ao seu temperamento, e eles são sempre presos a um desejo violento. Mas a dor é expulsa pelo prazer, assim como o prazer que é contrário a qualquer outro **(15)**, contanto que ele seja forte, é o que faz com que o homem de humor excitável se torne intemperante e mau.

Por outro lado, os prazeres que não são acompanhados de dor não admitem o excesso, e esses prazeres são aqueles que surgem de coisas agradáveis por natureza e não por acidente. Por coisas agradáveis por acidente, compreendo aquelas que agem como remédios (de fato, sua virtude curativa vem de uma atividade da parte do corpo que permanece sã, o que faz com que o remédio pareça agradável), e por coisas agradáveis por natureza, compreendo aquelas que estimulam a atividade de uma dada natureza.

(20) Entretanto, não existe nenhuma coisa que seja sempre agradável para nós, isso porque nossa natureza não é simples, mas ela agrupa também um segundo elemento, em virtude de que nós somos seres mortais, de modo que se o primeiro elemento faz uma coisa, essa coisa é para o outro elemento natural algo contrário à sua natureza; e quando os dois elementos se equilibram, a ação realizada não é sentida nem como dolorosa nem como agradável, pois se se supõe que existe um ser qualquer, possuidor de uma natureza simples **(25)**, a mesma atividade seria para ele o mais alto grau de prazer. É por isso que um deus se regozija perpetuamente de um prazer único e simples, pois não existe somente uma atividade do movimento, mas também uma atividade do repouso, e o prazer consiste mais no repouso do que no movimento. Mas,

"*A mudança é agradável em todas as coisas*"[31]

---

[31] Eurípedes, *Orestes*, v. 234.

segundo o poeta, em razão de uma imperfeição de nossa natureza, pois mesmo que o homem mau seja um homem que sempre mude, assim é viciosa a natureza que tem necessidade **(30)** de mudança, pois ela não é simples nem boa.

A continência e a incontinência, o prazer e a dor foram até aqui objetos de nossa discussão e nós estabelecemos a natureza de cada uma deles e em qual sentido uns são bons e outros são maus. Resta ainda falar sobre a amizade.

LIVRO VIII

[1155a] Após essas considerações, poder-se-ia discorrer a respeito da amizade. A amizade é, de fato, uma virtude, ou implica virtude e, além disso, ela é o que existe de mais necessário para a vida. Certamente, ninguém escolheria viver sem amigos, ainda que tivesse todos os outros bens. De fato, as pessoas ricas, aquelas que possuem autoridade e poder, parecem ser os que mais precisam de amigos, pois de que serviria tal prosperidade, uma vez tirada a possibilidade de fazer o bem, que se manifesta principalmente e de modo mais digno de elogio no que diz respeito aos amigos? Ou como essa prosperidade seria conservada e preservada sem amigos? Pois, quanto maior ela for, maior será a sua instabilidade. E na pobreza, como nos demais infortúnios, os homens pensam que os amigos são o único refúgio.

Os amigos, aliás, são um socorro aos jovens, para preservá-los do erro, e aos mais velhos, para lhes assegurar os cuidados e substituir a sua falta de atividade devido à fraqueza; enfim, àqueles que estão na flor da idade, a amizade os incita às nobres ações, pois "*dois, quando vão juntos*",[32] são mais capazes de pensar e de agir.

Além disso, ela parece ser um sentimento natural do pai por seu filho e do filho por seu pai, não somente entre os homens, mas também entre os pássaros e a maioria dos animais, e os indivíduos de uma mesma espécie a sentem mutuamente, principalmente entre os homens, e é por isso que nós elogiamos os homens que são bons

---

[32] Homero, *Ilíada*, X, v. 224.

para os outros. Mesmo nas viagens, pode-se ver como cada homem sente afinidade e amizade pelo homem. A amizade parece constituir também o laço entre as cidades, e os legisladores parecem ter por ela maior apreço do que à justiça, pois a concórdia, que parece ser algo semelhante à amizade, é o que os legisladores procuram antes de tudo, enquanto a dissidência, sendo um inimigo, é o que eles mais repugnam. E quando os homens são amigos não há necessidade de justiça, enquanto os justos têm necessidade de amizade, e a mais alta expressão da justiça parece ser uma marca da amizade.

A amizade não é somente uma coisa necessária, mas ela é também nobre; nós elogiamos aqueles que amam seus amigos, e a abundância de amigos parece ser algo belo; e pensa-se ainda que um amigo deve ser um homem bom.

Não são poucas as divergências a respeito da amizade. Uns a definem como um tipo de semelhança, e dizem que aqueles que são semelhantes são amigos, de onde os provérbios: "*cada qual com seu igual*" e "*cada ovelha com sua parelha*" e assim por diante. Outros, ao contrário, afirmam que "*dois de mesmo ofício nunca estão de acordo*". **[1155b]** Sobre essas mesmas questões, alguns procuram uma explicação mais elevada e de ordem física, afirmando, como Eurípides que "*a terra, quando é seca, anseia a chuva, e o céu majestoso, quando pleno de chuva, anseia cair sobre a terra*",[33] e Heráclito, que "*o oposto é que é útil*" e "*as dissonâncias resultam na mais bela harmonia*" e "*todas as coisas são engendradas por discórdia*".[34] Mas Empédocles e outros afirmam o contrário, que o semelhante tende ao semelhante.

Deixemos de lado as questões de ordem física (pois elas não são próprias para o presente exame) e examinemos as

---

[33] Fragmento 898, 7-10, Nauck.

[34] Fragmento 8, Diels.

que são propriamente humanas e que dizem respeito ao caráter e às paixões, por exemplo, se a amizade se encontra em todos os homens, ou se não é possível que os homens maus sejam amigos, ou se existe uma única espécie de amizade ou várias. Aqueles que pensam que ela é única, pelo fato de admitir uma graduação (o mais e o menos), acreditam em uma indicação insuficiente, pois as coisas que se diferem em espécie também são suscetíveis do mais e do menos. Mas isto já foi discutido anteriormente.

Talvez essas questões ganhassem em clareza se nós conhecêssemos previamente o objeto do amor. Parece, de fato, que nem tudo é amado, mas somente o que é digno do amor, isto é, o que é bom, agradável ou útil. Por útil pode-se admitir aquilo do qual surge algo bom ou agradável, de modo que as coisas dignas de amor teriam tanto o bom quanto o agradável como fins. Acaso os homens amam o bom em si, ou o que é bom para eles? Pois às vezes existe desacordo nessas coisas; e do mesmo modo no que diz respeito ao agradável. Parece, assim, que cada um ama o que é bom para ele mesmo, e o que é simplesmente bom é amado em si mesmo, uma vez que o que é bom para determinado homem, é amado apenas por ele. E cada homem ama não o que é bom para ele, mas o que lhe parece tal. Isso não tem aqui nenhuma importância, pois isso será o que deve aparentemente ser amado.

Existem então três razões pelas quais os homens amam. A aproximação para as coisas inanimadas não se chama amizade, pois não existe retorno na afeição, nem um deseja bem ao outro (seria ridículo, sem dúvida, desejar bem ao vinho, mas se desejamos realmente algo, é sua conservação, de modo a tê-lo em nosso poder); mas quando se trata de um amigo, nos é dito que é nosso dever desejar coisas boas para ele. Mas aqueles que desejam coisas boas ao outro, nós os chamamos benevolentes, quando o desejo não é recíproco, pois não é porque a benevolência é recíproca que ela é amizade. Ou é preciso acrescentar-lhe quando é conhecida? Muitas pessoas, de fato, possuem benevolência por pessoas que elas nunca viram, mas que julgam honestas ou úteis, e uma **(35)** destas pessoas pode experimentar o mesmo sentimento em relação à outra. Assim, **[1156a]** essas pessoas poderiam ser benevolentes umas com as outras, mas como se poderia chamá-las de amigas, se cada uma delas não conhece os sentimentos da outra? É preciso então existir benevolência mútua, isto é, cada um desejando o bem do outro, **(5)** e que ela tenha por causa um dos objetos que nós falamos.

Ora, esses objetos diferem um do outro em espécie, e, portanto, também as afeições e as amizades correspondentes. Há então três espécies de amizades, em número igual a seus objetos dignos de amor; correspondendo a cada espécie existe uma afeição recíproca, não permanecendo despercebida, e quando os homens tem um por outro uma amizade, eles desejam reciprocamente o bem segundo o objeto que está na origem de sua amizade. **(10)** Assim então, aqueles cuja amizade recíproca tem por causa a utilidade, não se amam um ao outro por eles mesmos, mas por algum bem que eles recebem um do outro. E semelhantemente os que se amam por causa do prazer; não é devido ao caráter que eles amam as pessoas espirituosas, mas porque eles os consideram agradáveis. Portanto, aqueles que amam os outros por causa da utilidade, amam pelo o que é bom para eles mesmos, **(15)** e aqueles que amam em razão do prazer, amam em razão do que lhes é agradável, e não porque o outro é o amado, mas por ser útil ou agradável.

Portanto, essas amizades são acidentais, uma vez que a pessoa não é amada por ser quem é, mas porque oferece **(20)** algum bem ou algum prazer. Tais amizades são, portanto, frágeis, não permanecendo iguais em si mesmas como no início, pois se uma das partes não é mais agradável ou útil, eles cessam de ser amigos. Ora, o útil não é uma coisa permanente, mas varia constantemente. Além disso, quando a causa da amizade desapareceu, a amizade é rompida, visto que a amizade só existia para aquelas coisas.

(25) É sobretudo entre os mais velhos que se encontra esse tipo de amizade (pois as pessoas dessa idade não perseguem o prazer, mas a utilidade), e também entre os que estão na flor da idade e os jovens que buscam a utilidade. Tais amigos nem sequer convivem juntos, pois eles, às vezes, não são agradáveis um ao outro; portanto, eles nem necessitam de tal companhia, se ela não lhes é útil, já que eles **(30)** são agradáveis uns aos outros na medida em que têm esperança de algum bem. Inclui-se entre essas amizades a hospitalidade.

Por outro lado, a amizade entre os jovens parece existir tendo em vista o prazer, pois esses vivem pela paixão, e eles perseguem sobretudo o que lhes é agradável e imediato, mas, quando submetidos às mudanças da idade, os prazeres se tornam outros. É por isso que eles fazem rapidamente **(35)** amizades e as abandonam, pois a amizade muda com o que lhes dá prazer, **[1156b]** e a mudança de prazer é rápida em tal idade.

Os jovens também são amorosos, pois uma grande parte da emoção amorosa surge da paixão e visa ao prazer. Por isso eles amam e cessam de amar rapidamente, mudando inúmeras vezes num mesmo dia. Porém, eles desejam também passar seu tempo e sua vida juntos, pois é desse modo que se apresenta para eles a amizade.

Mas a amizade perfeita é aquela dos homens bons e que são semelhantes em virtude, pois esses homens bons desejam igualmente coisas boas uns aos outros, e eles são bons por si mesmos. Assim, aqueles que desejam coisas boas **(10)** aos amigos por eles mesmos são amigos por excelência, porque eles são assim por sua própria natureza, e não por acidente; assim, a amizade deles permanecerá enquanto eles forem bons, e a bondade é uma virtude duradoura. E cada um deles é bom em si mesmo e também para o seu amigo, pois os bons são simplesmente bons e mutuamente úteis. E do mesmo modo também eles são agradáveis **(15)**, pois os homens bons são agradáveis em si mesmos e também uns aos outros, já que cada um faz residir seu prazer nas próprias ações, e as ações dos homens bons são idênticas ou semelhantes.

É natural que uma amizade desse tipo seja estável, pois nela estão reunidas todas as qualidades que devem pertencer aos amigos. Toda amizade, de fato, visa ao bem ou ao prazer — bem ou **(20)** prazer, seja no sentido absoluto, seja para aqueles que se relacionam com afeto — e em razão de certa semelhança; mas no caso da amizade, todas as qualidades que nós dissemos pertencem aos amigos por eles mesmos (pois nessa amizade, os amigos são semelhantes também por outras qualidades) e o que é bom em absoluto é também agradável em absoluto. Ora, são estes os principais objetos da amizade, desde que a afeição e a amizade existam em tais homens no mais alto grau e na forma mais excelente.

(25) É natural também que as amizades dessa espécie sejam raras, pois tais homens existem em pequeno número. Além disso, elas exigem tempo e hábitos comuns, pois, segundo o provérbio, *não é possível se conhecer um ao outro antes de ter consumido sal junto*, nem ser ou aceitar alguém como amigo, antes que cada um se mostre ao outro como digno de amizade **(30)** e confiança. E aqueles que rapidamente mostram uma amizade recíproca, seguramente possuem a vontade se ser amigos, mas eles na realidade não o são, a menos que eles sejam também dignos de ser amigo um e outro, e que eles tenham conhecimento disso, pois se o desejo de amizade surge rapidamente, a amizade não.

Assim, essa espécie de amizade é perfeita, tanto em razão de sua duração quanto para o resto, e em todos esses pontos de vista, cada parte recebe da outra as mesmas coisas, ou coisas parecidas, **(35)** e é isso o que precisamente deve ocorrer entre amigos.

A amizade que visa ao prazer tem uma semelhança com a dessa espécie, **[1157a]** já que os homens bons são também agradáveis uns aos outros; e ocorre o mesmo para aquela que visa ao útil, uma vez que os homens bons também são úteis uns aos outros. E é principalmente entre esses homens que as amizades permanecem, quando recebem a mesma coisa um do outro, por exemplo, o prazer, e não somente a mesma coisa, mas ainda quando sua fonte é a mesma, como é o caso de uma amizade entre pessoas espirituosas, e não como entre o amante e o amado. Esses últimos, de fato, não acham seu prazer nas mesmas coisas, mas, para um, o prazer consiste em ver o amado, e para o outro, no fato de receber os cuidados do amante; e quando desaparece a flor da juventude, desaparece também a amizade (pois para aquele que ama, ver o amado não causa prazer, e ao ser amado não dispensa mais cuidados). Muitos, por outro lado, persistem, se a intimidade os levou a amar o caráter do outro pela afinidade de caráter existente. Mas aqueles cujas relações amorosas consistem em uma troca de utilidades e não de prazeres são menos amigos e menos constantes. E os que são amigos por causa da utilidade separam-se quando a utilidade desaparece, pois não eram amigos uns dos outros, mas por causa da utilidade.

Assim, quando a amizade é baseada no prazer ou na utilidade, mesmo dois homens maus podem ser amigos, ou os bons serem amigos dos maus ou, enfim, um homem nem bom nem mal pode ser amigo de qualquer outro, mas é evidente que somente os homens bons são amigos por si mesmos, pois os homens maus não se comprazem uns dos outros, se não existe algum interesse.

Apenas a amizade entre os bons é imune às calúnias, pois não é fácil confiar em alguém que durante muito tempo é posto à prova; e é entre os homens bons que se encontra a confiança, a capacidade de nunca prejudicar, e todas as outras qualidades que a verdadeira amizade exige.

Nas outras formas de amizade, nada impede que tais reveses surjam.

Mas, visto que os homens também chamam amigos aqueles que procuram a utilidade, assim como acontece para as cidades (pois se admite geralmente que as alianças entre as cidades se formam em vista da utilidade), e também aqueles cuja afeição recíproca visa ao prazer, como é o caso das crianças; nessas condições, talvez nós também devêssemos fazer uso do nome de amigos para tais pessoas, e dizer que existem diversos tipos de amizade, primeiro, e em sentido próprio, a amizade dos homens bons enquanto bons, e igualmente as demais espécies; pois é por algo bom e algo semelhante que existe na verdadeira amizade que eles são amigos, já que até o agradável é bom para aqueles que amam o prazer. Mas essas duas formas de amizade não se unem completamente, e os homens não se tornam amigos por causa da utilidade e do prazer, pois não se acham frequentemente unidas as coisas que se relacionam de um modo acidental.

[1157b] Uma vez que as amizades são divididas em tais espécies, os homens maus serão amigos por prazer ou por utilidade, sendo semelhantes entre si por essa razão, enquanto os homens bons serão amigos por eles mesmos, isto é, em razão da bondade. Esses últimos são assim amigos em sentido próprio, enquanto os precedentes só o são por acidente e por semelhança.

Assim como no que diz respeito às virtudes, os homens são chamados bons, seja segundo uma disposição de caráter, seja segundo uma atividade, e assim também no tocante à amizade; de fato, os que mantêm uma convivência se comprazem um com o outro e proporcionam coisas boas entre si, enquanto aqueles que estão adormecidos ou habitam em lugares separados não proporcionam, mas estão dispostos exercer sua atividade de amigos. Pois as distâncias não destroem absolutamente as amizades, mas somente a sua atividade. Se, no entanto, a ausência se prolonga, ela parece incitar o esquecimento da amizade, de onde se diz:

"*O silêncio destruiu muitas amizades.*"

(15) Aliás, nem os velhos, nem as pessoas amargas parecem ser inclinados à amizade, pois neles, o agradável é insignificante, e ninguém é capaz de passar seu tempo junto a uma companhia dolorosa e que não é agradável, pois a natureza parece fugir do que é doloroso, e tender ao que é agradável. Quanto àqueles que se aceitam mutuamente, mas não vivem juntos, eles assemelham-se mais às pessoas benevolentes que aos amigos. De fato, nada caracteriza melhor a amizade do que o convívio **(20)** (embora aqueles que estão em necessidade anseiem benefícios, os mais felizes desejam passar seus dias juntos, pois a solidão lhes convém menos que a todos os outros). Mas não é possível viver uns com os outros se não são agradáveis uns aos outros, e eles não se comprazem com as mesmas coisas, o que, parece, é a marca do companheirismo.

(25) A amizade verdadeira é então aquela dos homens bons, como já foi dito repetidas vezes. Admite-se, de fato, que o que é bom ou agradável para tal pessoa, no sentido absoluto, parece ser estimável e agradável, e para cada pessoa o que é bom e agradável assim se lhe afigura, e por causa de ambas, o homem bom também é estimável **(30)** para o homem bom. Assim, parece que o amor é um sentimento, e a amizade uma disposição de caráter, pois a amizade pode existir para as coisas inanimadas, mas o amor recíproco ocorre junto com a escolha, e a escolha surge de uma disposição de caráter. Os homens desejam coisas boas àqueles que são amados por si mesmos, não por causa de um sentimento, mas de uma disposição de caráter. Os que amam um amigo amam o que é bom para si mesmos, pois o homem bom, depois de tornar-se amigo, torna-se um bem para o amigo **(35)**. Assim, cada um ama o que é bom para si, e retribui o mesmo, desejando prazer ao amigo; de fato, essa amizade é chamada igualdade, e é encontrada principalmente entre os homens bons.

[1158a] Entre os idosos e as pessoas amargas, a amizade surge com menos frequência, pois são desagradáveis e se comprazem menos na companhia umas das outras, enquanto as qualidades opostas são consideradas como as marcas mais características da amizade e as mais favoráveis à sua produção. Enquanto os jovens se tornam rapidamente amigos, para os velhos ocorre de modo diferente, pois não se tornam amigos de pessoas com as quais não experimentam algum sentimento de alegria. A mesma observação para as pessoas de caráter amargo. É verdade que esses dois tipos de pessoas podem demonstrar benevolência uns aos outros, desejando-se o bem e ajudando-se mutuamente em suas necessidades, mas dificilmente acontece de chamar-lhes de amigos, pelo fato de que eles não vivem juntos, nem se aprazem uns aos outros: ora, essas são as características em que se reconhece a amizade.

Na amizade perfeita, não se pode ser amigo para muitas pessoas, da mesma forma que não se pode estar apaixonado por muitas pessoas ao mesmo tempo (pois o amor é um tipo de excesso, e é característico dele ser sentido por uma única pessoa); talvez não seja fácil encontrar um grande número de pessoas que agrade a um único indivíduo, ou que, talvez, seja boa para ele. Deve-se, para uma amizade perfeita, adquirir alguma experiência de seu amigo e entrar em sua intimidade, o que é extremamente difícil. Por outro lado, se se procura a utilidade e o prazer, é possível agradar a muitas pessoas, pois as pessoas desse tipo são numerosas, e tais serviços não fazem esperar por muito tempo.

Dessas duas últimas formas de amizade, aquela que visa ao prazer se parece mais com a amizade verdadeira, quando as duas partes retiram ao mesmo tempo satisfação uma da outra, e se comprazem com as mesmas coisas; tais são as amizades entre os jovens, pois nelas existem mais generosidades, enquanto a amizade baseada na utilidade é aquela das almas mercenárias. Quanto àqueles que estão satisfeitos com a vida, eles não precisam de amigos úteis, mas de amigos agradáveis, porque eles desejam viver em companhia de algumas pessoas e, embora possam suportar um curto tempo o que lhes é penoso, eles não poderiam jamais suportar isso de uma maneira contínua, mesmo que fosse o bem em si, e ele lhes causasse dor. É por isso que as pessoas felizes procuram os amigos agradáveis. Sem dúvida, elas deveriam também procurar amigos que, tendo certa qualidade, sejam também pessoas de bem, além de bons e aprazíveis para elas, possuindo assim todas as características exigidas pela amizade.

Os homens que pertencem às classes dirigentes possuem seus amigos separados em grupos distintos. Alguns lhes são úteis, outros agradáveis, mas raramente esses são os mesmos ao mesmo tempo. De fato, eles não procuram por amigos nem aqueles cuja aprovação é acompanhada de virtude, nem aqueles cuja utilidade visasse a objetos nobres, mas eles querem pessoas espirituosas quando precisam se divertir e, quanto aos outros, eles querem os que são hábeis para executar suas ordens, mas todas essas características raramente se encontram nas mesmas pessoas. Nós dissemos que o homem bom é ao mesmo tempo útil e agradável, mas um homem tal não se torna amigo de outro que ocupa uma posição social mais elevada, a menos que esse outro não o supere também em virtude; caso contrário, o homem de bem, superado pelo superior, não pode realizar uma igualdade proporcional. Mas não é fácil encontrar frequentemente homens dessa espécie.

(1158b) De qualquer maneira, as amizades que falamos implicam igualdade e as duas partes recebem as mesmas coisas uma da outra, e desejam reciprocamente os mesmos bens, ou trocam uma coisa por outra, por exemplo, o prazer pela utilidade. Nós dissemos, entretanto, que essas duas formas de amizade são inferiores **(5)** e duram menos tempo. Mas, pelo fato de se assemelharem e não se assemelharem em relação à mesma coisa é que se pode pensar que elas são amizades; é por sua semelhança com a amizade fundada na virtude que elas parecem ser amizades (pois uma envolve o prazer e a outra a utilidade, e essas características também pertencem à amizade baseada na virtude); por outro lado, a amizade baseada na virtude é invulnerável a calúnias e permanece estável, enquanto as outras amizades mudam rapidamente e, aliás, por diferirem da primeira em muitos **(10)** outros pontos, essas amizades não parecem ser amizades, por causa de sua dissemelhança com a amizade verdadeira.

Mas existe outra espécie de amizade, aquela que comporta uma superioridade de uma parte sobre a outra, por exemplo, a afeição de um pai em relação a seu filho e, de uma maneira geral, a de um idoso em relação a um mais jovem, ou ainda a do marido com a sua esposa, ou de uma pessoa que exerce uma autoridade qualquer em relação ao seu inferior.

(15) Essas diversas amizades também se diferem entre elas, pois a afeição dos pais pelos seus filhos não é a mesma que aquela entre os que mandam e os que obedecem; aquela do pai por seu filho não é a mesma que aquela do filho pelo pai, nem aquela do marido pela esposa é a mesma que aquela da esposa por seu marido. De fato, cada uma das pessoas possui uma virtude e uma função diferentes, e diferentes também são as razões que fazem com que elas sejam amigas, o que resulta em uma diferença nas relações e nas amizades.

(20) Portanto, não existe identidade nas vantagens que cada uma das partes retira da outra, e elas nem deveriam pretender isso, mas quando os filhos dão aos seus pais o que eles devem aos que lhes deram a vida, e os pais devolvem aos seus filhos o que eles devem à sua prole, a amizade entre tais pessoas será estável e justa.

Em todas as amizades que incluem a desigualdade, é preciso também que o amor seja proporcional, isto é, aquele que é melhor que o outro deve ser amado mais do que ele realmente ama, e ocorrerá o mesmo àquele que é mais útil, e igualmente em cada um dos outros casos. Quando, de fato, a afeição é proporcional ao mérito das partes, então se produz um tipo de igualdade, que é considerada como um traço característico da amizade.

Mas a igualdade não parece assumir a mesma forma no domínio das ações justas e na amizade. No caso das ações justas, o igual no sentido primeiro é o que é proporcionado pelo mérito, enquanto o igual em quantidade é somente um sentido derivado; ao contrário, da amizade onde o igual em quantidade é o sentido primeiro, e o proporcionado pelo mérito é o sentido secundário.

O que nós dizemos agora se torna mais evidente quando uma disparidade considerável se produz em relação à virtude, ou ao vício, ou à riqueza, ou a qualquer outra coisa; nesse caso, os amigos não são mais amigos, e eles não desejam nem sequer permanecer amigos. Mas o caso mais impressionante é aquele dos deuses, em que a superioridade em toda a espécie de bens é a mais indiscutível. Mas se vê isso também quando se trata **[1159a]** dos reis, pois os homens de uma situação muito inferior não podem desejar a sua amizade, aliás, nem sequer as pessoas desprovidas de todo mérito têm a intenção de se ligar a homens mais distintos em excelência ou em sabedoria. É verdade que, em tal caso, não se pode determinar com precisão até que ponto os amigos ainda são amigos. De fato, muitos dos motivos que a sustentam podem desaparecer, mas a amizade ainda persiste. Todavia, se um dos amigos é separado por um tempo considerável, como, por exemplo, no caso dos deuses, não existe amizade possível. É o mesmo que nos leva a perguntar se, no final das contas, os amigos desejam verdadeiramente para seus amigos os maiores bens, como, por exemplo, de serem deuses, pois nesse caso eles não serão mais seus amigos, nem por seus bens, já que os amigos são os bens. Se, então, nós tínhamos razão ao dizer que o amigo deseja bem a seu amigo em vista desse amigo, aquele que deveria permanecer o que ele é, enquanto o outro desejará a seu amigo somente os maiores bens. Mas talvez não lhe deseje os melhores bens, pois é principalmente para si mesmo que todo homem deseja as coisas que são boas.

A maioria dos homens, levados pelo desejo da honra, parece desejar ser amada ao invés de amar (por isso geralmente os homens são bajuladores, pois o bajulador é um amigo em estado de inferioridade, ou que faz o menos possível para parecer ser tal, e simula amar mais do que ser amado); ora, ser amado e ser honrado são, parece, noções muito próximas, e ao que a maioria dos homens aspira é ser amado.

Mas parece que a maioria das pessoas não escolhe a honra em si, mas somente por acidente. De fato, na maior parte do tempo ela se compraz em receber notas de distinção dos homens que ocupam posição de autoridade, em razão das esperanças que esses fazem nascer (pois pensam que se precisarem de algo, elas obterão junto a eles, e, portanto, se regozijam com a honra como um sinal de um benefício futuro). Aqueles que, por outro lado, desejam ser honrados por homens bons e sábios, fazendo isso, aspiram a fortalecer sua própria opinião sobre eles mesmos. Eles se regozijam, portanto, com a honra que recebem, porque acreditam na bondade levados pelo julgamento daqueles que os elogiam.

Por outro lado, regozija-se de ser amado por isso mesmo. De tudo isso resulta que ser amado pode ser preferível a ser honrado, e que a amizade é desejável por si mesma. Mas parece que a amizade consiste mais em amar do que ser amado, prova disso é a alegria que as mães sentem por amar os seus filhos. Algumas os entregam às amas, **(30)** e elas os amam sabendo que eles são seus filhos, e não procuram serem amadas de volta, (as duas coisas, ao mesmo tempo, não são possíveis) mas lhes parece suficiente vê-los prosperar, e elas amam seus filhos mesmo se eles não lhes dão nada daquilo que é devido a uma mãe, por causa da ignorância em que se encontram.

Dado que a amizade consiste mais no fato de amar, e que são louvados aqueles que amam seus amigos, **(35)** parece que amar é a virtude dos amigos, de modo que aqueles nos quais esse sentimento se encontra proporcional ao mérito do seu amigo, são amigos constantes, e sua amizade também é.

[1159b] É desse modo que mesmo os homens de condição desigual podem ser amigos, pois é possível estabelecer igualdade entre eles. Ora, a igualdade e a semelhança constituem a amizade, particularmente a semelhança daqueles que são semelhantes **(5)** em virtude, pois sendo estáveis em si mesmos, eles permanecem assim também em suas relações mútuas e não pedem nem prestam serviços degradantes, mas pode-se mesmo dizer que eles colocam aí um obstáculo, pois é próprio dos virtuosos evitarem o mal e de não tolerá-lo em seus amigos. Os maus, ao contrário, não têm a estabilidade, pois eles não permanecem estáveis em si mesmos; eles se tornam amigos somente por um tempo bem curto, deleitando-se em sua maldade **(10)** recíproca. Aqueles cuja amizade visa à utilidade ou ao prazer permanecem amigos mais tempo que os anteriores, ou seja, tanto tempo que adquirem reciprocamente prazeres ou benefícios. É a amizade que visa à utilidade que, parece, se forma mais frequentemente a partir de pessoas de condições opostas, por exemplo, a amizade de um pobre e um rico, de um ignorante e um sábio, pois quando se acha desprovido de uma coisa que ele deseja, dá outra coisa em troca para obtê-la. Pode-se ainda colocar sob essa espécie **(15)** o laço que une o amante e seu amado, o homem belo e o homem feio. É por isso que o amante parece às vezes ridículo, quando ele tem a pretensão de ser amado como ele ama; se ele fosse igualmente amável, sem dúvida sua pretensão seria justificável, mas se não tem nada a oferecer, ela é ridícula.

Mas talvez o contrário não tenda ao contrário por sua própria natureza, mas somente por acidente, **(20)** já que o desejo tem por objeto o meio, pois o meio-termo é que é bom; assim, por exemplo, o bom para o seco não é tornar-se úmido, mas atingir o estado intermediário, e ocorre o mesmo para o calor e para as outras qualidades. Mas deixemos de lado essas últimas considerações (de fato, elas são muito estranhas para a nossa investigação).

(25) Parece, como nós dissemos no início, que a amizade e justiça têm relação com os mesmos objetos e manifestam-se entre as mesmas pessoas. De fato, em toda forma de comunidade, acha-se, parece, alguma forma de justiça e também de amizade; os homens chamam de amigos os companheiros de navegação e seus companheiros de armas, assim como aqueles que lhes são associados em outros tipos de comunidade. E a extensão de sua associação **(30)** é da medida da extensão de sua amizade, pois ela determina também a extensão da justiça. Além disso, o provérbio segundo o qual "*os amigos possuem bens em comum*" é exato, pois é em uma comunhão que consiste a amizade.

Existe entre os irmãos, assim como entre outros colegas, uma comunidade total, mas para os outros amigos, a reunião se coloca sobre coisas determinadas, mais ou menos numerosas segundo o caso, pois **(35)** as amizades também seguem as mesmas variações, de maior e de menor intensidade. As relações de justiça admitem também diferenças: os direitos **[1160a]** dos pais e dos filhos não são os mesmos que aqueles dos irmãos entre si, nem aqueles dos colegas são os mesmos dos cidadãos, e ocorre o mesmo para as outras formas de amizade.

Portanto, existe também uma diferença no que diz respeito às injustiças cometidas em cada uma dessas diferentes classes de associados, e a injustiça é mais grave quando ela se manifesta mais para os que são amigos, por exemplo, é mais grave despojar de seu dinheiro um colega do que um concidadão, mais grave recusar assistir a um irmão do que a um estranho, mas grave, enfim, bater em seu próprio pai do que em uma pessoa qualquer. Também é natural que a justiça cresça ao mesmo tempo em que a amizade, razão pela qual uma e outra existem entre as mesmas pessoas e possuem igual extensão.

Mas todas as comunidades são, por assim dizer, apenas partes da comunidade política. Os homens, por exemplo, se reúnem para viajar juntos em vista de algum benefício e de obter alguma das coisas necessárias para a vida; e é também em vista do benefício de seus membros que geralmente se pensa que a comunidade política se constituiu a princípio e continua a se manter, e essa utilidade comum é o fim visado pelos legisladores, que chamam justo o que ocorre em benefício de todos. Assim, as outras comunidades têm em vista um benefício particular: por exemplo, os marinheiros que, navegando juntos, têm em vista o benefício de adquirir dinheiro ou alguma coisa parecida; para os companheiros de armas, é o espólio, quer sejam riquezas, a vitória ou a posse de uma cidade que eles desejam; e igualmente o caso dos membros de uma tribo ou de um demo.

Certas comunidades parecem ter por origem o acordo, por exemplo, aquelas em que se unem os membros de um tíaso[35] ou de um círculo social, seja em associações constituídas respectivamente em vista de oferecer um sacrifício ou de manter as relações da sociedade. Mas todas essas comunidades parecem estar subordinadas à

---

[35] Nome dado ao cortejo que acompanhava o deus Dioniso.

comunidade política, pois a comunidade política não tem por fim o benefício imediato, mas o que é útil à vida em sua totalidade, oferecendo sacrifícios e realizando reuniões para esse fim, dando assim honras aos deuses e obtendo ao mesmo tempo para eles distrações agradáveis. De fato, os sacrifícios e as reuniões de origem antiga aconteciam depois da colheita das frutas e apresentavam características de uma oferenda de primícias, pois é a estação do ano em que o povo tinha maior lazer. Então, todas as comunidades parecem ser partes da comunidade política, e as espécies particulares de amizades correspondem às espécies particulares de comunidades.

Existem três espécies de constituições e também um número igual de desvios, isto é, corrupções às quais elas estão sujeitas. As constituições são a monarquia, a aristocracia e em terceiro lugar aquela que é fundada na posse de riquezas e que, parece, pode receber o qualificativo apropriado de timocracia, embora a maioria a chame de república. A melhor dessas constituições é a monarquia, e a pior, a timocracia.

O desvio da realeza é a tirania, pois ambas são **[1160b]** governos de um só homem, mas elas se diferem. O tirano tem em vista somente o benefício pessoal, enquanto o rei tem em vista o bem de seus súditos. De fato, não é realmente rei aquele que não se basta a si mesmo, isto é, não possui a superioridade em todos os tipos de bens, mas o rei, tal como nós supomos, não tendo necessidade de nada de mais do que ele tem, não terá em vista seus próprios interesses, mas aqueles de seus súditos, pois um rei que não possui estas características, será rei apenas no título. A tirania é totalmente contrária à realeza, pois o tirano tem em vista apenas o seu próprio bem. E percebe-se mais claramente no caso da tirania que ela é o pior dos desvios, pois o contrário do que há de melhor é o que há de pior. Da monarquia se passa à tirania, pois a tirania é uma perversão da monarquia, e, portanto, o mau rei se torna tirano.

Da aristocracia se passa à oligarquia, pelo vício de seus governantes, que distribuem o que pertence à cidade sem ter em conta o seu mérito, e atribuem a si mesmos todos os bens ou a maior parte deles, e reservam as magistraturas sempre para as mesmas pessoas, privilegiando a riqueza; portanto o governo está nas mãos de um pequeno número de homens maus, ao invés de pertencer aos homens mais capazes.

Da timocracia se passa para a democracia e elas são, de fato, afins, já que a timocracia tem também por ideal o governo da maioria, em que são iguais todos aqueles que respondem a essas condições, independentemente de suas posses. A democracia é o melhor dos três governos corrompidos, pois ela é apenas um leve desvio da forma de governo republicano. Tais são então as transformações às quais as constituições estão mais expostas. (pois são essas as mudanças mínimas e que mais facilmente se produzem).

Poder-se-ia achar semelhanças nessas constituições, modelos de algum tipo, até na organização doméstica. De fato, a associação existente entre um pai e seus filhos é do tipo monárquica, visto que o pai cuida de seus filhos, e é por isso que Homero designa Zeus pelo nome de pai, pois a monarquia tem por ideal ser um governo paternal. Entre os Persas, contudo, a autoridade paternal é tirânica (pois eles se servem de seus filhos como escravos). Tirânica também é a autoridade do senhor sobre seus escravos, quando somente o benefício do senhor é visado; ora, esse último tipo de governo parece ser legítimo, mas a autoridade do tipo persa é, ao contrário, ofensiva, pois as relações são diferentes.

A comunidade do marido e sua esposa parece ser do tipo aristocrática, já que o marido exerce a autoridade em razão de seu mérito, e em questões onde a mão do homem deve se fazer sentir; mas os trabalhos que convêm a uma mulher, ele os delega a ela. Quando o marido estende sua dominação a todas as outras coisas, ele transforma a comunidade conjugal em oligarquia (já que se não age de acordo com o respectivo sexo, nem em virtude de sua [1161a] superioridade). No entanto, às vezes, são as mulheres que governam, quando elas são herdeiras, mas sua autoridade não se exerce em relação à sua excelência, mas é devida à riqueza e ao poder, como nas oligarquias.

A comunidade entre irmãos é semelhante à timocracia, pois existe igualdade entre eles, salvo quando diferem em idade, e é o que acontece precisamente se a diferença de idade é considerável, e a amizade que os une não tem mais nada de fraternal. A democracia se encontra principalmente nas casas sem chefes (pois aí todos os indivíduos estão em pé de igualdade), e naquelas onde o chefe é frágil e onde cada um tem permissão para fazer o que lhe aprouver.

Para cada forma de constituição se vê aparecer uma amizade, proporcional também às relações de justiça. A amizade de um rei por seus súditos reside em uma superioridade de benevolência, pois um rei faz bem aos seus súditos quando, sendo ele mesmo bom, toma conta deles em vista de assegurar-lhes sua prosperidade, tal como um pastor o faz com seu rebanho. Por isso Homero chamou Agamêmnon de "pastor dos povos".[36] Da mesma natureza é também o amor paternal, o qual, embora exceda pela grandeza dos serviços prestados, já que o pai é a causa da existência dos filhos (o que na opinião geral é o maior dos bens), assim como a sua criação e sua educação, e tudo isso também é atribuído igualmente aos ancestrais. E, de fato, é uma coisa natural que um pai governe seus filhos, que os ancestrais governem os seus descendentes, e um rei os seus súditos. Essas diversas amizades implicam

---

[36] Fórmula recorrente em Homero, sendo utilizado para se referir a Agamêmnon em toda a poesia hexamétrica grega, por exemplo, *Ilíada*, canto II, verso 243.

superioridade, benefícios de uma parte sobre outras, e é por isso ainda que os pais são honrados por seus filhos.

No entanto, as relações de justiça entre as pessoas de que nós falamos não são idênticas em ambas as partes, mas são proporcionais ao mérito de cada um, como é o caso também da amizade que as une.

A amizade entre marido e mulher, por sua vez, é a mesma que aquela que se acha no regime aristocrático, já que é proporcionada pela virtude, onde ao melhor retorna uma parte maior de bens, cada esposo recebe o que lhe apropriado. E é assim também para as relações de justiça.

(25) A amizade entre irmãos se assemelha àquela dos colegas, pois eles são, de fato, iguais e coetâneos, e todos aqueles que preenchem essa dupla condição têm os mesmos sentimentos e o mesmo caráter. Semelhante à amizade fraternal é aquela que existe no regime timocrático, pois esse governo tem por ideal a igualdade e a virtude de seus cidadãos, de modo que o comando é assumido alternadamente, de modo que todos participem em iguais condições. Essa igualdade caracteriza também a amizade correspondente.

(30) Nas formas desviadas de constituições, mesmo que a justiça não tenha aí um lugar restrito, assim é a amizade, a amizade é reduzida a um papel insignificante na forma mais pervertida, ou seja, na tirania, onde a amizade é pouca ou nula. De fato, onde não há nada de comum entre o que governa e o governado, não existe qualquer amizade, visto que não existe **(25)** nem mesmo justiça. É como, por exemplo, na relação de um artesão com o seu instrumento, da alma como o corpo, do senhor com o seu escravo, onde todos esses instrumentos podem, sem dúvida, ser objetos **[1161b]** de cuidados da parte daqueles que os empregam, mas não existe amizade nem justiça para as coisas inanimadas.

Mas não existe também amizade em relação a um cavalo ou a um boi, nem a um escravo enquanto escravo, pois as duas partes **(5)** não têm nada em comum: o escravo é um instrumento animado, e o instrumento é um escravo inanimado. Enquanto ele for escravo, não se pode ter-lhe amizade, mas somente enquanto ele é homem, pois é de opinião geral que existem certas relações de justiça entre um homem e outro homem, que possam ter participação na lei ou de ser parte de um contrato; portanto, pode existir também amizade com ele, na medida em que ele é homem.

Por consequência, enquanto nas tiranias a amizade e a justiça existem de modo frágil **(10)**, nas democracias, ao contrário, sua importância é extrema, pois existem muitas coisas comuns onde os cidadãos são iguais.

Então, assim como dissemos, em toda comunidade existe uma forma de amizade. Pode-se, no entanto, colocar à parte do resto a amizade entre os familiares e aquela **(15)** entre os colegas. A amizade que une os membros de uma cidade ou uma tribo ou companheiros de viagem, e todas as outras desse tipo, aproximam-se mais das amizades que caracterizam os membros de uma comunidade, pois elas parecem basear-se, por assim dizer, em uma convenção determinada. Nesse último grupo pode-se incluir a amizade em relação aos estrangeiros.

A amizade entre os familiares parece ser de diversas formas, mas todas parecem se aproximar do amor paternal, pois os pais cuidam de seus filhos como se fossem parte deles mesmos, e os filhos amam seus pais como alguma coisa de onde eles provêm. Ora, de um lado, os pais conhecem melhor sua prole do que o contrário **(20)**, e sentem os filhos como seus mais do que o contrário, pois existe uma comunidade mais estreita em relação ao ser engendrado, e o produto pertence a quem produziu (um dente, por exemplo, um cabelo, ou qualquer coisa, pertence a seu possessor), **(25)** enquanto o produto não pertence ao que produz. E se leva ainda em conta o tempo: os pais cuidam de seus filhos logo que nascidos, enquanto esses só amam seus pais após um certo tempo, quando adquirem inteligência ou ao menos percepção. Essas considerações mostram claramente também por quais razões o amor da mãe é mais forte que o do pai.

Assim, os pais amam seus filhos como a si próprios (os seres que provêm deles são como outros si próprios, "outros", pelo fato de que são separados do pai), e os filhos amam seus pais por terem nascido **(30)** deles, e irmãos se amam entre si por terem nascido dos mesmos pais, pois sua identidade com esses últimos os tornam idênticos entre si, e daí surgem expressões como "são do mesmo sangue", "são de mesma origem", e outras semelhantes. Os irmãos são, portanto, a mesma coisa em um sentido, embora existam como indivíduos distintos.

O que contribui enormemente também para a amizade entre eles é a educação comum e a idade, pois os jovens se comprazem com aqueles de sua idade **(35)** e de hábitos comuns que tendem ao companheirismo. **[1162a]** É por isso que a amizade entre irmãos é semelhante àquela dos colegas. A comunidade de sentimentos entre primos ou entre os outros parentes é derivada daquela dos irmãos, porque eles descendem dos mesmos pais. Mas eles se sentem mais estreitamente unidos ou mais estranhos um ao outro conforme a proximidade ou o afastamento do ancestral original.

(5) A amizade das crianças por seus pais, assim como a devoção dos homens pelos deuses, é aquela que se sente por um ser bom e que nos é superior, pois os pais concederam a seus filhos os maiores benefícios ao dar-lhes a vida, criá-los e, uma vez nascidos, assegurar-lhes sua educação. E essa amizade entre pais e filhos possui ainda uma superioridade em benefícios à amizade entre pessoas estranhas, superioridade que é maior conforme maior for a convivência.

(10) Na amizade entre irmãos, acha-se também tudo o que caracteriza a amizade entre colegas (e em um grau mais elevado, entre colegas virtuosos), isto é, de um modo geral, entre pessoas semelhantes umas às outra, pois eles estão intimamente unidos e sua afeição recíproca remonta ao nascimento; além disso, a conformidade de caráter existe entre os indivíduos nascidos dos mesmos pais, criados juntos e que receberam a mesma educação e, no caso deles, é que a prova do tempo se mostra mais completa e decisiva.

Entre os outros parentes, os graus de amizade variam proporcionalmente. A amizade entre o marido e a esposa parece existir por natureza, pois um homem é um ser naturalmente inclinado a formar um casal, mais ainda do que formar cidade, na medida em que a família é alguma coisa anterior à cidade e mais necessária que ela, e a reprodução dos filhos é a coisa mais comum entre os seres vivos. De qualquer maneira, entre os animais, a união não vai além da procriação, enquanto na espécie humana a coabitação do homem com a mulher não tem por fim somente a reprodução, mas estende-se também a todas as necessidades da vida, pois a divisão das tarefas entre o homem e a mulher ocorre desde a origem, e suas funções não são as mesmas; assim, eles se ajudam mutuamente, colocando suas capacidades próprias a serviço do patrimônio comum. É por essa razão que a utilidade e o prazer parecem encontrar-se nesse gênero de amizade. Mas também pode ser baseada na virtude, quando as duas partes são boas, pois cada uma delas tem sua própria virtude, e ambos colocarão sua alegria na virtude do outro. Os filhos também, ao que parece, constituem um traço de união, e é por isso que os casais sem filhos se separam mais facilmente, pois os filhos são um bem comum a ambos, e o que é comum mantém a união.

Saber quais são as regras que presidem as relações mútuas do marido e da mulher e, de modo geral, entre os amigos, parece não ser nada além do que procurar as regras que concernem às relações de justiça entre essas mesmas pessoas, pois a justiça não se manifesta da mesma maneira para um amigo, um estranho, um colega ou um colega de classe.

Existem três espécies de amizade, assim como dissemos no princípio, e para cada espécie **(35)** existem, ao mesmo tempo, os amigos que vivem em relações de igualdade e aqueles onde uma das partes é superior à outra (pois não apenas **[1162b]** dois homens igualmente virtuosos podem tornar-se amigos, mas ainda um homem mais virtuoso pode se ligar a um menos virtuoso e, da mesma maneira, a amizade baseada no prazer ou na utilidade pode ter igualdade ou disparidade nos benefícios que dela resultam). Nessas condições, os amigos que são iguais devem alcançar a igualdade na amizade e também no resto, enquanto entre aqueles que não são iguais, a parte desfavorecida alcançará essa igualdade retribuindo um benefício proporcional à superioridade ou à inferioridade.

(5) As queixas e recriminações se produzem unicamente, ou ao menos principalmente, na amizade baseada na utilidade, e é natural que assim seja. De fato, aqueles cuja amizade se baseia na virtude se esforçam para fazer o bem reciprocamente (pois é próprio da virtude e da amizade), e entre as pessoas que rivalizam assim pelo bem, não pode haver nem reclamações nem querelas (nenhum homem, de fato, experimenta a indignação contra a pessoa que o ama **(10)** e que lhe faz bem, mas, ao contrário, se tem em si mesmo alguma delicadeza, torna-se igual a ela em bons ofícios). E aquele que supera o outro em serviços prestados, e atinge assim o fim a que se propôs, não poderia reclamar de seu amigo, já que cada um dos dois aspira ao que é o bem. As recriminações não são frequentes também entre amigos cuja amizade visa ao prazer, pois ambos alcançam o objeto de seu desejo **(15)**, já que eles se comprazem em viver juntos; e pareceria ridículo censurar seu amigo por não lhe causar prazer, dado que depende dele não passar seus dias com o outro.

A amizade baseada na utilidade, ao contrário, sempre tende a lamentar que esses tipos de amigos se frequentem por interesse, eles pedem sempre mais, mas sempre imaginam ter menos do que lhes é devido, e censuram seu amigo porque não obtêm o tanto que pedem, eles, que são dignos disso. Por sua vez, nesse caso, o benfeitor é incapaz de satisfazer a todos os pedidos **(20)** que gostaria.

Assim como a justiça é de dois tipos, a justiça não escrita e a justiça segundo a lei, parece que a amizade baseada na utilidade pode ser moral ou legal. Assim, as queixas ocorrem principalmente quando os interesses não foram satisfeitos e reclamam um tipo de amizade que não é a mesma.

(25) Ora, a amizade de tipo legal é aquela que se refere a termos determinados; uma de suas variedades é puramente mercantil, com pagamento imediato; a outra variedade é mais liberal quanto à época do pagamento, conservando o seu caráter de contrato, obrigando uma troca determinada (nessa última variedade, a obrigação é clara e sem ambiguidade, mas contém, no entanto, um elemento afetivo, a saber, **(30)** o prazo concedido, e é por isso que entre certas cidades não existem ações de justiça para sancionar essas obrigações, mas estima-se que aqueles que trataram sob o signo da confiança devem aceitar as consequências).

O tipo moral, por outro lado, não se refere a condições determinadas, mas a uma doação ou qualquer outro benefício que é concedido a título de amizade, se bem que se espera receber de volta um valor igual ou mesmo superior, como se não fosse uma doação, mas um empréstimo; e se a expiração do contrato não ocorre numa situação tão favorável do que antes de tê-lo contratado **(35)**, haverá recriminações. A razão desse estado de coisas vem de que todos os homens, ou a maioria deles, desejam seguramente o que é nobre, mas escolhem aquilo que é rentável e, se é belo praticar o bem sem esperança de qualquer retribuição, é rentável ser ele mesmo o objeto do favor de outro.

[1163a] Desde que seja possível, é preciso retribuir o equivalente àquilo que se recebeu, e isso sem pedir com insistência, pois não se deve fazer alguém seu amigo contra sua vontade. Reconhecendo, portanto, que nós nos enganamos no início, ao receber um benefício de uma pessoa que não tinha como nos concedê-lo, já que ela não era nossa amiga, nem de alguém que o fez pelo prazer de dar, nós devemos saldar como se a prestação de que nós nos beneficiamos resultasse de cláusulas estritamente determinadas. Efetivamente, nós teríamos, nesse momento, consentido em retribuir de acordo com nossos meios e, no caso de impossibilidade, aquele que nos favoreceu não teria contado com essa retribuição. Assim, se pudermos, devemos devolver o equivalente. Mas desde o início nós faremos bem em considerar por que recebemos os benefícios, e em quais termos se passou o acordo, de modo que se possa aceitar o benefício em tais condições ou, se for preferível, declinar.

Existe uma discussão sobre o seguinte ponto: deve-se medir um serviço pela utilidade para aquele que o recebe, e calcular sobre essa base a remuneração a retribuir, ou é preciso considerar o preço que ele custa ao benfeitor? De fato, o que é beneficiado dirá que o que ele recebeu de seu benfeitor era pouco e que ele poderia ter recebido de outras pessoas, minimizando assim o serviço que lhe foi oferecido. O benfeitor, por outro lado, afirmará que o que ele deu era mais do que ele dispunha, e que nenhum outro era capaz de fornecê-lo, e que o benefício fora concedido em um momento crítico, diante de uma necessidade urgente.

Não devemos, então, dizer que na amizade que visa à utilidade, a vantagem do beneficiado é a medida, pois é este quem solicita o serviço, enquanto o outro vem em sua ajuda pensando que receberá de volta o equivalente; assim, a assistência concedida foi a medida do benefício recebido pelo beneficiado e, portanto, esse último deve devolver ao outro o tanto que ele recebeu ou ainda, o que é melhor, mais.

Nas amizades baseadas na virtude, por outro lado, as queixas são inexistentes, e é a escolha deliberada do benfeitor que faz o papel da medida, uma vez que é o fator determinante da virtude e do caráter.

(25) Surgem divergências também nas amizades que se baseiam em superioridade, pois cada um das partes tem a pretensão de receber uma parte maior que o outro, mas essa pretensão, quando surge, resulta na ruína da amizade. O mais virtuoso estima que é ele que deve receber a maior parte (já que normalmente se atribui ao homem virtuoso uma parte mais considerável), e o mesmo ocorre com o homem mais útil, pois um homem inútil, dizem essas pessoas, não tem direito a nada, portanto os benefícios que se retiram da amizade não correspondem ao valor dos benefícios conferidos **(30)**. Eles pensam, de fato, que deve ocorrer com a amizade o mesmo que ocorre com uma sociedade de capitais, na qual os associados que entram com mais dinheiro recebem uma parte maior dos benefícios. Mas, por outro lado, uma amizade desprovida de recurso ou em qualquer estado de inferioridade, tem um raciocínio oposto: nela, é papel **(30)** de um verdadeiro amigo ajudar aqueles que precisam dele. Para que serviria ser amigo de um homem bom ou de um homem poderoso, se não há nada de vantajoso para esperar dele?

[1163b] Parece que as duas partes têm pretensões igualmente justificáveis, e que cada um esteja no direito de tirar da amizade uma parte mais forte que a outra, mas somente se não for uma parte da mesma coisa; ao superior em mérito, se dará mais honras, e ao inferior, o lucro material, pois a virtude e a benevolência tem a honra por recompensa, e o lucro é recompensa que necessita de inferioridade.

(5) De qualquer maneira, parece ocorrer o mesmo nas organizações políticas, é fato notório que não se honra o cidadão que não fornece nenhum bem à comunidade, pois o que pertence à comunidade é dado àquele que serve aos interesses comuns, e a honra é uma dessas coisas que fazem parte do patrimônio comum. Não é possível, de fato, receber ao mesmo tempo riqueza e honra da comunidade, pois ninguém suporta ser desfavorecido ao mesmo tempo em todas as coisas; por consequência, aquele que reduz seu patrimônio é pago em honra, e em dinheiro aquele que aceita de boa vontade ser pago, já que a proporcionalidade no mérito restabelece a igualdade e conserva a amizade, tal com dissemos.

Tal é então o modo que os amigos de condição desigual devem se associar: aquele que é beneficiado em dinheiro ou em virtude deve pagar ao outro com honras, pagando com aquilo que pode. A amizade, de fato, reclama as possibilidades de cada um, e não o que o mérito exige, coisa que nem sempre é possível, (como, por exemplo, no caso das honras que nós prestamos aos deuses ou aos nossos pais), pois ninguém poderia ter por eles o reconhecimento que merecem, mas quando eles são servidos na medida de seu poder, isso é visto como um bem.

Também não se poderia admitir que fosse lícito a um filho rejeitar seu pai, se bem que é possível a um pai rejeitar seu filho quando é devido e, sendo devedor, é preciso pagar, mas nada que um filho possa fazer estará à altura dos benefícios que recebeu de seu pai, de modo que seu débito sempre permanece. No entanto, do mesmo modo que os credores podem perdoar uma dívida, um pai também pode fazê-lo. Além disso, nenhum pai, sem dúvida, poderia jamais abandonar um filho, a não ser que fosse um monstro em perversidade (pois a amizade natural é posta à parte, mas não é da natureza humana recusar assistência a um filho). Um filho, ao contrário, que é mau, evitará vir em ajuda de seu pai, ou ao menos não se colocará em prontidão para isto, pois a maioria das pessoas deseja receber benefícios, mas evita fazê-lo elas mesmas aos outros, como se fosse uma coisa que não leva a nada. Acerca desses assuntos já foi dito o suficiente.

LIVRO IX

E todas as amizades de espécies diferentes, assim como nós indicamos, é a proporcionalidade que estabelece a igualdade e preserva a amizade. **(35)** Na forma política da amizade, **[1164a]** o sapateiro recebe por seus sapatos uma remuneração proporcional ao produto fornecido, e do mesmo modo o tecelão e os outros artesãos. Nesses setores instituiu-se uma medida comum para todas as coisas, o dinheiro, pelo qual elas são medidas. Nas relações amorosas, o amante se queixa às vezes que seu amor não é retribuído (embora **(5)** não exista nada nele de amável), enquanto o amado frequentemente se queixa que o outro, que anteriormente lhe havia feito todos os tipos de promessas, não cumpriu, no presente, nenhuma. Desacordos semelhantes ocorrem quando o amante ama o amado pelo prazer, enquanto o amado ama o amante por sua utilidade, e os benefícios esperados não se encontram nem em um nem no outro. Na amizade baseada nesses motivos, uma ruptura acontece quando **(10)** os dois amigos não obtêm a satisfação em vista da qual a amizade foi formada, e não é, de fato, a pessoa em si que amam, mas antes os benefícios que esperam dela, que não têm nada de estável. É isso que faz com que tais amizades não sejam duradouras. Ao contrário, aquela baseada no caráter, não tendo outro objeto senão ela mesma, como dissemos, é duradoura.

Os desacordos surgem ainda quando os amigos obtêm coisas diferentes daquelas que desejam, pois, em resumo, é como não obter nada **(15)** do que se pretendia. É conhecida a história do homem que havia prometido a um citarista pagá-lo o tanto mais caro quanto melhor fosse sua apresentação; no entanto, pela manhã, quando o citarista reclamou a execução da promessa, o outro respondeu que ele já pagara prazer por prazer. Certamente, se ambos desejavam o prazer, uma situação assim seria satisfatória; entretanto, quando um quer o prazer e o outro dinheiro, se o primeiro obtém o que quer, mas o outro não, as condições de seu acordo mútuo não se cumpriram como o devido **(20)**, pois cada um desejou aquilo que esperou obter, e é em troca disso que se dá o que se tem.

Mas a qual dos dois pertence fixar o preço? Àquele que prestou o serviço, ou àquele que se beneficiou dele? De fato, parece que o primeiro deixa a decisão para a outra parte. Tal era, **(25)** se diz, o modo de fazer de Protágoras quando ele dava suas lições sobre uma questão qualquer, ele convidava seu aluno a avaliar ele próprio o preço dos conhecimentos que havia adquirido, e ele recebia assim a quantia fixada. No entanto, em tais ocasiões, alguns preferem o ditado "que o salário combinado com um amigo lhe seja assegurado".

Mas aqueles que recebem o dinheiro, e em seguida não fazem nada do que foi dito, por causa do exagero **(30)** de suas promessas, são objetos de queixas naturais, já que eles não cumpriram o que aceitaram fazer. Esse modo de proceder é talvez uma necessidade para os sofistas, porque ninguém lhes daria dinheiro em troca de seus conhecimentos. Assim, se essas pessoas não fazem os serviços para os quais elas receberam seu salário, são naturalmente recriminadas.

Mas quando não existe um acordo que fixe a remuneração para o serviço oferecido, aquele que trata seu amigo por benevolência, como dissemos, **(35)** não teme nenhuma recriminação (pois isso caracteriza a amizade baseada **[1164b]** na virtude), e o montante da remuneração devolvida deve ser fixada conforme a escolha do benfeitor (visto que a escolha caracteriza tanto o amigo quanto a virtude).

Tal é ainda, parece, o modo de retribuir àqueles que nos dispensaram seu ensinamento filosófico, pois o seu valor não é mesurável em dinheiro, e nenhuma honra **(5)** alcança o serviço oferecido; mas talvez baste, como acontece em nossas relações com os deuses e com nossos pais, pagar-lhes à medida do que podemos.

Quando, ao contrário, o serviço acordado não apresenta esse caráter de retribuição, mas é feito por algum benefício correlativo, a melhor solução será sem dúvida que a remuneração paga seja aquela que pareça justa às duas partes; porém, se o acordo entre partes não pode se realizar, parecerá não somente necessário, mas também justo, que a pessoa **(10)** que se beneficiou do serviço inicial determine o montante da remuneração, já que a outra parte, recebendo em compensação o equivalente do benefício que lhe foi conferido, ou o preço que teria pago em troca do prazer, recuperará assim do beneficiário o preço justamente devido. Para as mercadorias colocadas à venda, de fato, é manifestadamente ainda desse modo que se procede, e em algumas regiões existem leis que proíbem as transações por mútuo acordo, partindo do princípio que **(15)**, quando se confia em alguém, deve-se pagar-lhe no mesmo espírito que presidiu a formação do contrato. De fato, considera-se mais justo que determine o preço alguém em que se depositou confiança do que alguém em que se confiou, pois, na maior parte do tempo, o possuidor de uma coisa não lhe atribui o mesmo valor que aquele que a deseja; cada pessoa, isso é evidente, estima um alto preço para as coisas que lhe pertencem e que oferece, porém a retribuição é avaliada nos termos estabelecidos **(20)** por aquele que recebe. Mas sem dúvida é preciso que esse último aprecie a coisa não pelo valor que ela representa para ele quando ele a tem em sua posse, mas antes pelo valor que ele lhe atribuía antes de possuí-la.

Uma dificuldade é igualmente levantada por questões tais como esta: deve-se conceder tudo a nosso pai e obedecer-lhe em tudo, ou quando se está doente deve-se mais confiar em seu médico; e na escolha de um general, é preciso eleger o homem que está apto para a guerra? De modo semelhante, deve-se servir a um amigo mais que a um homem bom, e deve-se mostrar seu reconhecimento a um benfeitor mais que fazer uma doação a um amigo, se não se pode realizar as duas coisas ao mesmo tempo?

Ora, então para todas as questões desse tipo, não é fácil determinar uma regra precisa? De fato, elas possuem uma quantidade de distinções de todos os tipos, segundo a importância do serviço oferecido, a nobreza e a necessidade. Mas que não sejamos levados a conceder tudo à mesma pessoa é um ponto que está claro. Por outro lado, nós devemos, na maior parte do tempo, retribuir os benefícios mais do que agradar nossos amigos, como se nós tivéssemos a obrigação de reembolsar um empréstimo ao nosso credor, antes de dar dinheiro a um amigo.

Mas talvez essas regras não sejam aplicadas em todos os casos. Suponhamos, por exemplo, um homem posto em liberdade das mãos de ladrões mediante o pagamento de resgate: deve-se resgatar em troca o que o libertou, quem quer que ele seja (ou mesmo na hipótese onde este último não foi sequestrado pelos ladrões, **[1165a]** e ele lhe pede o dinheiro de volta?), ou, em vez disso, deve-se resgatar seu próprio pai? Pois não se pensará que se deve fazer passar o interesse de seu pai antes do seu próprio.

Assim, o que acabamos de dizer, em geral, é que se deve pagar a dívida contratada, mas se uma dádiva prevalece em nobreza moral ou em necessidade, é em favor dessa que se deve fazer pesar a balança. Existem, de fato, ocasiões onde nem é justo devolver o equivalente daquilo que primeiro se recebeu, quando, por exemplo, um homem faz bem a outro sabendo que ele é virtuoso, e este, por sua vez, retribui seu benefício ao primeiro, que ele sabe ser um homem mau. Pois mesmo se uma pessoa lhe emprestou dinheiro, você não é sempre obrigado a lhe emprestar, pois essa pessoa pode, de fato, ter emprestado a um homem bom, pensando que ele teria de volta o seu dinheiro, enquanto o outro não tem nenhuma esperança de ser reembolsado por alguém que é tido como mau. Então, isto realmente é assim, a exigência da outra parte não é justa; e mesmo se não estamos lidando com alguém de tal tipo, mas que tem essa reputação, ninguém poderia achar estranho que se agisse dessa forma.

Como nós indicamos diversas vezes, as discussões acerca das paixões e as ações humanas são tão definidas ou indefinidas quanto os objetos de que elas tratam.

É evidente que não somos obrigados a pagar a todos indistintamente as mesmas remunerações em troca de seus serviços, nem preferir a um pai em todas as ocasiões, assim como não se oferecem todos os sacrifícios a Zeus. Mas visto que essas são retribuições diferentes das que reclamam os pais, irmãos, colegas ou benfeitores, é preciso atribuir a cada um desses grupos as retribuições que lhes são apropriadas e que são a sua medida. Aliás, é assim que se procede nos casamentos, por exemplo, onde se convidam os parentes (pois elas fazem parte da família e, por consequência, participam das ações que lhes competem); também com relação aos funerais, estima-se que antes de todo mundo, são as pessoas da família que se deve reunir, e isso pela mesma razão. Quanto à assistência devida a nossos pais, para assegurar-lhes a sua subsistência, é necessário ajudá-los antes de qualquer outro, já que esta é uma dívida que nós temos por obrigação, e que a ajuda que nós damos aos autores de nossas vidas é algo ainda mais honroso do que a preocupação com nós mesmos. E deve-se também honrar a nossos pais como honramos aos deuses, mas não com qualquer honra; a honra não é a mesma para um pai ou uma mãe, nem tampouco ao filósofo ou ao general, mas deve-se dar ao pai a honra devida ao pai, e da mesma maneira à mãe, a honra devida à mãe.

Aos anciãos, deve-se também honrar devido a sua idade, levantando-nos em sua presença, oferecendo-lhes lugar e assim por diante. Por outro lado, em relação aos colegas ou aos irmãos, se usará uma linguagem mais livre, que **(30)** lhes é comum.

Quanto aos membros de nossa família, de nossa tribo, de nossa cidade, ou de outros agrupamentos, nós devemos sempre nos esforçar para retribuir a todos o que lhes é próprio, e de comparar o que cada uma dessas categorias de indivíduos está no direito de desejar, dado o seu grau de parentesco, a sua virtude ou a sua utilidade. Entre pessoas que pertencem a uma mesma classe, a comparação é relativamente mais fácil, mas entre pessoas de agrupamentos diferentes, ela é mais laboriosa. Apesar disso, não existe razão para renunciá-la, mas na medida do possível, é conveniente observar todas essas distinções.

Deve-se examinar ainda outra questão: saber se a amizade será **[1165b]** ou não rompida em relação aos amigos que não são mais o que eram. Somente devemos responder a essa questão no caso das amizades baseadas na utilidade ou no prazer e, uma vez que os amigos não possuam mais benefícios, não há nada de espantoso em que a amizade se rompa (pois era por esses benefícios que nos aproximamos, e uma vez que eles desapareceram **(5)**, é normal que a amizade acabe). Mas não se queixaria sem razão aquele que, procurando somente na amizade a utilidade ou o prazer que ela oferece, fingiu ser amigo por razões morais. Como nós havíamos dito no início, os conflitos entre os amigos se produzem mais frequentemente quando eles não são amigos da maneira que eles acreditam ser. Assim, quando se cometeu um erro sobre esse ponto, e se supôs ser amado por razões morais, e se o outro não fez nada para que ele acreditasse nessa suposição, esse homem só poderia culpar a si mesmo **(10)**; se, ao contrário, são os fingimentos do outro que nos conduzem ao erro, é justo censurar aquele que nos enganou, muito mais do que àquele que falsifica dinheiro, especialmente quando sua perfídia se coloca sobre algo mais valioso que o dinheiro.

Mas quando se aceita a amizade de alguém como um homem bom e em seguida ele se torna um homem mau, e nos aparece como tal, nós devemos ainda amá-lo? Isso é certamente impossível se é verdade que não se pode amar tudo, mas apenas o que for bom. Por outro lado, não se pode e nem se deve amar quem é mau, pois nosso dever é de não ser um amante do vício, e de não se assemelhar a quem é vil, e nós já dissemos que o semelhante é amigo do semelhante. Nós devíamos então romper a amizade imediatamente? Ou essa é uma solução que não é aplicável a todos os casos, mas somente quando se trata de amigos cuja maldade é incurável? Se nossos amigos são, ao contrário, suscetíveis de se consertar, nós temos o dever de ajuda-los moralmente, e ainda mais financeiramente, pois isso é melhor e próprio da amizade. Ninguém consideraria absurdo, no entanto, que aquele que rompe uma amizade desse tipo não faz nada além do natural, pois não era por um homem desse tipo que sentia amizade, e se o caráter do amigo se alterou e ele é incapaz de se colocar no bom caminho, não há mais nada que o prenda a ele.

Se, por outro lado, um dos amigos permanece o que era, e o outro se tornasse melhor e o ultrapassasse grandemente em virtude, este deveria manter o primeiro como amigo? Certamente não. Quando a distância que separa os dois amigos é considerável, como nas amizades de infância, e um permaneceu criança quanto à inteligência, enquanto o outro se tornou um homem de grande valor, como eles poderiam ser amigos, não tendo os mesmos gostos, nem os mesmos prazeres, nem as mesmas dores? Mesmo em suas relações mútuas, essa comunidade de sentimentos lhes será falha, e existe aí uma condição sem a qual, nós sabemos, eles não podem ser amigos, já que não lhes é possível viver um com o outro. Mas nós já tratamos dessa questão.

Devemos então nos comportar com um antigo amigo da mesma maneira, como se ele não tivesse sido nunca nosso amigo? Talvez nós devêssemos conservar a lembrança da intimidade passada, e mesmo que nós pensemos que é nosso dever nos mostrarmos mais amáveis com nossos amigos do que com estranhos, assim, da mesma maneira, pelos velhos tempos, devemos guardar alguma afeição àqueles que foram nossos amigos, desde que a ruptura não tenha sido por causa de um excesso de maldade da parte dele.

[1166a] As relações amigáveis com os próximos e as características pelas quais se definem as diferentes formas de amizades parecem derivar das relações do indivíduo com ele mesmo. Com efeito, um amigo é definido como aquele que deseja e faz o bem, ou que lhe parece como tal, em vista do interesse de seu amigo; ou ainda, aquele que deseja que seu amigo exista e viva por amor a si mesmo (é precisamente esse sentimento que sentem as mães em relação aos seus filhos, assim como os amigos que estão brigados). Outros definem um amigo como aquele que passa sua vida com outro e que tem os mesmos gostos que ele, ou aquele que compartilha as alegrias e as tristezas de seu amigo (sentimento que se encontra também particularmente entre as mães). A amizade se define, enfim, por uma ou outra dessas características.

Ora, cada uma dessas características se encontra também na relação do homem bom com ele mesmo (como também entre os outros homens, enquanto eles se consideram bons, ou, de modo geral, assim como nós dissemos, a virtude e o homem virtuoso são a medida de todas as coisas). Com efeito, as opiniões do homem bom estão em completo acordo entre elas, e ele aspira às mesmas coisas com sua alma inteira. Ele deseja, portanto, também a si mesmo o que é na verdade bom e lhe parece como tal, e ele o faz (pois é próprio do homem bom praticar o bem), e tudo isso em vista dele mesmo (pois ele age em vista da parte intelectual que está nele e parece constituir a realidade íntima de cada um). E deseja ainda para si mesmo a vida e a preservação, e especialmente essa parte pela qual ele pensa. A existência é, com efeito, um bem para o homem virtuoso, e cada homem deseja a si mesmo o que é bom, **(20)** e ninguém escolheria possuir o mundo inteiro tornando-se, primeiramente, alguém diferente do que se tornou (pois deus já possui todo o bem existente), mas somente permanecendo o que se é de qualquer maneira. Ora, parecerá que o intelecto constitui o ser mesmo de cada homem, ou ao menos a sua parte principal. Além disso, o homem virtuoso deseja passar sua vida consigo mesmo, e é prazeroso fazê-lo **(25)**, pois as lembranças que suas ações passadas lhe deixam têm para ele um encanto, e é isso que interessa às ações futuras, pois suas esperanças são aquelas de um homem bom, e nessa qualidade lhe são igualmente agradáveis. Seu pensamento, enfim, abunda em questões de contemplação e, com isso, ele simpatiza com tudo, com suas próprias alegrias e suas próprias dores, pois as coisas que para ele são dolorosas ou agradáveis são as mesmas, e não tal coisa agora, e outra depois, pois, pode-se dizer que ele nunca se arrepende de nada.

(30) Portanto, é porque o homem bom possui estes vários sentimentos em relação a si mesmo, e existe com seu amigo uma relação semelhante àquela que ele mantém consigo mesmo (pois o amigo é outro "si mesmo"), parece consistir nessa amizade uma ou outra dessas características, e aqueles que a possuem são ligados por amizade.

Quanto à questão de saber se pode ou não haver amizade entre um homem e ele mesmo, **(35)** nós podemos deixar de lado por enquanto. No entanto, parece **[1166b]** que poderá haver amizade entre um homem e ele mesmo, enquanto cada um de nós é um ser composto de duas partes ou mais, a julgar pelas características acima mencionadas, e também porque o excesso nas amizades se parece com aquele que se tem a si mesmo.

Mas as características que nós descrevemos pertencem também à maioria dos homens, tão maus eles possam ser. Podemos somente dizer que, enquanto eles se comprazem em si mesmos e acreditam serem homens bons, eles realmente participam dessas características? De fato, nenhum homem de tal perversidade ou de vilania acaba possuindo essas qualidades, e ele nem mesmo dá a impressão de possuí-las; pode-se quase assegurar que elas não se encontram também em indivíduos inferiores, pois essas pessoas estão em desacordo com elas mesmas, e seu apetite as leva a tais coisas, e seus desejos racionais a outras.

Isso é verdade, por exemplo, no caso dos incontinentes que, em vez das coisas que julgam boas, escolhem o que é agradável, mas prejudicial. Outros, por sua vez, por covardia e por preguiça, renunciam a fazer a si mesmos o que estimam ser favorável a seus próprios interesses. E aqueles que cometeram numerosos atos assustadores e são detestados por sua maldade chegam a dizer adeus à existência e a se destruir. Além disso, os maus procuram associar-se a outras pessoas com as quais passarão seus dias, e fugirão de si mesmos, pois sozinhos consigo mesmos, eles se recordam de uma grande quantidade de ações que os oprimem e preveem outras semelhantes, que eles cometerão no futuro. Além disso, não tendo neles nada de louvável, eles não experimentam nenhum sentimento de amor por si mesmos. Por consequência, tais homens permanecem estranhos a suas próprias alegrias e a suas próprias dores, pois sua alma é destruída pelas forças contrárias: uma dessas partes da alma, em razão de sua maldade, sofre quando o indivíduo se abstém de algumas ações, enquanto a outra parte se regozija dela, e uma o arrasta em um sentido, e a outra em outro, como se pretendesse, por assim dizer, dividi-lo em partes. E se não é estritamente possível que eles sintam em um mesmo momento prazer e dor, ao menos lhes é preciso pouco tempo para se afligir por terem cedido ao prazer e por desejar que seus prazeres não lhes tivessem jamais sido agradáveis, pois os homens maus estão sempre cheios de arrependimentos.

Assim, é evidente que o homem mau não tenha contra ele mesmo disposições afetuosas, porque nele não há nada que seja amável. Se, portanto, tal estado de espírito é o preenchimento da miséria moral, nós devemos fugir da maldade com todas as nossas forças e tentarmos ser pessoas honestas, pois só assim poderemos nos comportar como amigos de nós mesmos e tornar-nos um amigo para outro.

A benevolência é um tipo de sentimento afetivo, não sendo, no entanto, amizade. A benevolência, de fato, é sentida mesmo em relação a pessoas que não são conhecidas, e ela pode permanecer despercebida, o que não é o caso da amizade, ponto que nós já discutimos anteriormente. Mas a benevolência também não é o amor propriamente dito. Ela não envolve, com efeito, nem intensidade, nem desejo, características que, ao contrário, acompanham sempre a amizade; aliás, a amizade não acontece sem intimidade, enquanto a benevolência nasce de modo repentino, quando, por exemplo, experimentamos em relação aos adversários que participam de uma **[1167a]** competição esportiva, uma vontade de nos associar a seus desejos, mas nós não os auxiliamos em nada, pois, assim como acabamos de dizer, nossa benevolência por eles desperta de modo repentino e nossa afeição é superficial.

A benevolência parece, portanto, ser um início de amizade, assim como o prazer causado pela visão do ser amado é o começo do amor. Ninguém, de fato, é amante sem ter sido antes encantado pelo exterior da pessoa amada, embora aquele que experimenta o prazer com o aspecto do outro não seja necessariamente amante, mas é preciso que sinta sua falta quando ausente e anseie apaixonadamente sua presença. Assim, igualmente, não é possível ser amigo sem ter primeiramente experimentado a benevolência de um com o outro, mas as pessoas benevolentes não são ligadas por tudo à amizade, pois elas se contentam em desejar o bem àqueles que são objeto de sua benevolência, mas não gostariam de auxiliá-los em nada, nem sequer preocupar-se com seus assuntos.

Assim, poder-se-ia dizer que, estendendo o sentido do termo amizade, a benevolência é uma amizade de pouca ação, mas com o tempo, e uma vez que alcança certa intimidade, ela se torna amizade; amizade verdadeira, e não esse tipo de amizade baseada na utilidade ou no prazer, pois a benevolência também não pode nascer sobre essas bases.

O homem que, com efeito, recebeu um benefício, e que, em troca de favores com que ele foi gratificado, responde com benevolência, faz somente o que é justo e, por outro lado, aquele que deseja a prosperidade do outro, na esperança de tirar amplamente um lucro, não parece ter benevolência por essa pessoa, mas principalmente por si mesma, (do mesmo modo que um homem não é amigo de outro se os cuidados que o circundam se explicam por algum tipo de interesse). Em resumo, a benevolência se manifesta por certa excelência ou certo valor moral, quando, por exemplo, uma pessoa é nobre, corajosa ou dotada de qualquer qualidade semelhante a essas pessoas, como nós já indicamos no caso dos competidores esportivos.

O acordo de opinião parece, ele também, ser um sentimento afetivo. Por essa razão, as pessoas não estão em simples conformidade com a opinião, pois isso poderia existir mesmo entre pessoas desconhecidas entre si. Também não se pode dizer que somente as pessoas que possuem a mesma maneira de ver uma questão qualquer sejam unânimes, por exemplo, aqueles que são da mesma opinião sobre os fenômenos celestes (pois a maneira comum de pensar sobre esses assuntos não tem nada de afetivo). Ao contrário, nós dizemos que a conformidade de opinião prevalece nas cidades, quando os cidadãos são unânimes sobre seus interesses e escolhem as mesmas ações e executam as decisões tomadas em comum.

Então, é para fins de ordem prática que se diz que a conformidade de opinião existe em assuntos que são suscetíveis ao interesse das duas partes ao mesmo tempo, ou mesmo de todas as partes. **(30)** É o caso, por exemplo, das cidades, onde todos os cidadãos decidem que magistrados serão eletivos, ou que uma aliança deve ser feita com os Lacedemônios, ou que Pítaco deve exercer o poder (desde que ele mesmo consinta). Quando, ao contrário, cada uma das duas partes rivais deseja por si mesma a coisa em questão, como os comandantes nas *Fenícias*: eles discordam, pois a concórdia não consiste para cada um dos dois competidores **(35)** pensar a mesma coisa, qualquer que seja a coisa, mas pensar a mesma coisa nas mesmas mãos quando, por exemplo, **[1167b]** tanto o povo como as classes dirigentes estão de acordo que os melhores governem, pois é somente assim que todos parecem alcançar o que tinham em vista.

Parece, portanto, manifesto que a conformidade de opinião é uma amizade política de acordo com o sentido ordinário do termo, pois ela tem influência sobre nossos interesses e as coisas que se relacionam à vida.

(5) A conformidade de opinião, tomada nesse sentido, existe somente entre as pessoas boas, já que elas estão de acordo ao mesmo tempo consigo mesmas, e umas em relação às outras, apoiando-se, por assim dizer, sobre o mesmo terreno. Entre as pessoas desse tipo, com efeito, os desejos permanecem estáveis e não são contrários, como as correntes no mar; elas desejam ao mesmo tempo o que é justo e o que é vantajoso, e todas as coisas pelas quais suas aspirações também são comuns. Os homens maus, ao contrário, são impotentes para fazer reinar entre eles a concórdia, **(10)** senão em uma medida fraca, e como também são incapazes de serem amigos, pelo fato que visam a obter mais que sua parte nos lucros, e menos que sua parte nos trabalhos e nos cargos públicos. E como cada um deseja esses benefícios para si pessoalmente, critica o seu vizinho e o impede de se beneficiar disso; se, de fato, não forem vigilantes, o interesse geral corre para a ruína. O resultado disso é o surgimento de contendas entre os cidadãos, cada um **(15)** incitando o outro, mas não querendo ele mesmo fazer algo justo.

Os benfeitores amam aqueles aos quais fizeram bem, parece, mais do que àqueles aos quais se faz bem, e não amam aqueles que lhes fizeram isso; é como se houvesse aí uma contestação contrária a toda razão. Aos olhos da maioria, pensa-se que a causa é que os que recebem benefícios estão em posição de devedores, e os benfeitores na posição de credores; e o mesmo ocorre como no caso dos que tomam dinheiro emprestado, que gostariam que o que empresta desaparecesse, enquanto o credor quer, ao contrário, zelar pela conservação de seu devedor, e assim, igualmente, pensa-se que o benfeitor deseja que seu beneficiário permaneça bem, a fim de receber o que lhe é devido, ao passo que o beneficiário pouco se preocupa em pagar a sua dívida. Epicarmo talvez **(25)** diria daqueles que dão essa explicação que eles veem as coisas por seu lado mau, mas elas parecem, no entanto, conforme a natureza humana, pois a maioria dos homens tem a memória curta, e aspiram mais a receber do que a dar. Mas pode-se pensar que a causa disso é mais para a natureza mesma das coisas, **(30)** e não há nenhuma semelhança com o que se passa nos caso do empréstimo. O que empresta, de fato, não tem nenhuma afeição por aquele que deve, e ele deseja somente sua conservação a fim de recuperar o que ele lhe emprestou; ao contrário, o benfeitor se ressente da amizade e da aproximação com as pessoas para as quais prestaram serviço, mesmo se essas últimas não sejam de qualquer utilidade e não possam lhe prestar nenhum serviço no futuro. **(35)**

De fato, o caso é exatamente o mesmo entre os artistas, pois eles amam suas obras mais do que se elas se tornassem realmente **[1168a]** animadas. Talvez esse sentimento se encontre principalmente entre os poetas, que possuem uma afeição excessiva por suas próprias produções e as acariciam como a seus filhos.

A posição do benfeitor se assemelha à do artista: o ser a quem fizeram bem é como a sua obra e, por consequência, **(5)** ele ama mais a obra do que a obra ama aquele que a fez. A razão disso é que a existência é para todo ser objeto de desejo e de amor, e que nós existimos por nossa ação (já que nós existimos pelo fato de viver e agir), e a obra é, em um sentido, o seu produtor em atividade e, portanto, o produtor ama a sua obra porque ele ama também a existência. E isso é um fato que se origina na natureza mesma das coisas, pois o que o agente é em potência, sua obra exprime em ato.

(10) Ao mesmo tempo, também para o benfeitor existe alguma coisa de nobre em sua ação, de modo que ele se regozija nisso em que sua ação reside, ao passo que para o paciente não existe nada de nobre no agente, mas, no máximo, alguma coisa de vantajosa, e isso é menos agradável e menos digno de amor que aquilo que é nobre. Três coisas dão prazer: a atividade do presente, a esperança do futuro e a lembrança do passado, mas a mais agradável e do mesmo modo a mais amável das três é a que está ligada **(15)** à atividade. Ora, para o agente que concedeu o benefício, a sua obra permanece (pois o que é nobre tem uma longa duração), enquanto para aquele que a recebeu, a utilidade passa rapidamente. A lembrança das coisas nobres é agradável, mas a das coisas úteis não é de forma alguma, ou é menos, embora com a espera seja o inverso que parece acontecer.

Além disso, amar é semelhante à atividade, e ser amado, semelhante à passividade; **(20)** e por consequência, o amor e os vários tipos de sentimentos são os mais ativos entre os homens.

Além disso, todo homem ama mais as coisas que obteve pela força de seu trabalho, e, dessa maneira, aqueles que adquiriram dinheiro amam-no mais do que aqueles que o receberam por herança. Ora, receber um benefício parece não implicar nenhum trabalho doloroso, enquanto fazer bem ao outro demanda um esforço. É igualmente por essas razões que as mães têm por seus filhos um amor **(25)** maior que o dos pais, pois elas sofrem mais para colocá-los no mundo e sabem melhor que ele que o filho é seu. Esse último ponto parece ser também uma característica própria dos benfeitores.

Coloca-se também a questão de saber se se deve amar acima de tudo a si mesmo ou amar outra pessoa. São criticados, de fato, aqueles que amam a si mesmos acima de tudo, e a esses se dá o nome de egoístas, em um sentido pejorativo. E pensa-se também **(30)** que o homem mau tem por característica fazer tudo o que faz em vista de seu próprio interesse e que, afundado em sua maldade, age mais como o egoísta (assim, ele é acusado de fazer tudo em interesse próprio) e que, ao contrário, o homem bom tem por característica fazer alguma coisa porque ela é nobre, e seu valor é tão maior que ele age mais por nobres motivos e no interesse de seu amigo, deixando de lado todo o benefício pessoal.

(35) Mas os fatos se opõem a esses argumentos, e não sem razão. Admite-se, com efeito, que se deve amar **[1168b]** acima de tudo o seu melhor amigo, e o melhor amigo é aquele que, quando deseja o bem a uma pessoa, o deseja por amor dessa pessoa, mesmo que ninguém jamais saiba disso. Ora, essas características se encontram principalmente na atitude em relação a si mesmo, assim como **(5)** todos os outros atributos pelos quais um amigo é definido, pois, como nós dissemos, é partindo dessa relação de si mesmo a si mesmo que todos os sentimentos que constituem a amizade são estendidos aos outros homens. Acrescentemos que os provérbios confirmam todas essas maneiras de ver, por exemplo, "uma única alma", "os amigos possuem tudo em comum", "amizade comum é igualdade", pois todos esses atributos não poderiam ser aplicados com mais exatidão na relação do homem com ele mesmo, pois um homem é para si mesmo seu melhor amigo e ele deve amar a si mesmo acima de tudo. É razoável, então, perguntar-se qual das duas opiniões devemos seguir, pelo fato que tanto uma quanto a outa possuem alguma coisa plausível.

Talvez, na presença de tais opiniões, nós devêssemos distinguir nitidamente uma da outra, e determinar em qual medida e sob qual aspecto cada uma das duas opiniões é verdadeira. Se, portanto, nós viéssemos a compreender em qual sentido cada uma delas liga-se ao termo "amigo de si mesmo", poderíamos, provavelmente, ver de maneira mais clara. Aqueles que fazem uso do termo em sentido pejorativo chamam de egoístas aqueles que atribuem a si mesmos uma maior parte de riquezas, honras ou prazeres do corpo, pois são esses os benefícios que a maioria dos homens deseja e em razão dos quais aplicam todo o seu zelo, na ideia de que são os maiores bens e, por isso mesmo, os mais disputados. Assim, aqueles que tomam uma parte excessiva nesses diversos benefícios abandonam-se a seus apetites e, de modo geral, a suas paixões e à parte irracional de sua alma. Tal é, aliás, a natureza da maioria dos homens, e é a razão pela qual o epíteto egoísta foi tomado nesse sentido: ele tira seu significado do tipo mais predominante de amor-próprio, que é vil. É então acertadamente os homens egoístas são censurados dessa maneira.

É evidente, por outro lado, que somente aqueles que atribuem a si mesmos os bens desse tipo são habitualmente e geralmente designados pelo nome de egoístas, pois se um homem colocasse sempre a si mesmo, e antes de todas as coisas, as ações conforme a justiça, a temperança, ou a qualquer outra virtude e, em geral, procurasse sempre reivindicar para si mesmo o que é nobre, ninguém seguramente qualificaria esse homem como egoísta, nem o censuraria.

No entanto, tal homem pode parecer ser mais egoísta que o anterior. Enfim, ele atribui a si mesmo os benefícios que são os mais nobres e melhores; e satisfaz a parte da alma que tem a maior valia e a que tudo obedece. E assim como em uma cidade a parte que tem a maior autoridade é considerada como, em sentido mais amplo, a cidade em si (e deve-se dizer isso de qualquer outra organização), assim é também para o homem, dado que é egoísta por excelência aquele que ama mais a si mesmo do que a outro.

Além disso, um homem é chamado temperante ou intemperante segundo o seu intelecto possua ou não a dominação que implica que cada um de nós é seu próprio intelecto **[1169a]**; e das ações que nos parecem mais propriamente nossas, aquelas que são acompanhadas de razão são consideradas ações verdadeiramente voluntárias.

É evidente, então, que cada homem seja assim essa parte dominante, ou que seja ao menos essa parte principalmente, como é evidente também que o homem bom ama mais que tudo essa parte que está nele. De onde segue que o homem bom será mais propriamente egoísta, embora de um tipo diferente que aquele que nós censurávamos, e tão diferente dele quanto o viver conforme um princípio racional é diferente de viver sob a influência da paixão, ou ainda tanto quanto desejar o bem é diferente de desejar o que parece somente vantajoso.

Então, todos aqueles que se dedicam com um ardor excepcional a ações nobres são objetos de aprovação e de louvor; e se todos os homens desejassem o que é nobre e tendessem seus esforços para realizar ações mais perfeitas, ao mesmo tempo em que a comunidade encontraria todos os seus desejos satisfeitos, cada um asseguraria, em sua vida privada, os maiores bens, já que a virtude é precisamente um bem desse tipo.

Nós concluímos então, que o homem bom tem o dever de amar a si próprio (pois ele mesmo encontrará benefícios ao praticar o bem, ao mesmo tempo em que beneficiará os outros), enquanto o homem mau, não (pois ele causará danos ao mesmo tempo para si próprio e para seus próximos, deixando-se levar por suas más paixões). Entre os homens maus, então, existe um desacordo entre o que ele deve fazer e o que ele faz, enquanto o homem bom faz o que deve fazer, já que o intelecto sempre escolhe o que existe de mais excelente para si mesmo, e o homem bom obedece ao comando de seu intelecto.

Mas é igualmente verdade que o homem bom frequentemente age no interesse de seus amigos e de sua pátria, dando sua vida por eles, pois ele sacrificará sua riqueza, suas honras e, de modo geral, todos os bens que os homens disputam, conservando para si a nobreza das ações, já que poderá, de fato, preferir um breve momento de intenso prazer a um longo período de satisfação tranquila, um ano de vida exaltante a numerosos anos de existência na terra, uma só ação, única e bela, a uma multitude de ações mesquinhas. Aqueles que sacrificam sua vida por outros provavelmente atingem esse resultado; e por isso escolhem, por sua parte, um bem de grande preço.

Eles também se desfazem de suas riquezas, se seus amigos puderem ganhar mais com isso, pois enquanto o amigo alcança a riqueza, eles alcançam a nobreza moral, e atribuem a si mesmos a melhor parte. E no que diz respeito às honras e aos cargos públicos, o homem bom agirá da mesma maneira, sacrificando tudo isso ao seu amigo, pois tal abandono é para ele algo nobre e que incita o louvor.

Portanto, é com razão que ele é considerado um homem bom, já que dentre todas as coisas, ele escolhe o bem. E pode mesmo ocorrer que deixe a seu amigo a oportunidade de agir em seu lugar, pois pode também ser mais belo para ele tornar-se a causa da ação realizada por seu amigo do que ele mesmo realizá-la.

Por consequência, em toda a esfera de uma atividade digna de elogios, o homem bom, nós o vimos, atribui para si mesmo a mais forte parte da nobreza. Nesse sentido, então, **[1169b]** ele tem o dever de amar a si mesmo, assim como nós dissemos, porém não no sentido em que a maioria dos homens faz.

Discute-se igualmente sobre o homem feliz, se ele precisará ou não de amigos.

Afirma-se que aqueles que são perfeitamente felizes e se satisfazem a si mesmos não precisam de amigos, já que possuem todos os bens e, por isso, se bastam a si mesmos, não precisando de mais nada; ora, o amigo, que é outro "si mesmo", tem por função fornecer o que o outro é incapaz de obter por si mesmo, de onde o ditado: "*Quando a fortuna é favorável, para que amigos?*".

No entanto, parece estranho que atribuindo todos os bens aos homens felizes, não lhes sejam atribuídos amigos, cuja posse é considerada como o maior dos bens exteriores. Além disso, se é mais próprio do amigo fazer o bem do que receber, e se é o próprio homem bom e da virtude conceder benefícios e, enfim, se vale mais fazer o bem aos amigos do que a estranhos, o homem bom precisará de amigos que receberão dele testemunhos de sua benevolência. E é por essa razão que se pergunta ainda se a necessidade de amigos é mais sentida na prosperidade ou na adversidade, visto que se o que está na adversidade precisa de pessoas que lhe prestem serviços, assim como os homens prósperos precisam, eles mesmos, de pessoas às quais eles possam beneficiar. Sem dúvida, é estranho fazer do homem perfeitamente feliz um solitário, pois ninguém escolheria possuir todos os bens desse mundo para viver só, pois o homem é um ser político e naturalmente feito para viver em sociedade. Portanto, essa característica pertence mesmo ao homem bom, já que ele possui as coisas que são boas por natureza. E é evidentemente preferível passar seu tempo com os amigos e homens bons do que com estranhos ou companheiros casuais. É preciso então, ao homem feliz, possuir amigos.

O que querem dizer, então, os partidários da primeira opinião, e sob qual ângulo ela é verídica? Será que a maioria considera como amigos as pessoas que são somente úteis? Certamente, o homem perfeitamente feliz **(25)** não terá qualquer necessidade de amigos desse último tipo, já que ele já possui todas as coisas boas; portanto, ele não terá também necessidade de amigos que são procurados por conta do prazer, ou precisará pouco (pois sua vida, sendo em si agradável, não há absolutamente necessidade de prazeres exteriores) e, como ele não precisa desses tipos de amigos, pensa-se que não precisa definitivamente de amigos.

Mas existe aí um ponto que não está correto. Como nós dissemos no início, a felicidade é uma atividade, e a atividade é evidentemente fazer algo, e não uma coisa que existe desde o início como algo que se possui. Ora, **(30)** se a felicidade consiste na vida e na atividade, e se a atividade do homem bom é virtuosa e agradável em si, assim como dissemos no começo, e se, por outro lado, o fato de uma coisa ser propriamente nossa é um dos atributos que a tornam agradável, e se, enfim, nós podemos contemplar aqueles que nos cercam melhor do que a nós mesmos, e suas ações, melhor que as nossas, e se as ações dos homens virtuosos que são seus amigos são agradáveis às pessoas boas **[1170a]** (já que as ações possuem esses dois atributos que são agradáveis por natureza), nessas condições, o homem perfeitamente feliz não precisará de amigos desse tipo, já que suas preferências contemplarão ações virtuosas e que lhe são próprias, duas qualidades que ocorrem precisamente nas ações do homem bom e amigo.

Além disso, pensa-se que o homem feliz deve levar uma vida **(5)** agradável. Ora, para um homem solitário, a vida é pesada para levar, pois não é fácil, para quem é deixado a si mesmo, exercer continuamente uma atividade, enquanto em companhia de outro e em relação com outros, é uma coisa mais natural. Assim, então, a atividade do homem feliz será mais contínua quando exercida com outros, o que é, além disso, agradável em si, e essas são as características que devem existir no homem **(10)** perfeitamente feliz (pois o homem bom, enquanto bom, se regozija das ações conforme a virtude e se aflige com aquelas cujo vício é a fonte, tal como ao músico que sente prazer com melodias agradáveis, e que sofre ao escutar uma melodia ruim). Acrescentemos que a companhia de homens bons também tem certa formação para a virtude, segundo a nota de Teógnis.[37]

Se examinarmos mais de perto a natureza mesma das coisas, parece que o amigo **(15)** virtuoso é naturalmente desejável pelo homem virtuoso, pois o que é bom por natureza, como dissemos, é para o homem virtuoso bom e agradável a si mesmo. Ora, se a vida se define, no caso dos animais, por uma capacidade de percepção, e entre os homens, por uma capacidade de percepção e de pensamento, a capacidade é concebida com referência à ação a ao elemento principal que corresponde ao ato. Parece, portanto, que a vida consiste principalmente no ato de perceber ou de pensar. **(20)** Mas a vida faz parte das coisas boas e agradáveis em si mesmas, já que ela é alguma coisa determinada, e o que é determinado surge da natureza do que é bom, e o que é bom por natureza é também bom para o homem bom (e é por isso que a vida aparece agradável a todos os homens). Mas nós não devemos, contudo, compreender por isso uma vida má ou corrompida, nem uma vida que se passa na dor, pois uma vida assim é indeterminada, como também o são seus atributos.

---

[37] Poeta lírico grego do século VI a.C.

Essa questão da dor se tornará mais clara pelo que vem a seguir. Mas se a vida em si é uma coisa boa e agradável (como bem parece ser, a julgar pela atração que ela inspira a todo homem, e particularmente aos homens virtuosos e perfeitamente felizes, pois para esses a vida é desejável no mais alto grau, e sua existência é a mais perfeitamente feliz); e se aquele que vê tem consciência de que vê, aquele que compreende, consciência de que ele compreende e aquele que anda, consciência de que anda, e igualmente para as outras formas de atividade existe alguma coisa que tem consciência que estamos em atividade, de modo que nós teríamos consciência que nós percebemos, e que, se pensamos teríamos consciência que nós pensamos, e ter consciência que nós percebemos ou pensamos é ter consciência de que existimos (uma vez que existir, dissemos, é perceber e **[1170b]** pensar), e se ter consciência de que se vive é ter consciência de que se possui em si mesmo uma coisa boa e agradável (pois a vida é boa por natureza e é agradável perceber o que é bom), e se a vida é desejável, e desejável sobretudo para os bons, porque a existência é uma coisa boa para eles e uma coisa agradável (pois a consciência que eles têm de possuir neles o que é bom é um motivo de alegria); e se o homem virtuoso é para seu amigo, tal como é para si mesmo (pois o amigo é outro "em si"), sua própria existência é uma coisa desejável, do mesmo modo que é desejável para cada um igualmente, ou quase, a existência de seu amigo. Mas nós dissemos que o que torna sua existência desejável é a consciência que se tem da própria bondade, e tal consciência é agradável por si mesma. Ele precisa, por consequência, ter consciência da existência do amigo, o que somente poderia perceber vivendo com ele, e compartilhando discussões e pensamentos, pois é nesse sentido que se falará em convivência quando se trata dos homens, e não é como para os animais, onde ela consiste somente em pastar no mesmo lugar.

Se para o homem perfeitamente **(15)** feliz a existência é uma coisa desejável em si mesma, já que ela é por natureza boa e agradável, e se a existência de seu amigo é também tão desejável para ele, resulta que o amigo será uma das coisas desejáveis. Mas o que é mais desejável para ele, é preciso que ele o possua, senão, sobre esse ponto particular, ele será deficiente. Nós concluímos, portanto, que o homem feliz necessitará de amigos virtuosos.

(20) Devemos, assim, fazer o maior número de amigos possível, ou no caso da hospitalidade, estima-se que seja judicioso dizer "*Não é um homem de muitos hóspedes, nem sem nenhum*". Aplicaremos isso também à amizade e diremos não se deve viver sem amigos, nem também com amigos em excesso?

Se se trata do amigo que é escolhido **(25)** por sua utilidade, esse motivo parecerá perfeitamente aplicável (pois retribuir a serviços prestados de um grande número de pessoas é um fardo pesado, e a vida não é suficiente para realizá-lo). Portanto, os amigos cujo número excede as necessidades normais da própria existência são supérfluos e constituem em um obstáculo para a vida feliz e não se tem nenhuma necessidade deles. Quanto aos amigos que são escolhidos tendo em vista o prazer, um pequeno número deve bastar, assim como nos alimentos é preciso pouco tempero.

(30) Mas no que diz respeito aos amigos virtuosos, deve-se ter o maior número possível deles ou existe também um limite para o número de amigos, como existe para a população de uma cidade? Se dez homens, com efeito, não poderiam constituir uma cidade, cem mil homens não poderiam também formar uma. Mas a quantidade a se observar não é sem dúvida um número nitidamente determinado, mas um número qualquer compreendido entre certos limites. Assim, o número de amigos **[1171a]** é igualmente determinado e talvez se deva atingir o número de pessoas com as quais uma vida em comum seja possível (pois nós dissemos que a vida em comum é normalmente vista como o que melhor caracteriza a amizade). Ora, é evidente que não é possível levar uma vida em comum com um grande número de pessoas e compartilhar a si mesmo entre todas. Além disso, é preciso ainda que nossos amigos sejam amigos uns dos outros, se eles devem passar seus dias em companhia uns dos outros; ora, é essa a condição laboriosa que se deve satisfazer para os amigos numerosos. Será difícil compartilhar intimamente as alegrias e as dores com um grande número, pois, para isso, seria preciso, ao mesmo tempo, se regozijar com um e se afligir com outro.

Talvez, por consequência, seja bom não procurar ter um grande número de amigos, mas somente uma quantidade suficiente para a vida em comum, pois parecerá que não é possível manter uma amizade sólida com muitas pessoas. Tal é precisamente a razão pela qual o amor não pode ter várias pessoas como objeto: o amor, de fato, não está longe de ser um tipo de amizade exagerada, sentimento que se endereça somente a uma pessoa. Portanto, a amizade sólida se endereça também somente a um pequeno número.

O que nós dissemos parece ser igualmente confirmado pelos fatos. Assim, a amizade entre colegas reúne somente um pequeno número de amigos, e as amizades celebradas pelos poetas só se produzem entre dois amigos. Aqueles que possuem muitos amigos e se ligam intimamente com todos passam por não serem realmente amigos de ninguém (salvo quando se trata de um laço que une os concidadãos), e lhes é dado também o epíteto de prestativos. Para a amizade entre concidadãos, é seguramente possível ser ligado com um grande número entre eles, sem ser, no entanto, prestativo, mas sim um homem verdadeiramente bom. A verdade é que não se pode manter com muitas pessoas esse tipo de amizade baseada na virtude e no caráter dos amigos, e é preciso se mostrar satisfeito quando se descobre um pequeno número de amigos desse tipo.

Nós temos mais amigos na prosperidade ou na adversidade? Tanto em um caso como no outro, com efeito, procura-se por um lado os homens desfavorecidos pela sorte e que precisam de assistência e, por outro lado, aqueles a quem a sorte sorri precisam de companheiros e de pessoas para as quais farão o bem, já que eles desejam praticar a benevolência.

A amizade, portanto, é uma coisa mais necessária na adversidade, e é por isso **(25)** que se tem necessidade de amigos úteis, mas a amizade é uma coisa mais bela na prosperidade, e é por isso então que se buscam as pessoas de bem, já que é preferível praticar a benevolência para eles e viver em sua companhia. Com efeito, a presença de amigos é agradável ao mesmo tempo na boa e na má sorte, pois as pessoas aflitas experimentam um alívio quando seus amigos compartilham **(30)** de seus sofrimentos. Desse modo, pode-se perguntar se esses amigos não recebem um pouco do nosso fardo, ou se, sem que exista algo assim, somente a sua presença, pelo prazer que ela nos causa, e o pensamento que eles compartilham os nossos sofrimentos, não tem por efeito tornar nossa dor menos viva. Quer seja por essas razões ou por qualquer outra que se experimenta o alívio, deixemos isso de lado; de todo modo, a experiência mostra que o que nós acabamos de dizer realmente acontece.

Mas a presença dos amigos parece conter uma mistura de várias **(35)** coisas. A simples vista de nossos amigos é, na verdade, uma coisa agradável, sobretudo quando se encontra em uma situação de infortúnio, e torna-se um tipo de socorro **[1171b]** contra a aflição (pois é próprio de um amigo nos consolar tanto por sua presença quanto por suas palavras, e se é um homem de tato **(5)**, pois ele conhece nosso caráter e as coisas que nos causam prazer ou dor). Mas, por outro lado, perceber que um amigo sente uma aflição com nossos infortúnios é algo doloroso, pois todos evitam ser a causa de dor para seus amigos. É por isso que os homens de natureza viril se recusam a fazer com que seus amigos experimentem suas próprias dores, e a menos que ele seja insensível à dor, um homem com esse temperamento não suporta a dor que sua **(10)** dor causa em seus amigos e, em geral, é ele quem não admite que outros se lamentem com ele, pela razão de que ele próprio não está inclinado a lamentações. Mas as mulheres e os homens do outro tipo se comprazem com aqueles que se associam aos seus gemidos, e eles os amam como amigos e companheiros de sofrimento. Mas em tudo isso nós devemos, evidentemente, ter como modelo o homem de natureza mais viril.

Por outro lado, a presença dos amigos na prosperidade não somente é uma maneira agradável de passar o tempo, mas ainda nos dá o pensamento que eles se regozijam com o que nos acontece pessoalmente **(15)** de bom. É por isso que pode parecer que é nosso dever convidar nossos amigos para compartilhar nossa felicidade (já que é nobre querer fazer o bem), e no infortúnio, ao contrário, evitar apelar para eles, já que devemos dar-lhes o menos possível de nossos males, de onde a expressão: "*o meu próprio infortúnio é suficiente*". Mas é aí que precisamos recorrer à ajuda dos amigos, quando eles podem, sem grande esforço, prestar-nos um grande serviço.

(20) Inversamente, seria conveniente que nós fossemos em socorro de nossos amigos na adversidade, sem esperar sermos chamados, pois é próprio de um amigo fazer o bem, e a assistência oferecida é mais nobre e mais agradável a ambos. Mas quando eles estão na prosperidade, devemos proporcionar-lhes nossa cooperação com prontidão (pois mesmo para isso eles precisam de amigos); porém, nós não colocaremos nenhum empecilho em sermos beneficiados por eles (pois é pouco honrável mostrar ardor demais ao **(25)** receber benefícios). Mas, sem dúvida, é preciso evitar uma aparência grosseira, a qual mostraremos se os rejeitarmos, pois isso acontece às vezes. Assim, a presença de amigos parece ser desejável em todas as circunstâncias.

Assim como para os amantes a visão do amado é o que os regozija acima de tudo, e que eles preferem o sentido da visão a todos os outros, pois é dele que depende principalmente a existência e o nascimento do amor, igualmente também para os amigos a vida em comum não é o que existe de mais desejável? A amizade, de fato, é uma comunidade, e o que o homem é para si mesmo, também é para seu amigo; para ele, a consciência **[1172a]** de sua existência é um bem desejável e, portanto, também a consciência da existência de seu amigo. Mas essa consciência se realiza na vida em comum, de modo que é com razão que os amigos aspiram a essa vida comum. Além disso, tudo o que a existência pode representar para uma determinada classe de indivíduos, tudo o que torna a vida desejável para eles, é isso que eles desejam compartilhar com seus amigos. Assim, uns se unem para beber, outros para jogar dados, outros ainda para fazer exercícios, caçar, estudar filosofia, e todos, em cada grupo, passam todo o dia nesse tipo de atividade, que lhes agrada mais que todos os outros tipos de ocupações, e desejam, com efeito, compartilhar com seus amigos essas atividades que lhes fornecem o sentimento de uma vida comum.

Qualquer que seja a amizade que une as pessoas más é uma coisa má (pois, em razão de sua instabilidade, elas se entregam à ocupação com atividades más e, além disso, tornam-se maus e semelhantes uns aos outros), enquanto a amizade entre as pessoas boas é boa e cresce por sua própria ligação. E elas parecem também se tornarem melhores agindo e se influenciando mutualmente, pois imprimem reciprocamente as qualidades com as quais se comprazem, de onde o provérbio: "*Dos homens nobres, vêm as nobres ações*". Mas, no que diz respeito à amizade, já foi dito o suficiente.

LIVRO X

Após essas considerações, segue, sem dúvida, uma discussão sobre o prazer. **(20)** De fato, ele parece estar intimamente ligado à nossa natureza e, por isso, na educação dos jovens, é pelo prazer e pela dor que eles são governados. Supõe-se também que, para formar a excelência do caráter, o mais importante é comprazer-se com as coisas apropriadas, e desprezar aquelas que devem ser detestadas. Com efeito, essas coisas se estendem ao longo de toda a vida, e têm grande peso e força tanto para a virtude quanto para a verdadeira felicidade **(25)**, pois os homens preferem as coisas agradáveis e evitam as que são dolorosas. E coisas dessa importância não deveriam ser negligenciadas, sobretudo por possuírem muitas controvérsias.

Uns, de fato, afirmam que o prazer é um bem; outros, ao contrário, que ele é inteiramente mal; (esses últimos, sem dúvida, são persuadidos de que ele é realmente assim, enquanto outros pensam que é melhor **(30)** para nossa vida mostrar o prazer entre as coisas más, mesmo que ele não o seja, pois a maioria dos homens tem uma inclinação por ele e são escravos dos seus prazeres, e por isso é preciso levá-los na direção contrária, pois eles atingirão assim o estado intermediário).

Mas dizer isso talvez não seja correto. De fato, quando se trata dos sentimentos e **(35)** das ações, os argumentos são menos confiáveis que os fatos, e assim, quando eles estão em desacordo com os dados da percepção, são desprezados e destroem a própria verdade. **[1172b]** Se o homem que desdenha do prazer é surpreendido a buscá-lo, sua inclinação ao prazer parece indicar que todo prazer é digno de ser perseguido, pois não é da maioria das pessoas fazer distinções. Assim, os argumentos verdadeiros parecem ser muito úteis, não somente para o conhecimento, mas também para a vida, pois, estando em harmonia com os fatos, eles carregam a convicção, e dessa maneira incitam aqueles que os compreendem a viver de acordo com eles.

Mas já foi dito o suficiente sobre essas questões. Passemos agora em vista o que tem sido dito sobre o prazer.

Eudoxo pensava que o prazer é o bem, pelo fato de que ele via todos os seres, racionais ou irracionais, tenderem para ele, e em todas as coisas o que é desejado em mais alto grau é o bem por excelência; e o fato de que todos são levados em direção ao mesmo objeto indica que esse objeto é para todos o que existe de melhor (já que cada um, dizia Eudoxo, descobre o que é bom para si, assim como o alimento que lhe é apropriado), e o que é bom, portanto, para todos os seres e a que eles tendem é o bem supremo.

Se, entretanto, esses argumentos incitavam a convicção, era mais por causa da gravidade do caráter do autor do que em razão de seu mérito. Eudoxo, na verdade, tinha a reputação de um homem excepcionalmente temperante, e por consequência se admitia que se ele sustentava essa teoria, não era por amor ao prazer, mas porque era assim na realidade. Ele acreditava ainda que sua doutrina resultava do que é contrário ao prazer, ou seja, a dor, sendo em si um objeto de aversão para todos os seres, e que o seu contrário deve semelhantemente ser em si um objeto de desejo para todos. Além disso, segundo ele, é mais desejável o que nós escolhemos por nós mesmos, e não por causa de outra coisa, nem em vista de outra coisa, e tal é precisamente, para a opinião geral, o caráter do prazer, pois nunca se pergunta a alguém em vista de qual fim ele se entrega ao prazer, o que implica que o prazer é desejável por si mesmo. Além disso, ele afirmava que o prazer, acrescido a um bem qualquer, por exemplo, a uma ação justa ou temperante, tornava esse bem mais desejável, e que o bem só pode ser aumentado por si mesmo.

Esse último argumento, em todo caso, parece mostrar somente que o prazer é um dentre os bens, e de forma alguma que ele é melhor que qualquer outro bem; pois todo bem, unido a outro bem, é mais desejável do que se ele é único. É por esse argumento também que Platão[38] refuta a identificação do bem com o prazer; a vida prazerosa é **(30)**, segundo ele, mais desejada quando unida à sabedoria do que separada dela, e se a vida mista é melhor, o prazer não é um bem, pois nenhum complemento acrescentado ao bem pode torná-lo mais desejável. É evidente também que nenhuma outra coisa, nem o prazer, poderia também ser o bem, se, por exemplo, pelo acréscimo de algumas coisas boas em si mesmas, ele se tornasse mais desejável. Qual é então a coisa que corresponde à condição colocada e em qual **(35)** nós podemos ter parte? Pois é algo desse tipo que nós procuramos.

Aqueles que, por outro lado, objetam que aquilo para que todos os seres tendem não é verdadeiramente um bem, teme-se que só falam porque não têm nada para dizer. **[1173a]** As coisas, de fato, que todos os homens reconhecem como boas, nós dizemos que elas são assim na realidade, e aquele que é contrário a essa convicção dificilmente encontrará ele mesmo verdades mais críveis. Se os seres desprovidos de razão fossem os únicos a aspirar aos prazeres, o que esses contraditores dizem poderia apresentar certo sentido, mas se os seres dotados de inteligência também manifestam a mesma tendência, como eles poderão apresentar suas alegações? Talvez mesmo entre os seres inferiores exista algum princípio natural e bom **(5)**, superior ao que esses seres são por si mesmos, e que tende a realizar seu próprio bem.

---

[38] Platão. *Filebo*, 60.

Não parece também que sua crítica sobre o contrário do prazer seja exata. Eles afirmam, de fato, que se a dor é um mal, disso resulta somente que o prazer seja um bem, pois um mal pode ser oposto também a um mal, e o que é ao mesmo tempo bem e mal pode ser oposto ao que não é nem bem nem mal. Esse raciocínio não é sem valor, mas ele não está de acordo com a verdade, ao menos no presente caso. Se, com efeito, prazer e dor são dois males, eles deveriam também ser objetos de aversão, e se os dois não são nem bem nem mal, eles não deveriam ser, nem um nem outro, objeto de aversão, ou deveriam ser todos os dois de modo semelhante. Mas o que é constatado na realidade é que se foge de um como um mal, e que se prefere o outro como um bem; é então como um bem e como um mal que o prazer e a dor são opostos um ao outro.

Mas não resulta disso também que, se o prazer não está entre as qualidades, ele não seja, no entanto, um bem, pois nem as atividades virtuosas nem a felicidade são qualidades. Eles dizem ainda que o bem é determinado, enquanto o prazer é indeterminado, porque ele é suscetível do mais e do menos. Se esse julgamento se apoia na experiência do prazer, quando se tratará da justiça e das outras virtudes, a propósito das quais se diz abertamente que aqueles que as possuem estão mais ou menos nesse estado, e que suas ações são mais ou menos conformes a essas virtudes, se poderá dizer o mesmo, pois é possível ser mais justo e mais corajoso que outros, e é possível praticar também a justiça e a temperança melhor do que outros. Mas se seu julgamento se funda na natureza mesma dos prazeres, eu temo que eles não indiquem a verdadeira causa, se é verdade que existe, por um lado, os prazeres sem mistura, e por outro, prazeres mistos.

Além disso, se a saúde admite graus, sendo determinada, por que não se admite o mais e o menos para o prazer? Pois a saúde não é constituída pela mesma proporção de elementos em todas as pessoas, nem tampouco por uma proporção particular na mesma pessoas sempre, mas ela pode diminuir e, no entanto, persistir até certo ponto, e diferir assim segundo o mais e o menos. Tal pode ser também, por consequência, o caso do prazer.

Além disso, eles também afirmam[39] que o bem é perfeito, e os movimentos e as gerações são imperfeitos **(30)**, e se esforçam depois em mostrar que o prazer é um movimento e uma geração. Mas eles não parecem se exprimir exatamente, mesmo quando sustentam que o prazer é um movimento: todo movimento, ao que parece, tem por propriedades a rapidez e a lentidão, e se um movimento, o do céu, por exemplo, não possui essas propriedades em si mesmo, ele ao menos as possui relativamente à outra coisa. Ora, o prazer não pertence nem a um nem a outro desses tipos de movimentos. É seguramente possível ser levado em direção ao prazer mais ou menos rapidamente, como também encolerizar-se, **[1173b]** mas não se pode sentir prazer rapidamente, nem mesmo em relação à outra pessoa, como nós podemos andar, crescer e assim por diante, mais ou menos rapidamente. Assim, é possível passar a um estado de prazer rapidamente ou lentamente, mas não é possível estar em ato nesse estado — eu quero dizer no estado de prazer — mais ou menos rapidamente.

Além disso, em qual sentido o prazer seria um processo de geração? **(5)** Pois não se admite que qualquer coisa nasça de qualquer outra por acidente, mas que uma coisa se encontre como que dissolvida naquela de que ela provém; e se o prazer é a geração de algo, a dor é a destruição deste algo.

Eles dizem[40] ainda que a dor é um processo de deficiência de nosso estado natural e que o prazer é a sua concentração. Mas essas são afecções que interessam ao corpo. Se, portanto, o prazer é uma concentração do estado

[39] Platão. *Filebo*, 53-54

[40] Platão. *Filebo*, 31-32, 42

natural, o que sente prazer é aquilo no qual se realiza a concentração, e esse será então o corpo. Mas essa é uma opinião que não é aceita; o prazer não é então também um processo de concentração; tudo o que se pode dizer é que no decorrer de um processo de concentração se sentirá prazer, como no decorrer de uma cirurgia se sentirá a dor.

De fato, essa opinião parece ter por origem as dores e os prazeres relativos à nutrição, e quando, de fato, a falta de alimento nos faz sentir primeiramente o sofrimento, nós experimentamos em seguida o prazer em saciar nosso apetite. Mas isso não ocorre com todos os prazeres, por exemplo, os prazeres pelo estudo não supõem uma dor precedente, nem entre os prazeres dos sentidos, como os do olfato, e também um grande número de sons e imagens, assim como as lembranças ou as expectativas. Se estes são processos de geração, são geração de quê? Não houve qualquer falta, nesses casos, que não fosse suprida.

Para aqueles que argumentam que os prazeres são repreensíveis, poder-se-ia replicar que esses prazeres não são agradáveis em si, pois mesmo supondo que sejam agradáveis para as pessoas de constituição viciosa, não é preciso acreditar que sejam agradáveis também tanto aos outros quanto a eles, nem mesmo se deve pensar que as coisas que são saudáveis, doces ou amargas aos doentes sejam realmente assim, ou que as coisas que parecem brancas àqueles que sofrem dos olhos sejam realmente brancas. Poder-se-ia, então, responder que os prazeres são desejáveis, mas não os que provêm dessas fontes, do mesmo modo que a riqueza é desejável, mas não como recompensa de uma traição, ou a saúde, mas não à custa de qualquer alimento. Ou talvez os prazeres sejam diferentes quanto à forma: aqueles, de fato, que provêm de fontes nobres são diferentes daqueles que provêm de fontes vergonhosas, e não é possível sentir o prazer do homem justo sem ser justo em si mesmo, nem o prazer do músico sem ser músico, e assim para todos os outros prazeres.

Além disso, o fato de o amigo ser diferente do bajulador parece mostrar claramente que o prazer não é um bem, ou que existem formas diferentes de prazer. O amigo, de fato, parece buscar nossa companhia tendo em vista o bem, e o bajulador, o nosso prazer, e a este último são endereçadas censuras e ao outro, elogios, em razão dos diferentes fins pelos quais eles nos frequentam. **[1174a]** Ademais, nenhum homem escolheria viver durante toda a sua existência conservando da inteligência de uma criança, mesmo que ele continuasse a se regozijar o quanto possível dos prazeres da infância, nem escolheria também sentir prazer realizando um ato particularmente desonroso, mesmo que disso não resultasse uma consequência dolorosa para ele.

Existem, por outro lado, muitas coisas que desejaríamos obter, **(5)** mesmo que elas não nos dessem qualquer prazer, como a visão, a recordação, o conhecimento, e a posse das virtudes. Que os prazeres sejam necessariamente acompanhados desses benefícios não faz qualquer diferença para nós, já que nós os escolheríamos ainda que eles não fossem para nós a fonte de qualquer prazer. É evidente, então, que o prazer não é um bem, e nem que todo prazer é desejável, e que alguns prazeres são desejáveis por si mesmos **(10)**, porque eles são diferentes dos outros por sua espécie ou pelas fontes de onde eles provêm. As opiniões relativas ao prazer e à dor já foram estudadas de modo suficiente. O que é o prazer e qual a sua qualidade tornar-se-á mais claro se tomarmos a questão desde o princípio.

O ato de ver parece perfeito em qualquer momento de sua duração **(15)**, pois ele não tem necessidade de nenhum complemento que surgiria depois e completaria a sua forma. Ora, tal parece ser a natureza do prazer, pois ele é, de fato, um todo, e não se poderia em nenhum momento apreender um prazer cuja prolongação conduziria a forma à sua perfeição. Essa é a razão pela qual ele também não é um movimento, pois todo movimento se desenvolve no tempo, **(20)** e em vista de certo fim, como por exemplo, o processo de construção de uma casa, e ele é perfeito quando realizou o seu fim; portanto, ele é perfeito seja quando é tomado na totalidade do tempo que ocupa, seja em seu momento final. Todos os movimentos que ocupam partes do tempo do todo são imperfeitos e diferem em espécie do movimento total, assim como eles diferem também um do outro. Assim, o conjunto de pedras é diferente do trabalho de revestimento da coluna, e essas operações são diferentes da construção do templo como um todo. E **(25)** enquanto a construção do templo é um processo perfeito (pois ele não tem necessidade de nada além do que o fim proposto) o preparo do alicerce e do tríglifo[41] são processos imperfeitos, pois cada uma dessas operações produz apenas uma parte do todo. Eles diferem, então, pela forma, e não é possível, em um momento qualquer, capturar um movimento que seja perfeito segundo sua forma, mas se ele aparece como tal, é somente na totalidade de sua duração.

Pode-se dizer o mesmo com relação ao andar e às outras formas de locomoção. Se, **(30)** de fato, a deslocamento é um movimento de um ponto a outro, também nele surgem diferenças quanto à forma, como o voo, a caminhada, o salto e assim por diante; e não somente isso, mas existem diferenças, por exemplo, no andar em si, pois o ponto de partida e o ponto de chegada não são os mesmos em uma pista de corrida no todo e em cada uma de suas partes, e nem em suas diversas partes, e nem no percurso de tal parte até a outra; nem é percorrer a mesma linha e aquela, **[1174b]** já que não se percorre uma linha qualquer, mas uma linha que está em um determinado lugar, e esta linha está em um lugar diferente daquela.

No tocante ao movimento, nós já o tratamos com precisão em outra obra,[42] mas pode ser dito aqui, parece,

---

[41] Tipo de ornamento característico do friso dos templos dóricos.
[42] Aristóteles, *Física*, VI-VIII.

que ele não é perfeito em todo momento de sua duração, mas que os múltiplos movimentos incompletos de que ele é composto são imperfeitos e diferentes quanto à forma **(5)**, já que é o ponto de partida e o ponto de chegada que os especificam. Do prazer, ao contrário, a forma é perfeita em qualquer momento. Assim, é evidente que prazer e movimento são diferentes um do outro, e que o prazer está dentre as coisas que são perfeitas e completas. Essa conclusão poderia também resultar do fato de que é impossível se mover senão no tempo, enquanto é possível sentir prazer independentemente do tempo, pois o que ocorreu no instante é completo.

Dessas considerações resulta claramente ainda **(10)** que é errado falar do prazer como resultado de um movimento ou de uma geração, pois eles não podem ser atribuídos a todas as coisas, mas somente àquelas que são divisíveis em partes e não constituem o todo; não há geração, de fato, nem no ato da visão, nem de um ponto, nem de uma unidade, e nenhuma dessas coisas é movimento ou geração. Portanto, não existe nada assim para o prazer, visto ser ele um todo.

Uma vez que cada sentido é ativo em relação ao objeto sensível correspondente, **(15)** e essa ação revela-se perfeita quando o sentido está em uma condição boa em relação ao melhor dos objetos que atua sobre ele, (pois tal é, parece, a melhor descrição que se pode dar da atividade perfeita, e não importa dizer que ela passa ao ato ou se é o órgão no qual ele reside), segue-se que, para cada sentido, o ato melhor é aquele disposto em melhores condições em relação ao mais excelente de seus objetos) e o ato que corresponde a essas condições só poderia ser **(20)** o mais perfeito e o mais agradável. De fato, para cada um dos sentidos existe um prazer que lhe é correspondente, e do mesmo modo para o pensamento e a contemplação, e sua atividade mais perfeita é a mais agradável, e a atividade de um órgão que se encontra em boas condições em relação ao mais excelente dos objetos é a mais perfeita, e o prazer torna o ato completo.

O prazer, entretanto, não torna o ato completo da mesma maneira que a combinação entre o objeto e o sentido **(25)**, quando eles estão um e outro em bom estado, assim como a saúde e o médico não são do mesmo modo a causa do restabelecimento da saúde.

Que para cada sentido surja um prazer correspondente, isso é algo evidente (já que nós dissemos que imagens e sons podem ser agradáveis). É evidente também que o prazer atinge seu mais alto ponto quando, ao mesmo tempo, o sentido está nas melhores condições e ativo em relação ao objeto igualmente melhor. E **(30)** tanto para o objeto sensível como para o que sente sempre haverá prazer, desde que sejam colocados em presença do princípio agente e do princípio paciente.

Mas o prazer completa o ato, não como faria uma disposição imanente em relação ao sujeito, mas como um fim ocorrido por acréscimo, do mesmo modo que o vigor da saúde se junta à flor da juventude. Contanto que os objetos sejam tais como eles devem ser, assim como o sujeito que discerne ou contempla, **[1175a]** o prazer residirá no ato, pois tanto o elemento passivo quanto o elemento ativo se mantêm idênticos em suas relações mútuas, e permanecem inalterados, e o mesmo resultado se produz naturalmente.

Como ocorre então que ninguém sinta prazer de forma contínua? A causa disso não é o cansaço? De fato, os seres humanos não são capazes **(5)** de estar em contínua atividade e, por consequência, o prazer também não é contínuo, já que ele é um acompanhamento do ato. É pela mesma razão que algumas coisas nos dão prazer quando são novas e, mais tarde, elas não nos agradam tanto quanto no início; de fato, o pensamento se encontra em um estado de excitação e de intensa atividade no que diz respeito a esses objetos, tal como para a visão quando se olha algo com atenção, mas em seguida a atividade não é mais o que era, ela se afrouxa, o que faz com que o prazer também diminua.

Pode-se pensar que se todos os homens, sem exceção, aspiram ao prazer, é porque eles possuem uma tendência para o viver. A vida é um tipo de atividade, e cada homem exerce sua atividade no domínio e com as faculdades que mais lhe atraem; por exemplo, o músico exerce sua atividade por meio da audição, em relação às melodias; o homem estudioso, por meio do pensamento, em relação às especulações da ciência, e assim também em cada um dos casos restantes. E o prazer vem completar essas atividades e, por consequência, a vida à qual se aspira. É então normal que os homens tendam também ao prazer, já que para cada um deles o prazer completa a vida, que é uma coisa desejável.

Quanto a saber se nós escolhemos a vida por causa do prazer, ou o prazer por causa da vida, é uma questão que nós podemos deixar de lado pelo momento. De fato, elas estão, evidentemente, intimamente associadas, e não admitem nenhuma separação, já que sem atividade não há prazer, e toda atividade recebe sua complementação do prazer.

Também por isso se reconhece uma diferença específica entre os prazeres. De fato, nós pensamos que as coisas diferentes em espécie são completadas por coisas em si mesmas diferentes (tal é manifestamente o que se passa com os objetos naturais e com os produtos da arte, como por exemplo, os animais e as árvores de um lado e, de outro, um quadro, uma estátua, uma casa, um utensilio); da mesma maneira, nós pensamos também que as atividades que diferem em espécie são completadas por coisas também diferentes em espécie. Ora, as atividades do pensamento se diferem em espécie das atividades sensíveis, e todas essas atividades diferem, por sua vez, especificamente entre elas e, por consequência, os prazeres que completam essas atividades se diferem da mesma maneira.

Essa diferença entre os prazeres pode ainda se tornar manifesta por meio da indissolúvel união que existe entre cada um dos prazeres **(30)** e a atividade que ele completa. Uma atividade é, de fato, aumentada pelo prazer que lhe é apropriado, pois em todos os domínios se age com mais discernimento e precisão quando se exerce sua atividade com prazer; assim, aqueles que amam a geometria se tornam melhores geômetras, e compreendem melhor as diversas proposições que se relacionam a ela; da mesma maneira os apaixonados pela música, pela arquitetura e outras artes **(35)** progridem em suas próprias tarefas, porque eles encontram nelas seu prazer. Os prazeres, portanto, intensificam as atividades que acompanham, e o que intensifica uma coisa deve ser apropriado a essa coisa. **[1175b]** Mas para as coisas diferentes em espécie, as coisas que lhes são próprias devem em si mesmas diferir em espécie.

Outra prova mais clara ainda pode ser tirada do fato de que os prazeres provenientes de outras atividades constituem um obstáculo para as atividades em questão; por exemplo, os amantes de flauta são incapazes de aplicar seu espírito em uma argumentação filosófica enquanto escutam um flautista, pois eles se comprazem **(5)** mais com a arte da flauta do que com a atividade em que estão no momento engajados; assim, o prazer causado pelo som da flauta é um obstáculo para a atividade que se relaciona com a discussão filosófica em curso. O mesmo fenômeno é observado também em todos os outros casos onde se exerce uma atividade em relação a dois objetos ao mesmo tempo; a atividade mais agradável interfere na outra, e quanto mais agradável ela for, mais isso ocorre, a ponto de fazer cessar completamente **(10)** a outra atividade. É por isso que quando nós experimentamos um intenso prazer em uma ocupação qualquer, nós dificilmente podemos nos entregar a outra; e, por outro lado, nós retornamos para outra ocupação quando a ocupação atual agrada apenas de maneira medíocre, por exemplo, aqueles que comem doces no teatro fazem isso especialmente quando os atores são ruins. E visto que o prazer apropriado torna as atividades mais eficazes e melhores e prolonga sua duração, o prazer contrário a elas as prejudicam **(15)** e é claro que existe entre essas duas espécies de prazer um intervalo considerável. Os prazeres que resultam de atividades diferentes produzem sobre as atividades quase o mesmo efeito que as dores próprias a esses últimos, visto que as atividades são destruídas por suas próprias dores; por exemplo, se escrever ou calcular é para alguém uma coisa desagradável e cansativa, ele para de escrever e calcular, pois tal atividade é dolorosa para ele.

(20) Assim, as atividades são afetadas em sentido oposto pelos prazeres e dores que lhes são próprios, e são próprios os prazeres e dores que acidentalmente ocorrem para a atividade em razão de sua própria natureza. Quanto aos prazeres que surgem de atividades estranhas, eles produzem, como foi dito, o mesmo efeito que a dor, pois destroem a atividade, mesmo que não seja da mesma maneira. E uma vez que as atividades diferem em seu caráter quanto à bondade **(25)** ou à maldade, e que umas são desejáveis e outras devem ser evitadas, e outras nem uma coisa nem outra, o mesmo ocorre também com os prazeres, já que para cada atividade corresponde um prazer próprio. Assim, o prazer próprio à atividade virtuosa é bom, e aquele que é próprio à atividade viciosa é mau, pois os apetites que se propõem a um fim nobre são dignos de elogio, e aqueles que se propõem a um fim vergonhoso, são dignos de censura. **(30)** Ora, os prazeres inerentes a nossas atividades estão mais estreitamente ligados a esses últimos do que os desejos, pois os desejos são distintos das atividades tanto pelo tempo quanto por sua natureza, enquanto os prazeres são próximos das atividades, e são de fato tão inseparáveis que se poderia questionar se a atividade não é idêntica ao prazer. Entretanto, o prazer não parece ser nem pensamento, nem percepção, pois isso seria

(35) absurdo, mas a impossibilidade de separá-los os torna, aos olhos de alguns, uma única e mesma coisa.

Assim, da mesma maneira que as atividades são diferentes, também são os prazeres. **[1176a]** A visão é superior ao tato em pureza, e a audição e o olfato, ao paladar; existe, portanto, uma diferença de mesma natureza entre os prazeres correspondentes, e os prazeres do pensamento são superiores aos prazeres sensíveis, e em cada um desses dois grupos existem prazeres que são superiores a outros.

Além disso, admite-se que cada espécie animal tem seu prazer próprio, assim como também uma função, isto é, o prazer que corresponde a sua atividade. **(5)** Se considerarmos cada uma das espécies animais, isso se torna mais claro: o cavalo, o cão e o homem possuem prazeres diferentes e, como diz Heráclito, "*um asno prefere o feno ao ouro*",[43] pois o alimento é para os asnos uma coisa mais agradável que o ouro.

Assim, os seres especificamente diferentes possuem também prazeres especificamente distintos. De um lado, esperar-se-ia que os prazeres dos seres idênticos quanto à forma fossem eles mesmos idênticos. **(10)** Porém os prazeres revelam uma extrema diversidade, ao menos para o homem: as mesmas coisas agradam algumas pessoas e afligem outras, e o que para alguns é doloroso e odioso, é agradável e atraente para outros. Para os sabores doces acontece o mesmo: a mesma coisa não parece doce a quem está febril e a quem está com saúde, nem, do mesmo modo, quente ao homem fraco e ao **(15)** homem robusto, e esse fenômeno ocorre também em outros casos. Mas em todos os casos, observa-se que as coisas são como parecem ser ao homem bom. E se essa afirmação é correta, como parece ser, e se a virtude e o homem bom, como tal, são a medida de cada coisa, então serão prazeres os prazeres que para esse homem aparecem com tais, e serão prazerosas, na

---

[43] Fragmento 9, Diels.

verdade, as coisas com as quais ele se compraz. **(20)** E se as coisas que para ele são nocivas parecem ser agradáveis a outro, isso não tem nada de espantoso, pois existem muitas corrupções e perversões no homem, e tais objetos não são realmente prazerosos, mais são somente para as pessoas de que falamos e para aqueles que estão nesse estado. Os prazeres que concordamos ver como vergonhosos não devem ser chamados de prazeres, senão por pessoas corrompidas. Mas entre as pessoas consideradas como boas, qual classe de prazeres **(25)** ou qual prazer determinado se pode dizer que é propriamente aquele do homem? Ou não surge evidentemente das atividades humanas? Os prazeres, de fato, obrigatoriamente as acompanham. Assim, que a atividade do homem perfeito e feliz seja uma ou múltipla, os prazeres que completam essas atividades serão chamados, em um sentido absoluto, prazeres próprios do homem, e os outros só serão prazeres de uma maneira secundária e em menor grau, assim como as atividades.

(30) Após ter falado a respeito das virtudes, das amizades e dos prazeres, resta traçar um esboço da felicidade, já que esse é o fim último que colocamos aos assuntos humanos. Mas se retomarmos as análises precedentes, nossa discussão ganhará mais concisão.

Nós dissemos que a felicidade não é uma disposição, pois se fosse, então ela poderia pertencer ao homem que passa a vida dormindo, levando uma vida vegetativa **(35)**, ou àquele que sofre os maiores infortúnios. **[1176b]** Se essas coisas não são satisfatórias, devemos colocar a felicidade como certa atividade, assim como foi dito anteriormente, e se as atividades são, umas, necessárias e desejáveis em vista de outras coisas, e outras, desejáveis e necessárias em si mesmas, é evidente que se deve colocar a felicidade entre as atividades desejáveis por si mesmas, e **(5)** não entre aquelas que são apenas desejáveis em vista de outra coisa, pois a felicidade não necessita de nada, mas se basta de modo suficiente a si mesma.

Ora, são desejáveis em si mesmas as atividades que não buscam nada além de sua própria atividade, e tais parecem ser as ações conforme a virtude, pois praticar ações nobres e boas é uma dessas coisas desejáveis em si mesmas.

Mas os divertimentos que são agradáveis também são desejáveis por si mesmos; nós não os escolhemos em vista de outras coisas, pois elas são para nós mais nocivas do que úteis, fazendo-nos negligenciar o cuidado com nosso corpo e nossos bens. No entanto, a maioria dos homens que é chamada feliz recorre a distrações desse tipo, o que faz com que para a corte de tiranos, as pessoas hábeis em tais passatempos sejam muito estimadas, pois, satisfazendo os desejos de seus senhores, elas se mostram agradáveis aos olhos deles, e é desse tipo de complacência que os tiranos precisam.

De qualquer maneira, supõe-se que esses divertimentos sejam da mesma natureza que a felicidade, já que os homens poderosos lhes consagram seus prazeres, embora, a conduta de tais pessoas talvez não tenha nenhum significado. Não é, de fato, no poder absoluto que residem a virtude e a inteligência, de onde surgem as atividades boas, e as pessoas de quem falamos, que não sentem qualquer gosto por um prazer puro e digno de um homem livre, fogem para os prazeres corporais, e por isso nós não devemos acreditar que esses prazeres são mais desejáveis, pois também as crianças imaginam que as coisas que elas próprias estimam são de valor incomparável. Resulta disso, logicamente, que as coisas valiosas para as pessoas más e para as pessoas boas são completamente diferentes umas das outras, assim como são diferentes as das crianças e as dos adultos. Por consequência, assim como foi dito muitas vezes, são ao mesmo tempo dignas de valor e agradáveis as coisas que assim parecem ao homem bom; e para cada homem a atividade mais desejável é aquela que está de acordo com a sua própria disposição de caráter e, por isso, para o homem bom, a atividade mais desejável é aquela conforme a virtude.

Não é, então, no divertimento que está a felicidade, pois seria absurdo que a finalidade de um homem fosse o divertimento e que ele devesse esforçar-se durante toda a sua vida a fim de poder se divertir. De fato, para dizer em uma palavra, tudo o que nós escolhemos é escolhido em vista de outra coisa, com exceção da felicidade, pois ela é um fim em si. Mas esforçar-se tão arduamente em vista de se divertir parece ser algo excessivamente insensato e pueril; o contrário, se divertir em vista de exercer uma atividade séria, seguindo o dito a Anacársis,[44] parece correto, pois o divertimento é, de fato, um tipo de relaxamento pelo fato de sermos incapazes de trabalhar ininterruptamente e termos necessidade de descanso. O relaxamento, portanto, não é então um fim, **[1177a]** pois só acontece em vista da atividade.

A vida feliz parece ser aquela conforme a virtude; ora, uma vida virtuosa não acontece sem um esforço sério e não consiste em um simples divertimento. E nós afirmamos, ao mesmo tempo, que as coisas sérias são moralmente superiores àquelas que produzem riso ou são acompanhadas de divertimento, e que a atividade mais séria é sempre aquela da melhor parte de nós mesmos, ou aquela do homem de uma moralidade mais elevada. Por consequência, a atividade de quem é melhor é mais apta a oferecer a felicidade.

Além disso, qualquer pessoa, até mesmo um escravo, pode regozijar-se dos prazeres do corpo, assim como o melhor dos homens, embora ninguém admita a participação de um escravo na felicidade, a menos que participe também da existência humana. Não é, de fato, em tais distrações que

---

[44] Filósofo cujas obras que lhe foram atribuídas não chegaram até nós, embora seja citado por alguns autores gregos, entre eles Heródoto e Luciano de Samósata.

reside a felicidade, mas nas atividades que estão de acordo com a virtude, assim como foi dito anteriormente.

Mas se a felicidade é uma atividade conforme a virtude, é razoável que ela seja conforme a mais alta virtude, e essa será a virtude da parte mais nobre de nós mesmos. Quer seja o intelecto ou alguma outra faculdade, quer seja outra coisa que pensamos ser por natureza nosso comando e nossa direção, quer tenha conhecimento das realidades belas e divinas, quer esse elemento seja ele mesmo divino, ou somente a parte mais divina de nós mesmo, é o ato dessa parte segundo a virtude que lhe é própria que será a felicidade perfeita. Ora, já foi dito anteriormente que essa atividade é contemplativa.

Isso parece estar de acordo tanto com nossas conclusões precedentes quanto com a própria verdade. De fato, em primeiro lugar, essa atividade é a melhor (já que o intelecto é a melhor parte de nós mesmos, como também os objetos que se relacionam com o intelecto são os melhores de todos os objetos cognoscíveis). Em seguida, ela é a mais contínua, pois nós somos capazes de nos entregar à contemplação de uma maneira mais contínua do que realizar qualquer outra ação. Nós pensamos ainda que o prazer deve ser misturado à felicidade; ora, a atividade segundo a sabedoria filosófica é, todos estão de acordo, a mais comprazente das atividades conforme a virtude; de todo modo, o filosofar parece possuir prazeres maravilhosos por sua pureza e perenidade, e é normal que a alegria de conhecer seja uma ocupação mais agradável do que a busca do saber. Além disso, o que é chamado de autossuficiente pertencerá sobretudo à atividade de contemplação, pois se é verdade que um filósofo, assim como um homem justo, ou qualquer outro que possua outra virtude, tem necessidade das coisas necessárias à vida, o homem justo, uma vez que é suficientemente provido dos bens desse gênero, tem ainda necessidade de seus semelhantes, com os quais ele agirá com justiça, e acontece o mesmo com o homem temperante, o homem corajoso e com cada um dos outros; o filósofo, ao contrário, mesmo estando sozinho, mantém a capacidade de contemplar, e ele mesmo é tão mais sábio quanto, nesse estado, contempla mais. **[1177b]** Sem dúvida, é preferível para ele ter colaboradores, mas mesmo assim ele é o homem que se basta mais plenamente a si mesmo.

E essa atividade parece ser a única amada por si mesma, pois ela não produz, de fato, nada além do próprio ato de contemplar, enquanto das atividades práticas nós sempre retiramos um benefício mais ou menos considerável, além da ação em si.

Além disso, a felicidade parece consistir em um lazer, pois nós trabalhamos tendo em vista atingir o lazer, do mesmo modo que fazemos a guerra a fim de viver em paz. Ora, a atividade das virtudes práticas é exercida na esfera da política ou da guerra, mas as ações que lhe são relacionadas parecem ser estranhas a qualquer ideia de lazer e, no domínio da guerra, elas possuem essa característica (pois ninguém escolhe fazer a guerra pela guerra, nem prepara deliberadamente uma guerra; de fato, um homem poderia ser considerado um sedento por sangue, se de seus próprios amigos fizesse inimigos, a fim de suscitar batalhas e assassinatos). Mas a atividade do homem do estado é, ela também, estranha ao prazer, além da administração propriamente dos interesses da cidade, pois ela visa à posse do poder e das honras, ou ao menos a felicidade do homem de estado e de seus concidadãos (felicidade que é diferente da atividade política, e que de fato nós procuramos por ser um benefício distinto).

Se, entretanto, entre as ações conforme a virtude, as ações da arte política ou da guerra se distinguem por sua nobreza e sua grandeza e são, entretanto, estranhas ao prazer e têm em vista um fim distinto, e não são desejáveis por elas mesmas e se, por outro lado, a atividade do intelecto, que é contemplativa, parece ser superior por sua seriedade, e não aspira a nenhum outro fim do que ela mesma, e possui um prazer completo que lhe é próprio (e que intensifica, além disso, sua atividade) e se, enfim, a autossuficiência, o lazer, a ausência de fatiga (nos limites da natureza humana) e todas as outras características que são atribuídas ao homem que goza da felicidade, são as manifestações que se aproximam dessa atividade; resulta disso que essa ultima será a felicidade completa do homem, quando ela é prolongada durante toda a sua existência, **(25)** já que nenhum dos elementos da felicidade deve ser incompleto.

Uma vida assim, contudo, será inacessível ao homem, pois não é somente enquanto homem que ele viverá deste modo, na medida em que algum elemento divino está presente nele. E esse elemento é superior à natureza composta humana, enquanto sua atividade é em si superior àquela relacionada a outro tipo de virtude.

(30) Se, então, o intelecto é algo de divino em comparação com o humano, não é preciso escutar aqueles que aconselham o homem, porque ele é homem, a limitar seu pensamento às coisas humanas e mortais, já que o homem é mortal, mas o homem deve, na medida do possível, se imortalizar, e fazer de tudo para viver segundo a parte mais nobre que existe nele, mesmo se essa parte é pequena **[1178a]** em tamanho e potência, e seu valor ultrapassa em muito todo o resto. Pode-se mesmo pensar que cada homem se identifica com essa parte, já que ela é parte fundamental de seu ser, e a melhor. Seria então absurdo se o homem não escolhesse a vida que lhe é própria, mas algo diferente dela. E o que nós dissemos acima **(5)** se aplica também agora, pois o que é próprio a cada coisa por natureza é o que há de mais excelente e de mais agradável para essa coisa. E ao homem, por consequência, será a vida segundo o intelecto, se é verdade que o intelecto está no mais alto grau para o homem. E essa é também a vida mais feliz.

É de uma maneira secundária que a vida é feliz segundo o outro tipo de virtude, pois as atividades que são conformes **(10)** a ela são puramente humanas; de fato, os atos justos ou corajosos, e todos os atos virtuosos, nós os praticamos em nossas relações uns com os outros, quando observamos o que é devido a cada um nos contratos e serviços oferecidos e nas ações mais variadas, assim como também em nossas paixões, e todas essas coisas parecem ser simplesmente humanas. Algumas dentre elas são vistas como resultantes da constituição física **(15)**, e a virtude moral como tendo, em muitos aspectos, relações estreitas com as paixões. Além disso, a sabedoria prática está intimamente ligada à virtude moral, e esta à sabedoria prática, já que os princípios dessa dependem das virtudes morais, e a retidão das virtudes morais depende da sabedoria prática.

Mas as virtudes morais, **(20)** estando elas também ligadas às paixões, terão relação com a natureza composta. Ora, as virtudes da natureza composta são as virtudes simplesmente humanas, e por consequência, são também, ao mesmo tempo, a vida segundo essas virtudes e a felicidade. A excelência do intelecto é, ao contrário, separada, e no que diz respeito a ela nos é suficiente dar uma breve indicação a seu respeito, pois uma discussão detalhada ultrapassa o fim ao qual nos propusemos. A excelência do intelecto parece ter necessidade também de bens exteriores, mas em um grau menor do **(25)** que as virtudes morais.

Pode-se admitir, de fato, que os dois tipos de felicidade tenham uma e outra necessidade, e isso de modo geral, dos bens necessários pra vida, embora, de fato, o homem que vive em sociedade se ocupe muito mais com as necessidades corporais e com outras de mesmo tipo do que o filósofo; de fato, existirá a respeito disso uma ligeira diferença entre eles, mas, por outro lado, no que diz respeito às atividades, a diferença será considerável. O homem liberal, de fato, terá necessidade de dinheiro para retribuir os serviços que lhe são prestados **(30)** (pois as vontades permanecem escondidas, e mesmo as pessoas injustas afirmam ter vontade de agir com justiça); por sua vez, o homem corajoso terá necessidade de poder para realizar alguma das ações conforme a sua virtude, e o homem temperante tem necessidade de uma oportunidade para provar sua temperança. De outro modo, como esse último, ou um dos outros de que falamos, poderia manifestar sua virtude?

Discute-se assim o ponto de saber qual é o elemento mais importante da virtude, se é a escolha deliberada ou a realização do ato, visto que a virtude consiste nesses dois elementos. **[1178b]** A perfeição, evidentemente, estaria em ambos, e quanto mais as ações são grandes e nobres, mais essas condições são numerosas. Mas o homem livre para a contemplação não tem necessidade de tais coisas, ao contrário, pode-se dizer que elas são um obstáculo para a contemplação; mas, enquanto o homem vive em sociedade, ele pratica deliberadamente ações conforme a virtude, e desse modo ele terá necessidade dos meios exteriores para facilitar a sua vida.

Que a felicidade perfeita é certa atividade contemplativa, as considerações seguintes mostrarão ainda com maior claridade. Nós concebemos os deuses como regozijando a suprema e soberana felicidade. Mas quais tipos de ações devemos lhes atribuir? Elas são ações justas? Mas não lhes daremos um aspecto ridículo ao fazer com que eles firmem contratos, façam retribuições ou coisas semelhantes? Ou porque eles agem assim, afrontariam os perigos e correriam riscos? Serão esses atos de liberalidade? Seria absurdo que eles tivessem dinheiro a sua disposição ou algum outro meio semelhante. E o que poderiam ser para eles atos de temperança? Não seria uma grosseria lhes elogiar de não terem apetites depravados?

Se nós passarmos em vista todas essas espécies de virtude, as circunstâncias de que elas são cercadas nos pareceriam mesquinhas e indignas dos deuses. No entanto, os deuses são sempre representados como possuindo a vida e, por consequência, a atividade, pois nós não podemos supor que eles dormem, como Endimião.[45] Ora, se removermos a ação de um ser vivo, e logo após sua ação criativa, o que lhe resta senão a contemplação? Assim, a atividade divina, que em felicidade ultrapassa todas as outras, seria apenas contemplativa. E, por consequência, de todas as atividades humanas, aquela que é a mais semelhante à atividade divina será também a maior fonte de felicidade.

Uma evidência ainda é que os animais, diferentemente dos homens, não possuem participação na felicidade, pelo fato de serem totalmente desprovidos de uma atividade contemplativa. Para os deuses a vida é completamente bem-aventurada, como é também para os homens, na medida em que certa semelhança com a atividade divina está presente neles; quanto aos outros seres vivos, ao contrário, não há felicidade, porque de maneira alguma eles participam da contemplação. A felicidade então coexiste com a contemplação, e quanto mais se possui a faculdade de contemplar, mais também se é feliz, não por acidente, mas em virtude da própria contemplação, pois essa é por si só um grande prêmio. De modo que a felicidade seria uma forma de contemplação.

Mas o homem feliz necessitará também de bens exteriores, já que ele é homem, pois a sua natureza não é suficiente para a atividade contemplativa, mas é preciso também que o corpo esteja em boa saúde, que ele receba alimentação e todos os cuidados. **[1179a]** Entretanto, não se deve imaginar que o homem precisará de coisas numerosas e importantes para ser feliz, só porque não o é sem os bens exteriores; de fato, a autossuficiência e a ação

---

[45] Conta-se desse personagem mitológico que, após a Lua ter se apaixonado por ele, Zeus teria lhe oferecido qualquer coisa que ele quisesse, e ele escolheu dormir para sempre para permanecer jovem e imortal. (cf. Pseudo-Apolodoro, *Biblioteca*, 1.7.5).

não implicam em um excesso, pois é possível, sem possuir a terra e o mar, realizar ações nobres, pois mesmo com os meios medíocres poderá ser capaz de agir segundo a virtude (isso é evidente, pois os indivíduos podem realizar ações dignas de nota do mesmo modo que aqueles que detêm o poder, e mesmo melhores). Basta possuir os meios exigidos pela ação virtuosa, e então será feliz a vida do homem que age segundo a virtude.

Sólon também deu, sem dúvida, uma boa descrição do homem virtuoso, quando disse que em sua opinião[46] eram felizes os homens que, moderadamente cercados de bens exteriores, praticavam as mais belas ações e viviam em temperança. Por sua vez, Anaxágoras parece ter pensado que o homem feliz não é nem rico nem poderoso, ao afirmar que não seria espantoso que um homem assim aparecesse para a multidão sob um aspecto desconcertante, pois a multidão julga pelos aspectos exteriores, que são os únicos que ela percebe. As opiniões dos sábios parecem, então, de pleno acordo com nossos argumentos.

Tais considerações, no entanto, têm em certa medida um poder de convencimento, e a verdade se discerne segundo os fatos e a maneira de viver, pois é sobre a experiência que repousa a decisão final. É necessário, portanto, examinar o que já foi dito, confrontando-o com os fatos da vida; se estiver em harmonia com os fatos, é preciso aceitá-lo, mas se eles estão em desacordo, devemos considerá-los como uma simples teoria.

O homem que cultiva a atividade intelectual parece desfrutar, ao mesmo tempo, da mais perfeita disposição e do maior apreço dos deuses. Se, de fato, os deuses se ocupam dos assuntos humanos, tal como parece, será igualmente racional pensar, por um lado, que eles colocam sua complacência na parte do homem que é a mais perfeita e

---

[46] Heródoto, I, 30.

que apresenta mais afinidade com eles (essa seria o intelecto) e, por outro lado, que eles recompensam generosamente os homens que apreciam e honram melhor essa parte, vendo que esses homens possuem a preocupação com as coisas que lhes são caras em si mesmas, conduzindo-as com justiça e nobreza. Ora, é evidente que todas estas coisas são de maior importância para o homem sábio. Ele é, então, o mais caro aos deuses, e esse homem mesmo é também o mais feliz de todos, de modo que assim, o homem sábio seria o mais feliz de todos.

Se essas questões, assim como a virtude, a amizade e o prazer, foram tratadas de modo suficiente em suas grandes linhas, devemos acreditar que nosso esboço foi totalmente realizado? Ou, assim como foi dito **[1179b]**, no tocante à virtude, o fim não consiste no conhecimento teórico das diferentes ações, mas principalmente em praticá-las? Portanto, no que diz respeito à virtude, não basta saber o que ela é, mas deve-se esforçar também em possuí-la, e colocá-la em prática, ou então tentar por qualquer outro meio, se ela nos torna um homem bom.

De qualquer maneira, se os argumentos fossem em si suficientes para tornar os homens bons, eles receberiam inúmeras e importantes honras, para empregar a expressão de Teógnis, "não nos faltariam recompensas". Mas, na realidade, isso é uma questão de experiência, pois se os argumentos possuem a força de estimular e de encorajar os jovens dotados de um espírito generoso, e tornar um caráter bem-nascido e verdadeiramente próximo da nobreza para adquirir a virtude, eles são, entretanto, incapazes de incitar a maioria dos homens a uma vida nobre e honesta; a multidão, de fato, não obedece naturalmente ao sentimento de honra, mas somente ao medo, nem se abstém de atos vergonhosos por serem vis, mas por medo de punições, pois, vivendo sob o domínio da paixão, os homens perseguem seus próprios prazeres e os meios de consegui-los, e fogem das dores que lhes são impostas, e não têm nenhuma ideia do que é nobre e verdadeiramente agradável, por jamais tê-lo experimentado. Qual argumento poderia transformar a natureza de pessoas desse tipo? Não é impossível, ou não é fácil extirpar por um raciocínio os hábitos enraizados de longa data no caráter. Nós devemos, sem dúvida, nos considerarmos felizes se, em posse de todos os meios que podem nos tornar honestos, nós chegamos a participar **(20)** em alguma medida da virtude.

Alguns pensam que nos tornamos bons por natureza, outros dizem que é pelo hábito, outros, enfim, pelo ensino. Evidentemente, os dons da natureza não dependem de nós, mas é pelo efeito de certas causas divinas que eles são o apanágio daqueles que, no sentido verdadeiro da palavra, são homens afortunados. A argumentação e o ensino, por sua vez, não são, receio, igualmente poderosos entre os homens, mas é preciso cultivar de antemão, **(25)** por meio dos hábitos, a alma do ouvinte, em vista de lhe fazer amar ou detestar de maneira correta, tal como se prepara a terra para o cultivo da semente. De fato, o homem que vive sob o domínio da paixão não poderia escutar um argumento que busca desviá-lo do seu vício e, por outro lado, não o compreenderia. Mas para o homem que está em tal estado, como é possível fazê-lo mudar de sentimento? Em geral, não é, parece, pelo raciocínio que a paixão cede, mas pelo constrangimento. É preciso, então que o caráter **(30)** tenha já uma disposição própria à virtude, amando o que é nobre e detestando o que é vergonhoso.

Mas receber desde a juventude uma educação voltada com retidão para a virtude é uma coisa difícil de imaginar, quando não se foi criado sob leis justas, pois viver na temperança e na constância não tem nada de agradável para a maior parte dos homens, sobretudo quando eles são jovens. Assim, convém estabelecer por meio de leis o modo de criá-los, **(35)** assim como seu tipo de vida, que cessará de ser doloroso tornando-se habitual. **[1180a]** Mas, sem dúvida, não é suficiente que durante sua juventude os homens recebam uma educação e cuidados igualmente adequados; já que eles devem, mesmo atingindo a idade adulta, colocar em prática as coisas que aprenderam e transformá-las em hábito, nós também precisaremos de leis para regular a disciplina nessa idade e, de uma maneira geral, para toda a vida; de fato, a maioria das pessoas obedece mais pela necessidade do que pelo argumento, e mais por punições do que pelo bem.

Precisamente por isso, alguns pensam que os legisladores têm o dever, por um lado, de estimular os homens para a virtude e de exortá-los em vista do bem, na esperança de que aqueles que, graças aos hábitos adquiridos, fossem levados à virtude; por outro lado, de impor castigos àqueles que são desobedientes e de uma natureza inferior, e banir totalmente os incorrigíveis da cidade. O homem bom, eles acrescentam, que vive pela virtude, será submetido à razão, enquanto o homem mau, que aspira somente ao prazer, será punido pela dor, assim como um animal de carga. É por isso que eles dizem ainda que as dores infligidas aos culpados devem ser de tal natureza que elas sejam opostas aos prazeres que eles experimentaram.

Se, então, assim como foi dito, o homem que queremos tornar bom deve receber uma educação e hábitos de homem de bem e, em seguida, passar seu tempo em ocupações honestas e não fazer nada de vil, seja voluntariamente ou involuntariamente, isto será assegurado se suas vidas forem reguladas por uma regra correta e uma ordem, dispondo de sanções adequadas. Nessas condições, a autoridade paterna não possui nem a força, nem o poder coercitivo necessário (como não possui também o homem tomado individualmente, salvo se ele for um rei ou alguém desse tipo); mas a lei, por outro lado, sendo uma regra que emana de uma certa sabedoria e de uma certa inteligência, possui um poder coercitivo. E enquanto as pessoas odeiam os indivíduos que se opõem a seus impulsos, mesmo que eles ajam corretamente, a lei não é um fardo para ninguém, pois prescreve o que é bom.

Mas é apenas na Lacedemônia, ou em um pequeno número de cidades, que se vê o legislador levar sua atenção para assuntos de educação e para o tipo de vida dos cidadãos; na maioria das cidades, negligenciou-se completamente os problemas desse tipo, e cada um vive como deseja, ditando, à maneira dos Ciclopes, "*a lei para as crianças e para a esposa*".[47] A melhor solução, então, seria submeter tais coisas à justa autoridade pública (e ser capaz de fazê-lo). Mas se a autoridade pública não se interessa por isso, é conveniente que cada indivíduo ajude seus próprios filhos e amigos a levarem uma vida virtuosa, ou ao menos a terem vontade de fazê-lo. Mas parece resultar de nossa exposição que cada pessoa só estará particularmente apta a realizar essa tarefa, se for conduzida pela ciência do legislador. Pois a educação pública se exerce evidentemente por meio de leis, e somente as boas leis produzem uma boa educação; **[1180b]** que essas leis sejam escritas ou não escritas, isso será julgado como sem importância; não faz diferença ainda que elas regulem a educação de um indivíduo ou de todo um grupo, tal como acontece na música, na ginástica e em outras disciplinas. De fato, assim como nas cidades, as leis e os costumes possuem a força para sancioná-los; nas famílias, a autoridade e os hábitos do pai também a têm, e mesmo no caso onde o poder coercitivo é mais forte, em razão do laço que une o pai aos filhos e dos benefícios que surgem disso, pois entre os filhos existe desde o princípio uma afeição e uma docilidade naturais. Além disso, a educação privada é superior à educação pública, como na medicina privada, onde o repouso e a dieta são em geral indicados para quem está febril, mas não são para determinados doentes;

---

[47] Homero, *Odisseia*, canto IX, verso 114 e ss.

pode-se supor também que o instrutor de pugilato não propõe a todos os alunos a mesma maneira de lutar. Desse modo, parece que ele observa com mais exatidão quando se tem em questão a educação privada, pois nela cada sujeito recebe mais facilmente o que corresponde às suas necessidades.

Todavia, os cuidados mais esclarecedores serão aqueles dados a um homem que é atendido individualmente por um médico ou por um mestre em ginástica, ou qualquer outro que tenha o conhecimento do universal, e que sabe o que convém a cada um, a todos, ou a toda espécie de pessoas (pois é com razão que se diz que a ciência tem por objeto o que é universal). Isso não impede que determinado indivíduo não seja tratado com sucesso por uma pessoa que não possua um conhecimento científico, mas que observou com cuidado, com ajuda somente da experiência, os fenômenos que surgem em cada caso, assim como alguns parecem ser excelentes médicos, mas serem absolutamente incapazes de cuidar do outro. Entretanto, certamente se concordará que aquele que deseja tornar-se um homem da arte ou da ciência, deve buscar o universal e adquirir dele um conhecimento tão exato quanto o possível, pois, nós dissemos, é o universal o objeto das ciências.

É verossímil, portanto, que aquele que deseja, por meio de uma disciplina educativa, tornar os homens melhores, que eles sejam em grande ou pequeno número, deve se esforçar ele mesmo de tornar-se capaz de legislar, se é pelas leis que nós podemos nos tornar bons. De fato, propor-se a reformar o caráter de alguém, seja em relação a quem for, não é tarefa de qualquer indivíduo, mas é seguramente do homem que possui o conhecimento adequado, como ocorre no caso do médico e em outros que requerem cuidados e prudência.

Não se deve, então, a partir disso, examinar de qual fonte e por qual modo nós podemos obter a ciência da legislação? Não seria, como no caso das outras artes, dirigindo-se aos homens que pertencem à vida politica? Nossa opinião é, de fato, que a ciência legislativa é uma parte da política. Mas não é evidente que não existe semelhança entre a política e as outras ciências e artes? De fato, nas outras ciências, se constata que as mesmas pessoas transmitem ao mesmo tempo a seus alunos suas potencialidades e exercem sua própria atividade (por exemplo, os médicos e os pintores). Mas, ao contrário, quando os sofistas pretendem ensinar as realidades da política, **[1181a]** elas não são praticadas por nenhum deles, mas por aqueles que governam a cidade, e cuja ação, se acreditaria, repousa muito mais sobre um tipo de habilidade empírica do que sobre um raciocínio, pois não se vê jamais os políticos escreverem ou discorrerem sobre tais questões (o que seria, portanto, uma tarefa talvez mais honrosa ainda do que pronunciar discursos diante dos tribunais ou diante da assembleia do povo), não mais que, por outro lado, nós não os vemos jamais preparar seus próprios filhos ou amigos para serem homens de estado. Isso seria, no entanto, bem natural, se eles tivessem o poder para isso, pois eles não teriam podido deixar nada melhor do que essa habilidade política para as cidades, ou se desejassem, para os que lhes são mais caros. Não é menos verdadeiro que a experiência em tal questão parece ser uma contribuição que não é negligenciável, pois ninguém poderia tornar-se homem de estado se familiarizando simplesmente com as realidades da política. É por isso que aqueles que desejam adquirir a ciência da política estão na obrigação, parece, de adquirir experiência em tais questões.

Quanto aos sofistas, que se vangloriam por ensinar a política, eles estão manifestamente muito longe de ensiná-la. De fato, de modo geral, eles não sabem nem qual é sua natureza, nem qual é seu objeto; do contrário, eles não a teriam determinado como idêntica à retórica, nem mesmo a teriam colocado em um nível inferior a esta, eles não teriam pensado também que legislar é uma coisa fácil, que consiste somente em colecionar aquelas leis que recebem a aprovação da opinião pública. Pois eles dizem que é possível selecionar as melhores leis, como se essa seleção não fosse ela mesma obra da inteligência, e como se esse discernimento não fosse o que existe de mais importante, como se passa na arte da música.

Aqueles que, de fato, adquiriram a experiência em uma arte qualquer, **(20)** julgam corretamente as produções dessa arte, compreendendo por quais meios e de qual maneira a perfeição da obra é alcançada, e sabem quais são os elementos da obra que por sua natureza se harmonizam com outras coisas; por outro lado, as pessoas inexperientes devem se sentir satisfeitas por poderem distinguir se a obra produzida é boa ou má, como ocorre para a pintura. Ora, as leis são apenas produtos de algum tipo de arte política. **[1181b]** Como, nessas condições, se poderia aprender com elas como ser um legislador, ou discernir as melhores entre elas? Pois nunca se viu alguém tornar-se médico pelo simples estudo das receitas. Todavia, os escritos médicos tentam indicar não somente os tratamentos, mas ainda os métodos de cura e o modo que se deve cuidar **(5)** de cada categoria de doentes, distinguindo para isso as diferentes disposições do corpo. Mas essas indicações só parecem ser úteis àqueles que possuem a experiência, e perdem todo o valor nas mãos daqueles que são desprovidos dela.

Pode-se também fazer igualmente que o conjunto de leis ou constituições prestem serviços àqueles que são capazes de estudá-las, de discernir o que existe de bom ou de ruim, e quais tipos de disposições legais devem corresponder a uma dada situação. **(10)** Quanto àqueles que estudam essas compilações sem ter a experiência requerida, não poderão julgar corretamente, a menos que seja acidentalmente, embora talvez se tornem mais perspicazes nestas questões.

Nossos antecessores não examinaram o que diz respeito à ciência da legislação. Talvez, então, fosse preferível que nós procedêssemos a esse exame, estudando o problema da constituição em geral, de modo a completar, na medida do possível, nossa filosofia das coisas humanas.

Assim, então, em primeiro lugar, se alguma indicação foi fornecida de maneira correta e detalhada pelos pensadores que nos precederam, nós nos esforçaremos em retomá-los; em seguida, à luz das constituições que nós compilamos, nós consideraremos por quais causas se devem a conservação ou a ruína das cidades, assim como a conservação ou a ruína das formas particulares de constituições, e por qual razão algumas cidades são mais bem governadas do que outras. Após ter estudado esses diferentes pontos, nós poderemos, talvez, ter uma visão de conjunto e discernir qual é a melhor das constituições, como se deve estruturar, e de quais leis e quais costumes cada uma deve fazer uso. Comecemos assim, nossa exposição.

SOBRE O TRADUTOR

Luciano Ferreira de Souza é graduado e mestre em Letras Clássicas (habilitação grego) pela Universidade de São Paulo (USP). Atualmente desenvolve seu doutorado na mesma universidade e no Centro Leon Robin de Pensamento Antigo, na Universidade Paris IV — Sorbonne, atuando, sobretudo, na tradução de textos de Filosofia Antiga.

Relação dos Volumes Publicados

1. Dom Casmurro
Machado de Assis
2. O Príncipe
Maquiavel
3. Mensagem
Fernando Pessoa
4. O Lobo do Mar
Jack London
5. A Arte da Prudência
Baltasar Gracián
6. Iracema / Cinco Minutos
José de Alencar
7. Inocência
Visconde de Taunay
8. A Mulher de 30 Anos
Honoré de Balzac
9. A Moreninha
Joaquim Manuel de Macedo
10. A Escrava Isaura
Bernardo Guimarães
11. As Viagens - "Il Milione"
Marco Polo
12. O Retrato de Dorian Gray
Oscar Wilde
13. A Volta ao Mundo em 80 Dias
Júlio Verne
14. A Carne
Júlio Ribeiro
15. Amor de Perdição
Camilo Castelo Branco
16. Sonetos
Luís de Camões
17. O Guarani
José de Alencar
18. Memórias Póstumas de Brás Cubas
Machado de Assis
19. Lira dos Vinte Anos
Álvares de Azevedo
20. Apologia de Sócrates / Banquete
Platão
21. A Metamorfose/Um Artista da Fome/Carta a Meu Pai
Franz Kafka
22. Assim Falou Zaratustra
Friedrich Nietzsche
23. Triste Fim de Policarpo Quaresma
Lima Barreto
24. A Ilustre Casa de Ramires
Eça de Queirós
25. Memórias de um Sargento de Milícias
Manuel Antônio de Almeida
26. Robinson Crusoé
Daniel Defoe
27. Espumas Flutuantes
Castro Alves
28. O Ateneu
Raul Pompeia
29. O Noviço / O Juiz de Paz da Roça / Quem Casa Quer Casa
Martins Pena
30. A Relíquia
Eça de Queirós
31. O Jogador
Dostoiévski
32. Histórias Extraordinárias
Edgar Allan Poe
33. Os Lusíadas
Luís de Camões
34. As Aventuras de Tom Sawyer
Mark Twain
35. Bola de Sebo e Outros Contos
Guy de Maupassant
36. A República
Platão
37. Elogio da Loucura
Erasmo de Rotterdam
38. Caninos Brancos
Jack London
39. Hamlet
William Shakespeare
40. A Utopia
Thomas More
41. O Processo
Franz Kafka
42. O Médico e o Monstro
Robert Louis Stevenson
43. Ecce Homo
Friedrich Nietzsche
44. O Manifesto do Partido Comunista
Marx e Engels
45. Discurso do Método / Regras para a Direção do Espírito
René Descartes
46. Do Contrato Social
Jean-Jacques Rousseau
47. A Luta pelo Direito
Rudolf von Ihering
48. Dos Delitos e das Penas
Cesare Beccaria
49. A Ética Protestante e o Espírito do Capitalismo
Max Weber
50. O Anticristo
Friedrich Nietzsche
51. Os Sofrimentos do Jovem Werther
Goethe
52. As Flores do Mal
Charles Baudelaire
53. Ética a Nicômaco
Aristóteles
54. A Arte da Guerra
Sun Tzu
55. Imitação de Cristo
Tomás de Kempis
56. Cândido ou o Otimismo
Voltaire
57. Rei Lear
William Shakespeare
58. Frankenstein
Mary Shelley
59. Quincas Borba
Machado de Assis
60. Fedro
Platão
61. Política
Aristóteles
62. A Viuvinha / Encarnação
José de Alencar
63. As Regras do Método Sociológico
Émile Durkheim
64. O Cão dos Baskervilles
Sir Arthur Conan Doyle
65. Contos Escolhidos
Machado de Assis
66. Da Morte / Metafísica do Amor / Do Sofrimento do Mundo
Arthur Schopenhauer
67. As Minas do Rei Salomão
Henry Rider Haggard
68. Manuscritos Econômico-Filosóficos
Karl Marx
69. Um Estudo em Vermelho
Sir Arthur Conan Doyle
70. Meditações
Marco Aurélio
71. A Vida das Abelhas
Maurice Materlinck
72. O Cortiço
Aluísio Azevedo
73. Senhora
José de Alencar
74. Brás, Bexiga e Barra Funda / Laranja da China
Antônio de Alcântara Machado
75. Eugênia Grandet
Honoré de Balzac
76. Contos Gauchescos
João Simões Lopes Neto
77. Esaú e Jacó
Machado de Assis
78. O Desespero Humano
Sören Kierkegaard
79. Dos Deveres
Cícero
80. Ciência e Política
Max Weber
81. Satíricon
Petrônio
82. Eu e Outras Poesias
Augusto dos Anjos
83. Farsa de Inês Pereira / Auto da Barca do Inferno / Auto da Alma
Gil Vicente
84. A Desobediência Civil e Outros Escritos
Henry David Toreau
85. Para Além do Bem e do Mal
Friedrich Nietzsche
86. A Ilha do Tesouro
R. Louis Stevenson
87. Marília de Dirceu
Tomás A. Gonzaga
88. As Aventuras de Pinóquio
Carlo Collodi
89. Segundo Tratado Sobre o Governo
John Locke
90. Amor de Salvação
Camilo Castelo Branco
91. Broquéis/Faróis/Últimos Sonetos
Cruz e Souza
92. I-Juca-Pirama / Os Timbiras / Outros Poemas
Gonçalves Dias
93. Romeu e Julieta
William Shakespeare
94. A Capital Federal
Arthur Azevedo
95. Diário de um Sedutor
Sören Kierkegaard
96. Carta de Pero Vaz de Caminha a El-Rei Sobre o Achamento do Brasil
97. Casa de Pensão
Aluísio Azevedo
98. Macbeth
William Shakespeare

99. Édipo Rei/Antígona
Sófocles

100. Lucíola
José de Alencar

101. As Aventuras de Sherlock Holmes
Sir Arthur Conan Doyle

102. Bom-Crioulo
Adolfo Caminha

103. Helena
Machado de Assis

104. Poemas Satíricos
Gregório de Matos

105. Escritos Políticos / A Arte da Guerra
Maquiavel

106. Ubirajara
José de Alencar

107. Diva
José de Alencar

108. Eurico, o Presbítero
Alexandre Herculano

109. Os Melhores Contos
Lima Barreto

110. A Luneta Mágica
Joaquim Manuel de Macedo

111. Fundamentação da Metafísica dos Costumes e Outros Escritos
Immanuel Kant

112. O Príncipe e o Mendigo
Mark Twain

113. O Domínio de Si Mesmo Pela Auto-Sugestão Consciente
Émile Coué

114. O Mulato
Aluísio Azevedo

115. Sonetos
Florbela Espanca

116. Uma Estadia no Inferno / Poemas / Carta do Vidente
Arthur Rimbaud

117. Várias Histórias
Machado de Assis

118. Fédon
Platão

119. Poesias
Olavo Bilac

120. A Conduta para a Vida
Ralph Waldo Emerson

121. O Livro Vermelho
Mao Tsé-Tung

122. Oração aos Moços
Rui Barbosa

123. Otelo, o Mouro de Veneza
William Shakespeare

124. Ensaios
Ralph Waldo Emerson

125. De Profundis / Balada do Cárcere de Reading
Oscar Wilde

126. Crítica da Razão Prática
Immanuel Kant

127. A Arte de Amar
Ovídio Naso

128. O Tartufo ou O Impostor
Molière

129. Metamorfoses
Ovídio Naso

130. A Gaia Ciência
Friedrich Nietzsche

131. O Doente Imaginário
Molière

132. Uma Lágrima de Mulher
Aluísio Azevedo

133. O Último Adeus de Sherlock Holmes
Sir Arthur Conan Doyle

134. Canudos - Diário de Uma Expedição
Euclides da Cunha

135. A Doutrina de Buda
Siddharta Gautama

136. Tao Te Ching
Lao-Tsé

137. Da Monarquia / Vida Nova
Dante Alighieri

138. A Brasileira de Prazins
Camilo Castelo Branco

139. O Velho da Horta/Quem Tem Farelos?/Auto da Índia
Gil Vicente

140. O Seminarista
Bernardo Guimarães

141. O Alienista / Casa Velha
Machado de Assis

142. Sonetos
Manuel du Bocage

143. O Mandarim
Eça de Queirós

144. Noite na Taverna / Macário
Álvares de Azevedo

145. Viagens na Minha Terra
Almeida Garrett

146. Sermões Escolhidos
Padre Antonio Vieira

147. Os Escravos
Castro Alves

148. O Demônio Familiar
José de Alencar

149. A Mandrágora / Belfagor, o Arquidiabo
Maquiavel

150. O Homem
Aluísio Azevedo

151. Arte Poética
Aristóteles

152. A Megera Domada
William Shakespeare

153. Alceste/Electra/Hipólito
Eurípedes

154. O Sermão da Montanha
Huberto Rohden

155. O Cabeleira
Franklin Távora

156. Rubáiyát
Omar Khayyám

157. Luzia-Homem
Domingos Olímpio

158. A Cidade e as Serras
Eça de Queirós

159. A Retirada da Laguna
Visconde de Taunay

160. A Viagem ao Centro da Terra
Júlio Verne

161. Caramuru
Frei Santa Rita Durão

162. Clara dos Anjos
Lima Barreto

163. Memorial de Aires
Machado de Assis

164. Bhagavad Gita
Krishna

165. O Profeta
Khalil Gibran

166. Aforismos
Hipócrates

167. Kama Sutra
Vatsyayana

168. Histórias de Mowgli
Rudyard Kipling

169. De Alma para Alma
Huberto Rohden

170. Orações
Cícero

171. Sabedoria das Parábolas
Huberto Rohden

172. Salomé
Oscar Wilde

173. Do Cidadão
Thomas Hobbes

174. Porque Sofremos
Huberto Rohden

175. Einstein: o Enigma do Universo
Huberto Rohden

176. A Mensagem Viva do Cristo
Huberto Rohden

177. Mahatma Gandhi
Huberto Rohden

178. A Cidade do Sol
Tommaso Campanella

179. Setas para o Infinito
Huberto Rohden

180. A Voz do Silêncio
Helena Blavatsky

181. Frei Luís de Sousa
Almeida Garrett

182. Fábulas
Esopo

183. Cântico de Natal/ Os Carrilhões
Charles Dickens

184. Contos
Eça de Queirós

185. O Pai Goriot
Honoré de Balzac

186. Noites Brancas e Outras Histórias
Dostoiévski

187. Minha Formação
Joaquim Nabuco

188. Pragmatismo
William James

189. Discursos Forenses
Enrico Ferri

190. Medeia
Eurípedes

191. Discursos de Acusação
Enrico Ferri

192. A Ideologia Alemã
Marx & Engels

193. Prometeu Acorrentado
Ésquilo

194. Iaiá Garcia
Machado de Assis

195. Discursos no Instituto dos Advogados Brasileiros / Discurso no Colégio Anchieta
Rui Barbosa

196. Édipo em Colono
Sófocles

197. A Arte de Curar pelo Espírito
Joel S. Goldsmith

198. Jesus, o Filho do Homem
Khalil Gibran

199. Discurso sobre a Origem e os Fundamentos da Desigualdade entre os Homens
Jean-Jacques Rousseau

200. Fábulas
La Fontaine

201. O Sonho de uma Noite de Verão
William Shakespeare

202. Maquiavel, o Poder
José Nivaldo Junior

203. Ressurreição
Machado de Assis

204. O Caminho da Felicidade
Huberto Rohden

205. A Velhice do Padre Eterno
Guerra Junqueiro

206. O Sertanejo
José de Alencar

207. Gitanjali
Rabindranath Tagore

208. Senso Comum
Thomas Paine

209. Canaã
Graça Aranha

210. O Caminho Infinito
Joel S. Goldsmith

211. Pensamentos
Epicuro

212. A Letra Escarlate
Nathaniel Hawthorne

213. Autobiografia
Benjamin Franklin

214. Memórias de Sherlock Holmes
Sir Arthur Conan Doyle

215. O Dever do Advogado / Posse de Direitos Pessoais
Rui Barbosa

216. O Tronco do Ipê
José de Alencar

217. O Amante de Lady Chatterley
D. H. Lawrence

218. Contos Amazônicos
Inglês de Souza

219. A Tempestade
William Shakespeare

220. Ondas
Euclides da Cunha

221. Educação do Homem Integral
Huberto Rohden

222. Novos Rumos para a Educação
Huberto Rohden

223. Mulherzinhas
Louise May Alcott

224. A Mão e a Luva
Machado de Assis

225. A Morte de Ivan Ilicht / Senhores e Servos
Leon Tolstói

226. Álcoois e Outros Poemas
Apollinaire

227. Pais e Filhos
Ivan Turguêniev

228. Alice no País das Maravilhas
Lewis Carroll

229. À Margem da História
Euclides da Cunha

230. Viagem ao Brasil
Hans Staden

231. O Quinto Evangelho
Tomé

232. Lorde Jim
Joseph Conrad

233. Cartas Chilenas
Tomás Antônio Gonzaga

234. Odes Modernas
Anntero de Quental

235. Do Cativeiro Babilônico da Igreja
Martinho Lutero

236. O Coração das Trevas
Joseph Conrad

237. Thais
Anatole France

238. Andrômaca / Fedra
Racine

239. As Catilinárias
Cícero

240. Recordações da Casa dos Mortos
Dostoiévski

241. O Mercador de Veneza
William Shakespeare

242. A Filha do Capitão / A Dama de Espadas
Aleksandr Púchkin

243. Orgulho e Preconceito
Jane Austen

244. A Volta do Parafuso
Henry James

245. O Gaúcho
José de Alencar

246. Tristão e Isolda
Lenda Medieval Celta de Amor

247. Poemas Completos de Alberto Caeiro
Fernando Pessoa

248. Maiakósvski
Vida e Poesia

249. Sonetos
William Shakespeare

250. Poesia de Ricardo Reis
Fernando Pessoa

251. Papéis Avulsos
Machado de Assis

252. Contos Fluminenses
Machado de Assis

253. O Bobo
Alexandre Herculano

254. A Oração da Coroa
Demóstenes

255. O Castelo
Franz Kafka

256. O Trovejar do Silêncio
Joel S. Goldsmith

257. Alice na Casa dos Espelhos
Lewis Carrol

258. Miséria da Filosofia
Karl Marx

259. Júlio César
William Shakespeare

260. Antônio e Cleópatra
William Shakespeare

261. Filosofia da Arte
Huberto Rohden

262. A Alma Encantadora das Ruas
João do Rio

263. A Normalista
Adolfo Caminha

264. Pollyanna
Eleanor H. Porter

265. As Pupilas do Senhor Reitor
Júlio Diniz

266. As Primaveras
Casimiro de Abreu

267. Fundamentos do Direito
Léon Duguit

268. Discursos de Metafísica
G. W. Leibniz

269. Sociologia e Filosofia
Émile Durkheim

270. Cancioneiro
Fernando Pessoa

271. A Dama das Camélias
Alexandre Dumas (filho)

272. O Divórcio / As Bases da Fé / e outros textos
Rui Barbosa

273. Pollyanna Moça
Eleanor H. Porter

274. O 18 Brumário de Luís Bonaparte
Karl Marx

275. Teatro de Machado de Assis
Antologia

276. Cartas Persas
Montesquieu

277. Em Comunhão com Deus
Huberto Rohden

278. Razão e Sensibilidade
Jane Austen

279. Crônicas Selecionadas
Machado de Assis

280. Histórias da Meia-Noite
Machado de Assis

281. Cyrano de Bergerac
Edmond Rostand

282. O Maravilhoso Mágico de Oz
L. Frank Baum

283. Trocando Olhares
Florbela Espanca

284. O Pensamento Filosófico da Antiguidade
Huberto Rohden

285. Filosofia Contemporânea
Huberto Rohden

286. O Espírito da Filosofia Oriental
Huberto Rohden

287. A Pele do Lobo / O Badejo / o Dote
Artur Azevedo

288. Os Bruzundangas
Lima Barreto

289. A Pata da Gazela
José de Alencar

290. O Vale do Terror
Sir Arthur Conan Doyle

291. O Signo dos Quatro
Sir Arthur Conan Doyle

292. As Máscaras do Destino
Florbela Espanca

293. A Confissão de Lúcio
Mário de Sá-Carneiro

294. Falenas
Machado de Assis

295. O Uraguai / A Declamação Trágica
Basílio da Gama

296. Crisálidas
Machado de Assis

297. Americanas
Machado de Assis

298. A Carteira de Meu Tio
Joaquim Manuel de Macedo

299. Catecismo da Filosofia
Huberto Rohden

300. Apologia de Sócrates
Platão (Edição bilingue)

301. Rumo à Consciência Cósmica
Huberto Rohden

302. Cosmoterapia
Huberto Rohden

303. Bodas de Sangue
Federico García Lorca

304. Discurso da Servidão Voluntária
Étienne de La Boétie

305. Categorias
Aristóteles

306. Manon Lescaut
Abade Prévost

307. Teogonia / Trabalho e Dias
Hesíodo

308. As Vítimas-Algozes
Joaquim Manuel de Macedo

309. Persuasão
Jane Austen

310. Agostinho - Huberto Rohden

311. Roteiro Cósmico
Huberto Rohden

312. A Queda dum Anjo
Camilo Castelo Branco

313. O Cristo Cósmico e os Essênios - Huberto Rohden

314. Metafísica do Cristianismo
Huberto Rohden

315. Rei Édipo - Sófocles

316. Livro dos provérbios
Salomão

317. Histórias de Horror
Howard Phillips Lovecraft

318. O Ladrão de Casaca
Maurice Leblanc

319. Til
José de Alencar

320. Pequenas tragédias
Alexandr Púchkin

321. Diário do subsolo
Fiódor Dostoiévski

322. Orientando para a autorrealização
Huberto Rohden

323. Deus
Huberto Rohden

324. O Banquete
Platão

325. Antígona
Sófocles

326. A Abadia de Northanger
Jane Austen

327. Diálogo do amor
Plutarco

328. O Garimpeiro
Bernardo Guimarães

Série Ouro
(Livros com mais de 400 p.)

1. Leviatã
Thomas Hobbes

2. A Cidade Antiga
Fustel de Coulanges

3. Crítica da Razão Pura
Immanuel Kant

4. Confissões
Santo Agostinho

5. Os Sertões
Euclides da Cunha

6. Dicionário Filosófico
Voltaire

7. A Divina Comédia
Dante Alighieri

8. Ética Demonstrada à Maneira dos Geômetras
Baruch de Spinoza

9. Do Espírito das Leis
Montesquieu

10. O Primo Basílio
Eça de Queirós

11. O Crime do Padre Amaro
Eça de Queirós

12. Crime e Castigo
Dostoiévski

13. Fausto
Goethe

14. O Suicídio
Émile Durkheim

15. Odisseia
Homero

16. Paraíso Perdido
John Milton

17. Drácula
Bram Stoker

18. Ilíada
Homero

19. As Aventuras de Huckleberry Finn
Mark Twain

20. Paulo – O 13º Apóstolo
Ernest Renan

21. Eneida
Virgílio

22. Pensamentos
Blaise Pascal

23. A Origem das Espécies
Charles Darwin

24. Vida de Jesus
Ernest Renan

25. Moby Dick
Herman Melville

26. Os Irmãos Karamazovi
Dostoiévski

27. O Morro dos Ventos Uivantes
Emily Brontë

28. Vinte Mil Léguas Submarinas
Júlio Verne

29. Madame Bovary
Gustave Flaubert

30. O Vermelho e o Negro
Stendhal

31. Os Trabalhadores do Mar
Victor Hugo

32. A Vida dos Doze Césares
Suetônio

33. O Moço Loiro
Joaquim Manuel de Macedo

34. O Idiota
Dostoiévski

35. Paulo de Tarso
Huberto Rohden

36. O Peregrino
John Bunyan

37. As Profecias
Nostradamus

38. Novo Testamento
Huberto Rohden

39. O Corcunda de Notre Dame
Victor Hugo

40. Arte de Furtar
Anônimo do século XVII

41. Germinal
Émile Zola

42. Folhas de Relva
Walt Whitman

43. Ben-Hur — Uma História dos Tempos de Cristo
Lew Wallace

44. Os Maias
Eça de Queirós

45. O Livro da Mitologia
Thomas Bulfinch

46. Os Três Mosqueteiros
Alexandre Dumas

47. Poesia de Álvaro de Campos
Fernando Pessoa

48. Jesus Nazareno
Huberto Rohden

49. Grandes Esperanças
Charles Dickens

50. A Educação Sentimental
Gustave Flaubert

51. O Conde de Monte Cristo (Volume I)
Alexandre Dumas

52. O Conde de Monte Cristo (Volume II)
Alexandre Dumas

53. Os Miseráveis (Volume I)
Victor Hugo

54. Os Miseráveis (Volume II)
Victor Hugo

55. Dom Quixote de La Mancha (Volume I)
Miguel de Cervantes

56. Dom Quixote de La Mancha (Volume II)
Miguel de Cervantes

57. As Confissões
Jean-Jacques Rousseau

58. Contos Escolhidos
Artur Azevedo

59. As Aventuras de Robin Hood
Howard Pyle

60. Mansfield Park
Jane Austen